CLV

ROGER STEER

GEORG MÜLLER

VERTRAUT MIT GOTT

1. Auflage 1995
2. Auflage 2002
3. korrigierte Auflage 2009
4. Auflage 2017
5. Auflage 2023

Originaltitel: »Delighted in God«, a biography of George Müller

Ravensberger Bleiche 6 · 33649 Bielefeld
www.clv.de

Übersetzung: Erika Riecke/Hermann Grabe
Satz: CLV
Umschlag: Lucian Binder, Marienheide
Alle Fotos (Umschlag und Innenteil): flickr.com, Paul Townsend
Druck und Bindung: GGP Media GmbH, Pößneck

Artikel-Nr. 255351
ISBN 978-3-89397-351-4

INHALT

Vorwort 9

Ein preußischer Playboy 11

Bezwungen von der Liebe Jesu 17

England 1829 25

Geschult durch die Menschen am Teign 33

Das Glockengeläut 45

Eine sichtbare Bestätigung 53

»Dem das Gold und Silber gehört« 60

Eine Luftveränderung 68

»Eine Bank, die nicht Pleite macht« 76

Seinen Reichtum anschauen 87

Eine berechtigte Beschwerde 97

Stärker durch Tumult 107

Müllers verborgener Schatz 116

Als der Südwind blies 128

Unbeschreibliches Glück 139

»Kein Ort schien je so kostbar« 147

Sicher in die Herrlichkeit 162

Zurück zum Rigi 169

Zum Weißen Haus 178

Einfach durch Gebet 187

Der Duft von Geißblatt 195

Geliebt von Tausenden 205

Seine Freundlichkeit bewundern 215

Kostbare Aussicht 220

Andere über ihn 231

Neue, alte Stiftung 246

»Ein Mann, der in Horfield lebte und von dort aus Ashley Down sehen konnte, sagte, dass er immer, wenn er Zweifel an dem lebendigen Gott in seinen Gedanken aufsteigen fühlte, aufstand und in der Nacht auf die vielen erleuchteten Fenster von Ashley Down sah, die durch die Dunkelheit schienen wie Sterne am Himmel.«

VORWORT

Ich habe in diese völlig neue Auflage der Geschichte Georg Müllers Material aufgenommen, das mir freundlicherweise von den Lesern der ersten zwei Auflagen zur Verfügung gestellt wurde. Roger Lancaster sandte mir Kopien seiner Artikel über *Die Reisen von Georg und Susannah Müller*, die 1987 im »Sea Breezes Magazine« veröffentlicht wurden. Das hat neues Licht auf das faszinierende Ereignis geworfen, das sich auf der *Sardinian* abspielte, als sie sich im August 1877 mit Müllers an Bord Quebec näherte und hat die Glaubwürdigkeit dieser Geschichte bestätigt. Sonny Batchelor aus Luray, Virginia, hat mir Informationen und Zeitungsausschnitte über Müllers Besuch 1878 in Salem gegeben. Dr. Keith Dorrington untersuchte Müllers Tagebucheintragungen, in denen er seine Krankheit von 1832 beschreibt, und teilte mir seine Diagnose dieses Problems mit. Jack Hardwidge überließ mir einige Zeitungsausschnitte über Müllers Beerdigung, die ich vorher nicht kannte. Robert Scott-Cook, der jetzt Müllers Nachfolger als Direktor der Georg-Müller-Stiftung ist, hat den ersten Entwurf vom Kapitel *Neue, alte Stiftung* geschrieben, das von der heutigen Georg-Müller-Stiftung berichtet. Ich bin ihnen allen dankbar.

Ich glaube, dass die folgenden Seiten einige der bemerkenswertesten Begebenheiten in der Geschichte der christlichen Gemeinde erzählen. Ich bete darum, dass sie einen Beitrag leisten, um dem Unglauben entgegenzutreten, und um den Glauben an Gott in dieser Zeit am Ende des 20. Jahrhunderts zu stärken.

Roger Steer

EIN PREUSSISCHER PLAYBOY

Ein halbes Jahrhundert noch vor den zu berichtenden Ereignissen war das Schloss in Wolfenbüttel die Lieblingsresidenz der Herzöge von Braunschweig-Wolfenbüttel. Im frühen 19. Jahrhundert hatte die kleine mittelalterliche Stadt, eingebettet in die niedersächsische Hügellandschaft, noch nichts von ihrem Charme verloren, obwohl die herzogliche Familie nicht mehr dort residierte. In einem der Fachwerkhäuser sah ein Polizeibeamter von seinem Schreibtisch auf, als zwei Soldaten einen gut aussehenden jungen Preußen hereinbrachten. Der Beamte begann mit der Befragung:

»Wie heißen Sie?« – »Georg Müller.«

»Alter?« – »Sechzehn.«

»Geburtsort und -datum?« – »Kroppenstedt, Preußen, 27. September 1805.«

»Stimmt es, dass Sie hochherrschaftlich in Wolfenbüttel gelebt haben und den Wirt nicht bezahlen konnten?« – »Ja, es stimmt, aber …«

»Stimmt es ebenfalls, dass Sie vorige Woche in einem anderen Hotel in der Nähe von Braunschweig in ähnlichem Luxus gelebt haben, und dass Sie, als Sie bezahlen sollten, gezwungen waren, Kleidung als Pfand zu hinterlassen?«

Müller konnte wenig zu seiner Verteidigung sagen. Er hatte keinen Pfennig, nur Schulden. Nach drei Stunden Verhör und ohne jeden Hinweis darauf, wann die Gerichtsverhandlung stattfinden sollte, brachten die beiden Soldaten ihn ins Gefängnis.

18. Dezember 1821: Georg Müller sah sich in der kleinen Zelle um, in der er seine erste Nacht im Gefängnis zubringen sollte. Ein kleines Fenster, vergittert mit eisernen Stäben, gab das einzige Licht. Zwei hölzerne Scheidewände trennten ihn von den angrenzenden Zellen. Am Abend erhielt Müller etwas Fleisch zu seinem Brot, aber der Geruch war abscheulich, und er ließ es unberührt. Das muss den Küchenchef beleidigt haben, denn er gab ihm von

da an keine Extrazulagen mehr. Am folgenden Tag bekam er das gleiche Essen wie seine Mitgefangenen: zum Mittagessen Wasser und grobkörniges Brot, zum Abendessen Gemüse und kaltes Fleisch – und, weil er hungrig wurde, begann er, etwas zu essen.

Ein Wärter schloss Müller Tag und Nacht in seiner Zelle ein und gab ihm weder Arbeit noch Bewegungsmöglichkeit.

»Kann ich eine Bibel zum Lesen bekommen?«, fragte Müller, um sich die Zeit besser zu vertreiben. – »Nein.«

Am dritten Tag aß er alles Essen auf, und ab dem vierten wäre er froh gewesen, noch mehr zu bekommen.

Nach einigen Tagen entdeckte er, dass ein neuer Gefangener in seiner Nachbarzelle war. Er redete ihn durch die Trennwand laut an und fand heraus, dass er wegen Diebstahl eingesperrt war. Vielleicht damit es nicht so laut zuging, erlaubte der Gefängnisdirektor dem anderen Gefangenen, mit Georg Müller die Zelle zu teilen. Sie verbrachten nun ihre Zeit damit, ihre Abenteuer zu beschreiben. Müller fand immer mehr Gefallen daran, Geschichten zu erfinden, die seinen Zellengenossen stark beeindruckten. Nachdem es ungefähr eine Woche so weiter ging, bekamen die beiden Gefangenen Streit und weigerten sich tagelang, miteinander zu sprechen. In der Stille fing Müller an, über sein Leben nachzudenken.

Seine früheste Erinnerung ging zurück bis zum Januar 1810, als er, vier Jahre alt, mit seiner Familie von Kroppenstedt nach Hadmersleben zog, wo sein Vater als Steuerbeamter angestellt wurde. Schon vor seinem 10. Geburtstag hatte er angefangen, seinem Vater Steuergelder zu stehlen. Er erinnerte sich an den Tag, als sein Vater ihn das erste Mal erwischte. Weil er seinen Sohn im Verdacht hatte, zählte Herr Müller eine kleine Summe ab, die er in dem Raum ließ, in dem Georg war. Alleingelassen hatte er dann etwas von dem Geld genommen und in seinem Schuh versteckt. Sein Vater kam wieder herein und zählte das Geld. Georg wurde durchsucht und überführt. Er erinnerte sich daran, dass er bei dieser und bei anderen Gelegenheiten bestraft wurde. Er dachte daran, dass seine Reaktion beim Erwischtwerden immer dieselbe war: Wie kann ich die Sache beim nächsten Mal schlauer anfangen, um nicht entdeckt zu werden.

Herr Müller hatte gehofft, dass Georg Geistlicher werden würde: nicht deshalb, um damit Gott zu dienen, sondern damit er ein bequemes Leben haben könnte. Dort in seiner Zelle, dachte Georg über die fünf Jahre nach, die er in Halberstadt auf dem Gymnasium verbracht hatte. Er erinnerte sich – mit einiger Scham – an einen Samstagabend vor etwa zwei Jahren, als er, nicht wissend, dass seine Mutter krank geworden war, bis um zwei Uhr am Sonntagmorgen Karten gespielt hatte. Nachdem er danach seinen Durst in einer Kneipe gestillt hatte, zog er halbbetrunken mit seinen Freunden durch die Straßen.

Er dachte daran, dass er am nächsten Tag die erste Konfirmandenstunde besuchen sollte. Als er wieder in sein Zimmer kam, wartete sein Vater dort auf ihn. »Deine Mutter ist tot«, sagte der Vater ihm. »Mach dich für die Beerdigung fertig!«

Drei oder vier Tage vor seiner Konfirmation machte er sich, wie er selbst in seinem Tagebuch beschreibt, einer »großen Unanständigkeit« schuldig. Als er nach lutherischer Sitte am Tag seiner Konfirmation seine Sünden beichten musste, betrog er den Pfarrer, indem er ihm nur ein Zwölftel der Summe überreichte, die sein Vater ihm als Gebühr für den Unterricht gegeben hatte.

Weil er nichts hatte, das die Routine seines Lebens in der Zelle unterbrach und weil keiner der beiden Gefangenen willig war, mit ihm zu reden, dachte Müller weiter über seine Vergangenheit nach. Ostern 1820 hatte er zum ersten Mal im Dom von Halberstadt am Abendmahl teilgenommen. An dem Nachmittag und Abend blieb er zu Hause, weil er die Stille suchte, während die anderen jungen Menschen, die mit ihm konfirmiert wurden, sich draußen vergnügten.

»Ich werde einen neuen Anfang machen und mir mehr Zeit zum Studieren nehmen«, beschloss er. Aber schnell vergaß er seinen Entschluss, und sein Verhalten wurde schlimmer statt besser. In den zwanzig Monaten, die seiner Konfirmation folgten, nahm er sich etwas Zeit zum Studieren, aber sehr viel mehr Zeit verbrachte er mit Klavier- und Gitarrespielen, Romanelesen und Trinken in Gasthäusern. Er entschloss sich immer wieder, sich zu bessern, brach diesen Entschluss aber meistens schneller, als er ihn gefasst hatte.

Am 12. Januar 1822 unterbrach das Geräusch des Aufschließens seiner Zelle seine Überlegungen. »Sie werden im Polizeibüro erwartet«, sagte der Wärter. »Folgen Sie mir.«

»Ihr Vater hat das Geld geschickt, das Sie für Ihre Reisekosten, für Ihre Schulden in der Pension und für Ihre Unterkunft hier im Gefängnis brauchen«, erzählte der Gefängnisdirektor ihm. »Deshalb sind Sie frei. Sie können das Gefängnis sofort verlassen.«

Herr Müller feierte das Wiedersehen mit seinem Sohn mit einer ordentlichen Tracht Prügel. Er nahm ihn mit nach Schönebeck in der Nähe von Magdeburg, wo er seit Sommer 1821 eine andere Anstellung bei der Regierung erhalten hatte. Georg bemühte sich sehr, des Vaters Gunst wiederzugewinnen. Er fing an, Schüler in Latein, Französisch, deutscher Grammatik und Mathematik zu unterrichten. Er machte Fortschritte in seinen Studien, wurde beliebt bei allen Leuten – wozu auch, wenngleich erst später, sein Vater gehörte. Aber später gab er zu, dass er sich auch immer noch »im Geheimen und gewohnheitsmäßig großer Sünden schuldig« machte.

Als er gerade 17 Jahre alt war, kam Müller ans Gymnasium von Nordhausen, um sich auf die Universität vorzubereiten. Trotz seiner Begeisterung für das Studium und trotz der Versuche, sich selbst zu verbessern, fand Müller es fast unmöglich, mit seinem Geld auszukommen. Bei einer Gelegenheit zeigte er, nachdem er von seinem Vater Geld bekommen hatte, dieses absichtlich einigen Freunden. Dann beschädigte er mutwillig das Schloss seines Geldkastens. Einige Minuten später rannte er nur mit Hemd und Hose bekleidet in das Büro des Direktors.

»Alles Geld, das mein Vater mir geschickt hat, ist gestohlen worden«, verkündete er atemlos.

Jeder zeigte herzliches Mitleid. Einige seiner Freunde taten sich zusammen und schafften es, ihm so viel Geld zu geben, wie er verloren zu haben vorgab, während seine Gläubiger einverstanden waren, dass er seine Schulden später bezahlte. Trotzdem schöpfte der Direktor – älter und weiser – Verdacht und vertraute Müller seit dieser Zeit nie mehr ganz. Und auch Müller selbst fühlte sich nie mehr ganz wohl in der Gegenwart der Frau des Direktors, die ihn während einer Krankheit wie eine Mutter gepflegt hatte.

Müllers großer Ehrgeiz war, nach Halle zur berühmten Universität zu kommen, die Friedrich III. von Brandenburg, der spätere König von Preußen, 1694 gegründet hatte. Wichtiger für Müllers spätere Entwicklung war, dass Halle der Sitz pietistischer Theologie und Praxis war. Im 17. Jahrhundert hatte der Pietismus neuen Schwung in das religiöse Leben Deutschlands gebracht. In einer Zeit, in der die Einsichten Luthers und der anderen Reformatoren zu dogmatischen Formeln erstarrt waren, hat die pietistische Erweckung die Wichtigkeit der Wiedergeburt, des persönlichen Glaubens an Jesus Christus und der Wärme der christlichen Erfahrung betont, und dadurch wirkungsvoll die Evangelisation gefördert. Müller erreichte sein ehrgeiziges Ziel Ostern 1825.

Halle ist auf einer sandigen Ebene am Ufer der Saale gebaut. Der zentrale Marktplatz in der Innenstadt wird überragt von einem schönen mittelalterlichen Rathaus und von der gotischen Marienkirche, wo Händel Orgel spielen lernte. Bei seiner Ankunft in der Universität entschloss sich Müller wieder, ein besseres Leben zu führen; und dieses Mal meinte er es wirklich ernst. Er wusste, dass keine Kirche ihn jemals als ihren Pfarrer wählen würde, wenn er so weitermachte wie bisher. Aber selbst wenn er gewählt würde, brauchte er eine gute Kenntnis der Theologie, um ein angenehmes Leben führen zu können, das in Preußen von dem Standard des Universitätstitels abhängig war, den ein Bewerber erreicht hatte.

Aber die Freiheit des Universitätslebens bot zu viele Versuchungen. Georg Müller konnte wieder mit seinem Geld nicht richtig umgehen. Nach nicht allzu langer Zeit musste er seine Uhr und Teile seiner Kleidung verpfänden. Er fing wieder an, erhebliche Schulden zu machen, und fühlte sich total unglücklich: Er war durch seine ständigen Versuche, sich selbst zu bessern, mürbe geworden.

In einem der Gasthöfe Halles (wo er einmal fünf Liter Bier an einem einzigen Nachmittag trank) meinte er, einen jungen Mann aus seiner alten Schule in Halberstadt zu erkennen. Sie waren keine engen Freunde, denn Beta war still und ernst, aber es schien Müller, dass eine engere Freundschaft ihm helfen könnte, ein beständigeres Leben zu führen. Er bahnte sich einen Weg durch den vollen Bierkeller und schüttelte seinem alten Freund kräftig die Hand.

»Beta! Wie geht es dir? Wie schön, dich nach so langer Zeit wiederzusehen!« Beta freute sich über die neue Freundschaft, weil er dachte, sie würde sein eigenes Leben bereichern.

Da Müller gern reiste, machte er seinem Freund einen Vorschlag. »Warum reisen wir nicht in die Schweiz?«

»Aber wir haben kein Geld und keine Pässe.«

»Überlass mir das«, sagte Müller. »Das ist mein Plan. Fälsche Briefe deiner Eltern, die dich berechtigen, einen Pass zu bekommen. Verkaufe alles, was du kannst, besonders Bücher, die einen guten Verkaufswert haben, sodass wir genug Geld zusammenbekommen, um die Reise zu machen. Gib mir dann das Geld, und ich werde die notwendigen Fahrkarten kaufen.«

So verließen sie und einige Freunde Halle am 18. August 1825. Sie reisten nach Erfurt, dann westwärts nach Frankfurt und südwärts durch Heidelberg, Stuttgart und Zürich ins Herz der Schweiz. Dort lag zwischen steilen Kalksteinabhängen und einem aufsteigenden Nebel der Luzerner See. Sie bestiegen die Spitze des Rigi. Der Blick nahm Müller den Atem. Er schaute auf die Berge rings um den See: Bürgenstock, Seelisberg und etwas entfernt im Südwesten der Pilatus. Jeder sah wieder ganz anders aus; aber alle waren großartig.

»Jetzt«, dachte er, »habe ich gelebt!«

Sie reisten über den Bodensee zurück und dann ostwärts über Ulm sowie das mittelalterliche bayerische Nürnberg und kamen Ende September nach Halle zurück. Niemand von Müllers Freunden hatte entdeckt, dass er, dem sie ihr Geld anvertraut hatten, die Dinge so gerissen gedreht hatte, dass er selbst viel weniger zu den Reisekosten beitrug als alle anderen Mitreisenden.

BEZWUNGEN VON DER LIEBE JESU

»Seit einigen Wochen gehe ich samstagabends zu einem Treffen in dem Haus eines Christen«, erzählte Beta Müller Mitte November 1825. Er machte eine Pause und wusste nicht, wie Müller darauf reagieren würde.

»Und was passiert bei diesen Treffen?« – »Sie lesen die Bibel, sie singen, sie beten, und jemand liest dann normalerweise noch eine Predigt vor.«

»Ich möchte heute Abend gern mit dir zu diesem Treffen gehen.« – »Ich weiß nicht, ob du Freude daran haben wirst.«

Müller blieb fest: »Ich bin entschlossen zu gehen.« – »Dann werde ich dich heute Abend abholen.«

Müller dachte, dass Herr Wagner, in dessen Haus das Treffen stattfand, ihn nicht willkommen heißen würde. Als sie dort eintrafen, entschuldigte er sich für sein Kommen. Herr Wagner lächelte: »Bitte kommen Sie so oft Sie wollen; Haus und Herz stehen Ihnen offen. Kommen Sie jetzt und gesellen Sie sich zu den anderen.«

Sie sangen einen Choral und dann kniete ein Herr Kayser – der später Afrikamissionar der Londoner Missionsgesellschaft wurde – nieder und bat Gott, das Treffen zu segnen. Müller hatte bis dahin noch nie jemanden auf seinen Knien gesehen; auch er selbst hatte noch nie kniend gebetet.

Herr Kayser las ein Kapitel aus der Bibel und danach eine gedruckte Predigt. Das damalige Preußische Gesetz verbot eigenständige Bibelauslegung, wenn kein ordinierter Geistlicher gegenwärtig war. Am Ende des Treffens sangen sie einen Choral, und Herr Wagner schloss die Versammlung mit einem Gebet. Während er betete, dachte Müller: Ich könnte nicht so gut beten, obwohl ich eine viel bessere Ausbildung habe als dieser Mann.

»Alles, was wir auf unserer Reise in die Schweiz gesehen haben, und alle unsere früheren Vergnügen sind nichts, verglichen mit diesem Abend«, sagte er auf dem Heimweg zu Beta.

Es war der Wendepunkt in seinem Leben. In dieser Nacht

lag er voller Frieden und glücklich in seinem Bett. Am nächsten Tag und an mehreren anderen Tagen der folgenden Woche ging Müller zu Wagner, um die Bibel zu studieren. Über diese Zeit schrieb er später:

Es gefiel Gott, mich etwas von der Bedeutung der wunderbaren Wahrheit zu lehren: »Denn also hat Gott die Welt geliebt, dass er seinen eingeborenen Sohn gab, damit alle, die an ihn glauben, nicht verloren werden, sondern das ewige Leben haben.« Ich verstand etwas von dem Grund, warum der Herr Jesus am Kreuz starb und einen solchen Todeskampf in Gethsemane führte und dass Er die Strafe, die wir verdient hatten, trug, damit wir sie nicht erleiden müssen. Weil ich etwas von der Liebe des Herrn Jesus zu meiner Seele begriffen hatte, wurde ich gedrungen, Ihn daraufhin auch zu lieben. Was alle Ermahnungen und Vorschriften meines Vaters und anderer Menschen nicht erreichen konnten, was alle meine eigenen Entschlüsse nicht fertigbrachten, nämlich aufzuhören mit einem Leben in der Sünde und Verschwendungssucht: Ich konnte es, überwunden von der Liebe des Herrn Jesus, tun. Der Einzelne, der seine Sünden vergeben haben möchte, muss die Sündenvergebung durch das Blut des Herrn Jesus suchen. Der Mensch, der Sieg über die Sünde haben möchte, muss auch diesen durch das Blut des Herrn Jesus suchen.

Im Januar 1826, sechs oder sieben Wochen, nachdem er Christ geworden war und nach viel Gebet, traf Müller die wichtige Entscheidung, nach Hause zu fahren und seinen Vater zu besuchen. »Vater, ich glaube, Gott will, dass ich Missionar werde. Ich bin gekommen, um deine Erlaubnis zu erhalten, die die Deutsche Missionsgesellschaft haben möchte.«

Sein Vater schrie ihm seine Antwort entgegen: »Ich habe große Summen Geld für deine Ausbildung ausgegeben. Ich hoffte, dass ich meine letzten Tage bei dir in einem Pfarrhaus zubringen könnte. Und jetzt erzählst du mir, dass aus dieser Erwartung nichts wird. Ich kann dich nicht mehr länger als meinen Sohn betrachten.«

Dann fing der Vater an zu weinen. »Ich bitte dich, es dir noch einmal zu überlegen«, bettelte er.

Aber Müller hatte sich fest entschlossen und glaubte, dass Gott ihm die Kraft gab, zu dem zu stehen, was er als Seinen Ruf ansah.

Er kehrte nach Halle zurück. Obwohl er noch zwei Studienjahre vor sich hatte, entschied er, nie mehr Geld von seinem Vater anzunehmen. Das zu tun, erschien ihm falsch, weil sein Vater sich nicht mehr darauf freuen konnte, dass sein Sohn das wurde, was er gerne wollte – ein Geistlicher mit einem gut gesicherten Leben.

Müller wurde nun mit dem Problem konfrontiert, ohne die Unterstützung durch seinen Vater zu leben. Würde er zu seiner Entscheidung stehen können? Es wurde schnell deutlich, dass er es konnte. Einige Ereignisse folgten – die ersten von vielen in seinem erstaunlichen Leben –, die Müller, und später aller Welt, demonstrierten, dass »die, die Gott fürchten, keinen Mangel haben« (Psalm 34,10).

So geschah es, dass kurz nachdem er von dem Besuch bei seinem Vater zurückgekehrt war, einige Amerikaner nach Halle kamen, um dort zu studieren und zu lehren; denn drei von ihnen waren Lehrer an einer amerikanischen Hochschule. Ihr Problem war, dass sie kein Deutsch verstanden. Aber Halle hatte jetzt einen neuen Theologieprofessor, Dr. Tholuck, einen Pietisten, der seinen neuen Kollegen einen Vorschlag machte: »Ich habe einen Studenten, von dem ich glaube, dass er ein ausgezeichneter Lehrer der deutschen Sprache ist.«

Die Amerikaner freuten sich.

»Der Name des Studenten ist Georg Müller«, sagte Tholuck.

Die Amerikaner bezahlten Müller so gut für seinen Unterricht, dass er, auch ohne die Unterstützung seines Vaters, genug zum Leben hatte und noch etwas übrig blieb.

Er setzte sich jetzt für die Aufgabe ein, seinen neu gefundenen Glauben mit der energischen Hingabe weiterzusagen, die später ein besonderes Charaktermerkmal seines Lebens werden sollte. Er verbreitete jeden Monat ungefähr 200 Missions-Rundbriefe in verschiedene Teile des Landes. Er stopfte seine Taschen oft voll mit Traktaten, um sie an Menschen weiterzugeben, die er auf seinen Spaziergängen traf. Er schrieb Briefe an seine früheren Freunde und bat sie dringend, zu Jesus Christus umzukehren. Dreizehn Wochen lang besuchte er einen kranken Mann, der dann endlich gläubig wurde.

Nicht alle seine frühen Evangelisationsbemühungen waren wirklich erfolgreich. »Einmal traf ich einen Bettler auf einem Feld und sprach zu ihm über sein Seelenheil. Aber alles machte keinen Eindruck auf ihn. Ich sprach lauter. Als er immer noch unbeeindruckt blieb, brüllte ich ihn an, bis ich schließlich einsah, dass es sinnlos war.«

Im August 1826 kam ein Lehrer, der in einem Dorf in der Nähe von Halle lebte, mit einer Bitte zu Müller: »Wären Sie bereit, in meiner Kirche zu predigen?«

»Ich habe noch nie eine Predigt gehalten«, antwortete Müller, »aber ich glaube, dass ich eine Predigt auswendig lernen und Ihnen dann helfen könnte.«

Er brauchte ungefähr eine Woche, um sich die Predigt einzuprägen. Am frühen Morgen des 27. August 1826 hielt er in einer kleinen Kapelle so seine auswendig gelernte Predigt, aber sie gefiel ihm nicht. Er wiederholte diese Predigt Wort für Wort später am gleichen Morgen im Gottesdienst in der Kirche. Am Nachmittag plante er, dieselbe Predigt ein drittes Mal zu halten. Aber als er auf der Kanzel der Gemeinde gegenüberstand, schien ihm etwas zu sagen, dass er aus Matthäus 5 lesen und dann aus seinem Gedächtnis heraus einige Auslegungen dazu weitergeben sollte.

Als er anfing, die Bedeutung der Worte: »Selig sind die Armen im Geist« auszulegen, fühlte er, dass ihm beim Sprechen geholfen wurde. Und während seine Predigten am Morgen für die Menschen zu schwierig zu verstehen waren, bemerkte er am Nachmittag, dass die Gemeinde mit großer Aufmerksamkeit zuhörte. Es schien, dass er verstanden wurde, und er freute sich wirklich über diesen Dienst.

Von dieser Zeit an predigte er oft in den Dörfern und Städten in der Umgebung von Halle. An den Samstagabenden ging er gern zu den Treffen bei Herrn Wagner. Sonntagabends traf sich eine Gruppe Universitätsstudenten. Ab Ostern 1827 fanden diese Treffen in Müllers Zimmer statt.

Im August 1827 entschied die Europäische Missionsgesellschaft in England, einen Prediger nach Bukarest zu schicken. Sie bat Professor Tholuck in Halle, sich nach einem geeigneten Mann umzusehen. Müller dachte darüber nach und betete dafür. Es zeigte sich, dass sogar sein Vater diesem Plan zustimmte.

»Ich glaube, dass das die Möglichkeit des Dienstes ist, nach der ich mich sehne«, sagte Müller zu Tholuck. »Ich würde gern nach Bukarest gehen.«

Als er darauf wartete, weitere Einzelheiten von London zu hören, berechnete er die Kosten zu diesem Unternehmen und betete ernstlich für seinen zukünftigen Dienst. Zur gleichen Zeit entwickelte er ein leidenschaftliches Interesse an der hebräischen Sprache und begann, sie aus reiner Freude heraus zu studieren. Das war eigenartig, denn es hatte mit dem geplanten Umzug nach Bukarest nichts zu tun.

Ende Oktober 1827 kam ein unerwarteter, aber sehr willkommener Gast zu dem Sonntagabendtreffen in Müllers Zimmer. Hermann Ball war Missionar unter den Juden in Polen. Müller hatte ihn Ostern 1826 kennengelernt.

»Weil es mir gesundheitlich im Moment nicht gut geht«, erzählte er Müller, »muss ich meine Arbeit unter den Juden aufgeben.«

Während Müller Ball zuhörte, fühlte er etwas, das er beschreibt als »ein eigenartiges Verlangen, diesen Platz auszufüllen«. Aber er dachte mit Rücksicht auf seine Verpflichtung nicht ernsthaft weiter darüber nach.

Im November hatte Müller eine Verabredung mit Professor Tholuck. »Wollten Sie nicht früher Missionar unter Juden werden?«, fragte Tholuck. »Ich bin ein Vertreter einer Missionsgesellschaft in London, die unter ihnen arbeitet.«

Müller war erstaunt, und er erzählte Tholuck von dem Besuch Balls. »Aber es wäre für mich sicher nicht richtig, mehr darüber nachzudenken, weil ich nach Bukarest gehen werde.« Tholuck stimmte damit überein.

Am nächsten Morgen fühlte Müller, dass er alles Verlangen, nach Bukarest zu gehen, verloren hatte und dachte, dass das ein Sichgehenlassen sei. »Lieber Gott«, betete er, »bitte erneuere in mir den früheren Wunsch, nach Bukarest zu gehen.« Sein Gebet wurde sofort erhört, aber auch seine Liebe fürs Hebräische blieb.

Gegen Ende November schrieb die Europäische Missionsgesellschaft an Tholuck: »Wegen des Krieges zwischen den Türken und Russen hat unser Vorstand entschieden, vorläufig den Plan aufzugeben, einen Geistlichen nach Bukarest zu schicken.«

»Haben Sie weiter darüber nachgedacht, ein Judenmissionar zu werden?«, fragte Tholuck Müller. Als Reaktion darauf betete Müller. Er dachte nach. Er sprach mit seinen Freunden darüber und ermutigte sie, seine Motive zu prüfen. Schließlich gab er Tholuck seine Antwort: »Ich weiß nicht sicher, ob es Gottes Wille ist, dass ich ein Judenmissionar werde. Aber ich glaube, ich könnte mich dem Vorstand zur Verfügung stellen und es dem Herrn überlassen, mit mir zu tun, was Er für das Beste hält.«

Anfang 1828 wurde ein Arbeitshaus für Männer, die kleine Straftaten begangen hatten, in Halle eröffnet. Müller bewarb sich erfolgreich um den vorübergehend freien Posten als Geistlicher für die Insassen, während er darauf wartete, mehr aus London zu hören. Neben dem Predigen übte er persönliche Seelsorge an den Männern und erklärte ihnen den christlichen Glauben. »Ich hatte letztendlich einige Qualifikationen, dort zu dienen«, schrieb er, »denn ich kannte den Zustand dieser armen Sünder, war ich doch früher, aller Wahrscheinlichkeit nach, viel schlimmer als die meisten von ihnen, und meine Einfachheit und Klarheit beim Sprechen würden sie nicht bei jedem Geistlichen finden.«

Trotz seiner vielen Aktivitäten außerhalb der Universität schloss Müller Ostern 1828 sein Studium erfolgreich ab. Ein ganz anderer Georg Müller graduierte in Halle, verglichen mit dem widerspenstigen und unglücklichen Neuling, der 1825 dort ankam. Jetzt hatte sein Leben Sinn, Frieden und Freude; und auch als im Lauf der Zeit die Erinnerungen an Halle verblassten, konnte er sich sicherlich noch lebhaft an jenen Samstagabend im November 1825 erinnern, an dem er Herrn Wagners Haus zum ersten Mal besuchte und sein Leben umgewandelt wurde.

Im Juni 1828 erhielt Müller einen Brief von der Londoner Gesellschaft zur Verbreitung des Christentums unter den Juden. Der Vorstand hatte entschieden, ihn als Missionskandidaten für sechs

Monate auf Probe zu nehmen, vorausgesetzt, er käme nach London.

Nur ein Hindernis blieb trotzdem, bevor Müller einen Pass für England bekommen konnte. Von jedem preußischen Mann, der die Schule abgeschlossen hatte, wurde erwartet, dass er ein Jahr in der Armee diente, vorausgesetzt, er war gesund. Müller war im Alter von 20 Jahren für wehrtauglich erklärt worden, aber auf seine Bitte hin wurde er bis zum Ende seines Studiums vom Militärdienst zurückgestellt. Wer jedoch Missionar werde wollte, wurde oft vom Militärdienst befreit. Einige Freunde Müllers, die Einfluss in Hofkreisen hatten, schrieben an den König persönlich, um diese Befreiung zu erreichen. Aber König Friedrich Wilhelm III. antwortete, dass die Angelegenheit dem zuständigen Ministerium übergeben werden müsse und in Müllers Fall keine Ausnahme gemacht werden könnte.

Die Lösung dieses Problems kam unerwartet: Müller wurde ernstlich krank. Ein berühmter Arzt verschrieb ihm Stärkungsmittel und Wein, und ein reicher und ziemlich weltlicher Freund – einer der amerikanischen Professoren – nahm Müller mit aufs Land in der Nähe von Berlin. »Solange ich Tag für Tag an der frischen Luft war, von einem Ort zum anderen ging, etwas Wein trank und Stärkungsmittel nahm, fühlte ich mich gut; aber sobald ich nach Halle zurückkehrte, traten auch die alten Symptome wieder auf.« Vor allem schienen es ein starkes Schwindelgefühl, Magenschwäche und eine Erkältung zu sein, die Müller nicht überwinden konnte.

Müller und sein Freund gingen zusammen zur berühmten Michaelismesse in Leipzig und danach zur Oper, aber Müller hatte keine Freude daran. Nach dem ersten Akt trank er ein Glas Eiswasser; nach dem zweiten Akt wurde er bewusstlos. Er erholte sich so weit, dass er zu seiner Herberge zurückkehren konnte, wo er eine ruhige Nacht verbrachte.

»Ich bin nicht glücklich über die Art, wie wir gelebt haben«, sagte Müller seinem Freund am nächsten Tag. »Ich auch nicht«, antwortete sein Freund, der ein Christ war, dessen Liebe zum Herrn Jesus aber kalt geworden war. »Als du gestern Abend in der Oper ohnmächtig wurdest, entsetzte mich der Gedanke, dass das ein schrecklicher Ort zum Sterben wäre!«

Bei ihrer Rückkehr nach Halle bekam Müller Magenbluten, von dem er annahm, dass es durch das Glas Eiswasser verursacht worden war.

»Warum bewerben Sie sich nicht selbst für den Militärdienst und hoffen, dass Sie, während Sie so schwach sind, abgelehnt werden?«, schlug ein gläubiger Major des preußischen Heeres Müller vor – eine ethisch ziemlich fragwürdige Haltung.

Müller wurde untersucht und für untauglich erklärt. Es wurde festgestellt, dass er eine Neigung zur Tuberkulose hatte. Einer der preußischen Generäle schrieb die notwendigen Papiere, während sein Adjutant abwesend war, selbst und gab Müller eine lebenslange völlige Befreiung von allen militärischen Verpflichtungen.

»Darf ich Sie besonders darauf hinweisen, die Aufmerksamkeit der Juden auf das 11. Kapitel des Römerbriefes zu lenken?«, sagte der General, der selbst ein hingegebener Christ war.

Müllers Gesundheit blieb schwach, bis er auf den Rat eines Medizinprofessors hin alle Medikamente aufgab. Danach begann sich sein Zustand zu bessern. Im Februar verließ Müller Berlin, um nach London zu reisen. Auf dem Weg besuchte er seinen Vater in Hadmersleben, wo er seine Kindheit verbracht hatte.

In Rotterdam war das Eis gerade erst gebrochen, und kein Dampfer wagte das Abenteuer der Ausreise. Nach fast einem Monat Wartezeit ging Müller an Bord eines Schiffes, das nach England fahren sollte. Am 19. März 1829 kam er in London an.

ENGLAND 1829

1829 konnte man den Frühling in London riechen. Die Innenstadt hatte gerade erst begonnen, sich nördlich von der Hyde Park Corner auszubreiten. John Nash hatte kurz vorher über zwei Quadratkilometer ödes Heideland nördlich der Oxford Street für den Prinzregenten in einen wunderbaren Park umgewandelt: Sie nannten ihn den »Regent's Park«. Südlich des Parks in Richtung des Mall, wo der Prinz lebte, hatte Nash die Regent Street geplant und gebaut. Als eins der bedeutendsten Kennzeichen in dieser Straße hatte er eine schöne Kirche mit einem runden ionischen Säulengang gebaut: All Souls (Aller Seelen) am Langham Place. Sie war gerade fünf Jahre alt, als Müller in London ankam.

1829 war Nash mit der Restaurierung des Buckingham-Palastes für George IV. beschäftigt, aber der König starb im folgenden Jahr, bevor die Arbeit vollendet war. William IV. zog es vor, im St.-James-Palast zu wohnen, und die junge Prinzessin Victoria, die jetzt in Kensington lebte, wollte vor ihrer Krönung im Jahr 1837 nicht in den Palast einziehen. Müller war zweifellos fasziniert von den modernen Gaslaternen, die die Pall Mall erleuchteten: einem Zeichen, dass London die fortschrittlichste Stadt der Welt war.

Endlich fand Müller eine preiswerte Unterkunft – nicht im modernen West End – sondern in Hackney, von dem zu der Zeit gesagt wurde, es sei ein Lieblingsplatz der Straßenräuber. Er wollte so schnell wie möglich fließend Englisch lernen, aber weil die meisten seiner Mitstudenten Deutsche waren, hatte er nur wenig Möglichkeiten, seinen Ehrgeiz in die Praxis umzusetzen. Auf dem Land hinter Hackney sprach er zum ersten Mal Englisch »mit einem kleinen Jungen … über seine Seele, weil er dachte, dass der sein gebrochenes Englisch ertragen würde«.

»Anthony Norris Groves«, erzählte einer von Müllers Kollegen ihm, »arbeitete als Zahnarzt in Exeter, aber er hat seine Praxis mit einem Einkommen von fünfzehnhundert Pfund pro Jahr aufgegeben und plant, als Missionar mit seiner Frau und den Kindern nach Persien zu gehen. Er wird kein Gehalt bekommen, sondern einfach für seine Bedürfnisse von Gott allein abhängig sein.«

Das erfreute Müller so sehr, dass er es in seinem Tagebuch notierte und seinen Freunden in Deutschland davon schrieb.

Wie es für Müller typisch war, arbeitete er auch in London hart: ungefähr 12 Stunden am Tag, hauptsächlich am Hebräischen, Chaldäischen und an rabbinischen Texten. »Ich schaute zum Herrn auf, selbst dann, wenn ich eine Seite in meinem Hebräisch-Wörterbuch aufschlug und bat Ihn, mir zu helfen, dass ich die Wörter schnell finde.«

Im Mai 1829 wurde Müller, jetzt 23 Jahre alt, krank. Es ging ihm schon nicht gut, als er Deutschland verließ, und die langen Stunden beim Studieren in London forderten ihren Tribut. Er meinte, dass er sicher sterben müsste, aber eine innere Freude blieb. »Es war, als ob jede Sünde, die ich jemals begangen hatte, in mein Gedächtnis kam; aber zur gleichen Zeit konnte ich auch erkennen, dass alle meine Sünden völlig vergeben waren – dass ich gewaschen und rein gemacht worden war, völlig rein, in dem Blut des Herrn Jesus. Das Ergebnis davon war ein großer Friede. Ich hatte ein wachsendes Verlangen danach, abzuscheiden und bei Christus zu sein.« Aber seine Stunde war noch nicht gekommen. »Sie werden wieder gesund«, sagte sein Arzt ihm.

»Statt mich über diese Diagnose zu freuen«, schrieb er, »war ich niedergeschlagen, so groß war mein Verlangen, beim Herrn zu sein. Aber fast sofort danach wurde mir die Gnade gegeben, mich ganz dem Willen Gottes unterzuordnen.«

»Sie sollten aufs Land gehen, um etwas Luftveränderung zu bekommen«, schlugen seine Freunde vor. »Wie wäre es mit Süd-Devon?« Und so kam es, dass Müller in Teignmouth im Sommer 1829 eine Freundschaft begann, die 36 Jahre bestand und die Richtung seines Lebens veränderte.

Henry Craik war ein Schotte, wie Müller fast 24 Jahre alt, und auch er hatte sich während seines Universitätsstudiums bekehrt. Nachdem er die Universität in St. Andrews mit einigen Auszeichnungen absolviert hatte, war er 1826 nach Exeter umgezogen, um ein Privatlehrer im Haus von Anthony Norris Groves zu werden – dem Zahnarzt, von dem Müller in London erzählt worden war. Groves hatte das Denken von Craik entscheidend beeinflusst.

»Jahrelang war ich ein Mann der Hochkirche«, sagte Groves zu Craik. »1822 fing ich an, die Bibel intensiv zu studieren, und ich begann zu erkennen, dass die Schrift allein die ausreichende Quelle für geistliches Wachstum ist.«

Groves gab Craik eine Broschüre, die er 1825 geschrieben hatte, mit dem Titel *Christliche Hingabe,* in dem er die Gründe darlegte, warum er glaubte, dass Jesus Christus eine buchstäblich zu nehmende Wahrheit gesprochen hat, und dass Er sie als solche verstanden haben wollte, wenn Er sagte: »Verkaufe alles, was du hast, und gib es den Armen« (Matthäus 19,21). Er gab Argumente für eine Rückkehr zum Geist und zur Praxis der Urgemeinde, deren Glieder »alle Güter und Habe verkauften und sie austeilten unter allen, je nach dem es einer nötig hatte« (Apostelgeschichte 2,45). »Dies«, sagte Groves zu Craik, »stimmt sowohl mit der Vernunft als auch mit der Offenbarung überein.«

Groves hatte zu praktizieren begonnen, was er predigte: Er und seine Frau hatten zuerst den Zehnten und dann ein Viertel ihres Einkommens gegeben und das Geld den Armen ausgeteilt. Dann hatten sie jeden Gedanken verworfen, Geld für ihre Kinder zu sparen, und nachdem sie ihre Ausgaben durch ein einfacheres Leben reduziert hatten, gaben sie alles, was übrig geblieben war, weg.

Als Vorbereitung auf den Missionsdienst hatte sich Groves als externer Student am Trinity College in Dublin eingeschrieben, um einen theologischen Doktorgrad zu bekommen, bevor er als Geistlicher der Anglikanischen Kirche ordiniert würde. In Dublin hatte er die Gruppe Männer getroffen, die heute als die Gründer der »Plymouth-Brüder« angesehen werden (weil ihre erste große Gemeinde einige Zeit später in Plymouth war). Sie hatten keine Ahnung, dass hier eine neue Bewegung begann: Es war wirklich das Letzte, was einer von ihnen gewünscht hätte, eine weitere Denomination zu dem hinzuzufügen, was sie als ein traurig zersplittertes Christentum ansahen.

Groves Entscheidung, als Missionar nach Persien zu gehen,

hatte Craik gezwungen, eine andere Arbeit zu suchen. Im Sommer 1828 nahm er eine Stelle in Teignmouth als Lehrer in einer Familie an, die auch mit dem Kreis verbunden war, den Groves in Dublin getroffen hatte. Was Müller wirklich an Craik anzog, war »seine Herzenswärme dem Herrn gegenüber«. Beide waren fasziniert vom Studium der hebräischen Sprache. Müller erhielt von Craik einen kompletten Bericht der Entwicklungen in Dublin. Müllers Verbindung zu Craik blieb ununterbrochen, und von Müllers Seite her war sie besonders eng.

Wenige Tage nach seiner Ankunft in Teignmouth war Müller bei der Wiedereröffnung der Ebenezer-Kapelle dabei und sehr beeindruckt von einem der Sprecher. Er berichtete: »Obwohl mir nicht alles gefiel, was er sagte, sah ich eine Ernsthaftigkeit und Feierlichkeit an ihm, die ihn von den anderen unterschied.« Nach dem Gottesdienst erkundigte Müller sich nach diesem Prediger und wurde nach Exmouth eingeladen, wo er untergebracht war, um zehn Tage mit ihm zusammen im gleichen Haus zu sein. Müller nahm die Einladung sofort an und berichtete, dass »der Herr diesen Bruder als Instrument gebrauchte, um mir einen großen Segen zu geben, für den ich Grund habe, Ihm eine Ewigkeit lang zu danken«. Leider wissen wir nicht, wer »dieser Bruder« war. Offensichtlich spiegelt aber die Entwicklung von Müllers Gedanken während seines Aufenthalts in Exmouth und unmittelbar danach den Einfluss seines Kontaktes mit der frühen Brüderbewegung wider.

Müller fühlte, dass Gott ihn »einen höheren Grad der Hingabe« lehrte, als er ihn je gekannt hatte. Seine Bemerkungen in seinem Tagebuch lassen sehen, dass er die Broschüre von Groves *Christliche Hingabe* sorgfältig studiert hatte: »Es bekommt einem Diener schlecht«, schrieb er, »danach zu trachten, reich, groß und berühmt zu werden in dieser Welt, in der sein Herr arm, unbedeutend und verachtet war.«

Er betrachtete die Veränderung, die er während seines Aufenthalts in Devon erfuhr, »wie eine zweite Bekehrung«. In einem Brief, viele Jahre später geschrieben, berichtete Müller über diese Zeit Folgendes:

Anfang November 1825 wurde ich an den Herrn Jesus gläubig ... in den ersten vier Jahren war es zum großen Teil in großer Schwachheit; aber im Juli 1829 ... kam es bei mir zu einer vollkommenen und ganzen Übergabe meines Herzens. Ich übergab mich völlig dem Herrn. Ehre, Vergnügen, Geld, meine körperlichen Kräfte, meine geistigen Kräfte, alles wurde zu den Füßen des Herrn Jesus niedergelegt, und ich wurde ein großer Freund des Wortes Gottes. Ich fand mein Alles in Gott ...

Im September kehrte Müller nach London zurück, entschlossen, seine neuen Einsichten und seine Begeisterung seinen Kollegen mitzuteilen. Er organisierte jeden Morgen ein Gebets- und Bibelstudientreffen. Dabei legte jeder Teilnehmer aus, was Gott ihm über die Bibelstelle zeigte, die er gelesen hatte. Besonders einer seiner Mitstudenten teilte seine Begeisterung für geistliche Dinge. An manchen Abenden, an denen Müller sich über besonders gute Zeiten der Gemeinschaft mit Gott freute, ging er nach Mitternacht ins Zimmer seines Freundes und fand ihn in einem ähnlichen Zustand. Die beiden blieben dann bis ein oder zwei Uhr morgens im Gebet. Müller ging dann wieder in sein eigenes Zimmer, aber einige Male war er so voller Freude, dass er bis sechs Uhr kaum schlafen konnte, der Zeit, in der er seine Kollegen wieder zum Gebet und zur Gemeinschaft traf.

Müller glaubte, dass Gott ihn berufen hatte, das Evangelium zu verkündigen, und er war nicht bereit, mit der Arbeit unter den Juden von London zu warten, bis er ein voll ausgebildeter Missionar war. Er schrieb seinen Namen und seine Adresse auf Hunderte von Traktaten. Während er diese austeilte, lud er die Empfänger ein, zu ihm zu kommen und mit ihm über den christlichen Glauben zu sprechen. Er predigte an beliebten Treffpunkten der Juden und las mit ungefähr 50 jüdischen Jungen regelmäßig die Bibel: Er wurde ein Lehrer in einer Sonntagsschule.

Gegen Ende November 1829 fragte sich Müller, ob er weiter mit der Londoner Gesellschaft zur Förderung des Christentums unter Juden verbunden bleiben sollte. Er bekam die Sicht, dass er als Diener des Herrn Jesus Christus in seinem Missionsdienst vom Heiligen Geist geleitet werden sollte und nicht von Menschen. Eine der Bedingungen des Vorstandes war, dass er den größten Teil seiner

Zeit unter Juden arbeiten sollte. Es erschien ihm jetzt als biblische Vorgehensweise für ihn selbst, dass er bei der Ankunft in einem neuen Gebiet besonders nach den Juden Ausschau halten und versuchen sollte, unter ihnen zu arbeiten, aber gleichzeitig auch den Menschen aus den Heiden zu predigen.

Im Dezember hatte er sich mehr oder weniger dazu entschlossen, dem Vorstand der Missionsgesellschaft zu schreiben und ihm seinen Standpunkt mitzuteilen. Aber, typisch für ihn, entschied er, einen weiteren Monat lang darüber nachzudenken. Bevor er seine letzte Entscheidung traf, reiste er noch einmal nach Devon und wollte dort einen kurzen Urlaub machen. Doch die Dinge entwickelten sich so, dass er nicht mehr als Student nach London zurückkehrte.

Er plante, 14 Tage in Exmouth zu bleiben und war entschlossen, dort nicht seine Zeit zu vertrödeln. Am zweiten Tag besuchte ihn ein frommer Mann aus Devon: »Ich habe letzten Monat dafür gebetet, dass der Herr etwas in Lympstone tut, einem Ort, in dem es wenig geistliches Licht gibt. Dort ist eine Methodisten-Kapelle, und ich bezweifle nicht, dass es Ihnen erlaubt wird, dort zu predigen.«

Müller nahm diesen Vorschlag gern an, und der nächste Tag, ein Sonntag, fand ihn in Lympstone, wo er sich über den kräftigen Salzwassergeruch der gezeitenabhängigen Flussmündung des Exe freute. Ohne Schwierigkeiten bekam er die Erlaubnis, zweimal täglich in dieser Dorfkapelle der Methodisten zu predigen. An den meisten Tagen der folgenden Woche hielt er Versammlungen ab »in einem Zimmer mit einigen Damen, um mit ihnen die Schriften zu lesen«.

Im Blick auf diese wachsenden Möglichkeiten zum Dienst beschloss er, sofort den Vorstandsmitgliedern der Missionsgesellschaft in London zu schreiben, damit er, während sie sich Zeit für ihre Entscheidung nahmen, weiter predigen konnte. In seinem Brief beschrieb er, was seine Sicht über Missionsarbeit war, bevor er in die Missionsgesellschaft eintrat, und wie sie sich seitdem geändert habe. Er schrieb, dass er ihnen viel Dank schuldig sei für ihren Anteil, ihn nach England zu bringen; und dass er gern in

Zukunft ohne Gehalt mit ihnen zusammenarbeiten möchte, wenn sie ihm erlaubten, in England von Ort zu Ort zu ziehen, wie der Herr ihn führte, um sowohl Namenschristen als auch Juden das Evangelium zu verkündigen. Er wäre dankbar, Vorräte an hebräischen Schriften und an Traktaten für die Juden von der Missionsgesellschaft zu bekommen.

Als Antwort bekam er einen freundlichen Brief von einem der Verantwortlichen, zusammen mit einem offiziellen Brief, in dem ihm höflich erklärt wurde, dass die Missionsgesellschaft niemanden anstellen kann, der nicht willens ist, sich ihrer Leitung zu unterstellen, und dass sie ihn deshalb nicht mehr als ihren Missionskandidaten ansehen könnten. Falls mündigeres Nachdenken ihn dazu brächte, seine Meinung zu ändern, könnte die Missionsgesellschaft die Angelegenheit gerne noch einmal überdenken.

So endete Müllers Stipendium bei der Missionsgesellschaft, in deren Dienst er nach England gekommen war. Er machte ihr keine Vorwürfe, und er würdigte immer die Hilfe, die sie ihm gewesen war, aber zur gleichen Zeit bedauerte er den Bruch mit ihr nie. Er war jetzt frei, seine Überzeugung in die Praxis umzusetzen »Ein Diener des Herrn Jesus hat nur einen Meister« und sollte hier und dort arbeiten, so wie sein Meister ihn führt.

Nach drei Wochen in Exmouth ging er nach Teignmouth und wollte dort zehn Tage bei Freunden bleiben, die er in seiner Genesungszeit im vorigen Sommer kennengelernt hatte. Die Reise von Exmouth nach Teignmouth war per Luftlinie nicht weit: Exmouth lag östlich der Flussmündung, wo der Exe in das Meer floss, und Teignmouth lag auf der anderen Seite, wenige Kilometer nach Südwesten. Aber für uns Menschen, die nicht fliegen können, schloss die Reise entweder einen Umweg von ungefähr 30 Kilometern ein bis zu einem Punkt in der Nähe von Countess War, an dem der Exe so flach war, dass sie gut überquert werden konnte, oder man musste die ermüdende Fahrt mit der Fähre von Exmouth nach Starcross auf sich nehmen. Die wunderschöne Landschaft allerdings war eine Entschädigung für den müden Reisenden. Er genoss den herrlichen Blick in die Flussmündung bis nach Powderham und in die Wälder von Mamhead. Und jenseits davon, auf den Haldon Hills, ragte der Belvedere-Turm 1830 schon genauso heraus wie heute noch, ein Wahrzeichen für einen großen Teil von Devon. Das war das Land, das Müller so vertraut werden sollte – nicht wie er dachte für ungefähr zehn Tage, sondern für die nächsten zweieinhalb Jahre. Wer hätte erwartet, dass der junge Preuße, der kurz vorher wegen seiner schlechten Gesundheit vom Militärdienst befreit wurde und nur gebrochenes Englisch sprach, das West Country bis zu seinem Tod am Ende des Jahrhunderts zu seiner Heimat machen würde? Er reiste nach Teignmouth mit wenig mehr als fünf Pfund in seiner Tasche, ohne Einkommen und ohne Anstellung. Aber in jenen zweieinhalb Jahren fing Georg Müller an, die Lektionen zu lernen, die ihn für seine spätere Arbeit vorbereiteten.

GESCHULT DURCH DIE MENSCHEN AM TEIGN

Teignmouth hatte schon eine lange Geschichte als kleiner Seehafen, als Fisch- und Marktstadt, als es im späten 18. und frühen 19. Jahrhundert ein beliebter Badeort wurde. 1827 wurde eine Brücke eingeweiht, die die Stadt mit Shaldon verband, dem anmutigen Dorf auf der gegenüberliegenden Seite der Teignmündung, wo Henry Craik wohnte.

»Könnten Sie es sich vorstellen, Geistlicher der Ebenezer-Kapelle zu werden?«, fragte ein Gemeindeglied Müller sehr bald nach seiner Ankunft in Teignmouth. – »Ich möchte an keinem einzigen Platz Wurzeln schlagen, sondern herumreisen und dort predigen, wohin Gott mich führt«, antwortete Müller.

»Willst du für mich in der Baptistenkapelle in Shaldon predigen?«, fragte Henry Craik. Müller nahm Craiks Einladung an. In der Gemeinde, in der er predigte, gab es drei Pastoren: keinem von ihnen gefiel die Predigt. Aber ein junges Mädchen, das im Haushalt eines dieser Pastoren arbeitete, wurde nach diesem Gottesdienst gerettet. Müller konnte nicht anders, als zu denken, dass sie ihren Dienstherrn schon oft hatte predigen hören.

Müller predigte in der ersten Woche jeden Abend, entweder in Shaldon oder in Teignmouth. Einige von denen, die ihm im Sommer freundlich zugehört hatten, wurden jetzt ablehnend.

»Der Herr will durch mich in Teignmouth arbeiten«, schloss Müller daraus, »und deshalb hat Satan, der sich davor fürchtet, Widerstand gegen mich hervorgebracht.« Trotzdem gab es eine Anzahl Menschen, die das Evangelium annahmen und in dieser ersten Woche gläubig wurden.

Die Zahl der Gemeindeglieder in der Ebenezer-Kapelle, die Müller als ihren Pastor haben wollten, wurde größer, bis nach zwölf Wochen die ganze Gemeinde einstimmig Müller einlud, ihr Gemeindepastor zu werden.

»Ich bin froh, Ihre freundliche Einladung anzunehmen«, antwortete Müller nach viel Gebet, »aber ich muss deutlich sagen, dass ich nur so lange Ihr Pastor bleiben kann, wie ich gewiss bin, dass dies Gottes Wille ist.«

Er hatte seine Absicht, von Ort zu Ort zu ziehen, wie Gott ihn führte, nicht aufgegeben. Die Gemeinde bot ihm 55 Pfund pro Jahr an, eine Summe, die sie später erhöhten, als die Gemeinde wuchs. Später, als Müllers Sicht sich weiter entwickelte, lehnte er diese Art der Unterstützung ab. Er fing an, regelmäßig in Exeter, Topsham, Shaldon, Exmouth, Lympstone, Bishopsteignton, Chudleigh, Cullompton und Newton Abbot zu predigen.

Ungefähr Anfang April 1830 ging Müller zum Predigen in die außergewöhnliche, kleine Stadt Sidmouth und wurde in eine Streitfrage mit drei ebenso außergewöhnlichen Damen, die ihre eigene Meinung hatten, verwickelt.

»Was ist Ihre Meinung über die Vorteile der Kinder- und der Glaubenstaufe, Herr Müller?« – »Ich glaube nicht, dass ich noch einmal getauft werden muss«, antwortete er. – »Haben Sie je die Schrift gelesen und über diese Sache gebetet?«, fragte eine dieser Damen, die selbst als Erwachsene getauft war. – »Nein.« – »Dann empfehle ich Ihnen, nie mehr darüber zu sprechen, bis Sie es getan haben.«

So geschlagen, entschloss sich Müller, die Sache zu untersuchen. Nach seiner Gewohnheit las er das Neue Testament von Anfang an und suchte besonders nach Bibelstellen über diese Streitfrage. Er erkannte, dass nur Gläubige mit Recht getauft werden können, und dass das Untertauchen das biblische Vorbild war. Er wurde besonders getroffen von Apostelgeschichte 8,36-38 und Römer 6,3-5. Einige Zeit später ließ er sich von Henry Craik taufen, und fast alle seiner Freunde folgten seinem Beispiel.

Devon ist groß – ungefähr 120 Kilometer von Norden nach Süden – und hat viel mehr Straßenkilometer als jede andere Provinz in England, aber die Nachricht von dem fähigen jungen Preußen, der sich in Teignmouth niedergelassen hatte, verbreitete sich sehr schnell. Im Norden in Barnstaple hatte ein Richter, Thomas Pugsley, eine kleine Kapelle gebaut und lud Müller ein, bei ihrer Eröffnung im Juni 1830 zu predigen. Müller nahm die Einladung an, und zwei Einheimische wurden bekehrt. Tatsächlich gab es fast jedes Mal, wenn Müller jetzt predigte, Entscheidungen.

In jenem Sommer 1830 beschloss Müller, dass die Gemeinde der Ebenezer-Kapelle dem Beispiel der Apostel in Apostelgeschichte 20,7 folgen und jeden Sonntag das Mahl des Herrn halten sollte, obwohl er zugab, dass es dafür kein besonderes Gebot gab, weder vom Herrn Jesus selbst noch in den Briefen.

»Ich glaube auch«, sagte er seiner Gemeinde, »dass es biblisch ist nach Epheser 4 und besonders nach Römer 12, dass wir dem Heiligen Geist Raum geben sollten, durch jeden Bruder in Christus zu wirken, den Er gebrauchen will. Was ich damit meine, ist, dass jedes Gemeindeglied den anderen dienen kann mit der Gabe, die der Herr ihm gegeben hat. Bei einigen Versammlungen wird jeder der Brüder die Gelegenheit haben, die anderen zu ermahnen oder zu lehren, wenn er meint, er habe etwas zu sagen, was für die Hörer von Nutzen sein könnte.«

So entwickelte die Gemeinde der Ebenezer-Kapelle mit Müller als ihrem Pastor einen typischen Brüdergemeindestil des Herrenmahls.

Während des Sommers 1830 lehnte Müller nie eine Möglichkeit ab, Exeter zu besuchen. Es war nicht nur die Schönheit der Reise an der Küste entlang von Teignmouth nach Starcross und dann die Straße an der Exemündung hinauf zu der Provinzstadt, die ihn erfreute. Die Attraktion lag am Ende der Reise: Müller hatte sich verliebt. Er hat Anthony gegenüber nie seine Bewunderung für die Familie Groves verleugnet, und sie galt jetzt in besonderer Weise seiner Schwester, die 1829 zurückgeblieben war. Mary Groves führte den Haushalt für eine Frau Hake, eine Behinderte, die ein Internat in Northernhay House leitete. Müller war gewiss, dass es für ihn besser sei, verheiratet zu sein, und er betete viel über die Wahl einer Lebenspartnerin. Es hätte kaum eine idealere Antwort auf seine Gebete geben können als Fräulein Groves. Sie teilte ihres Bruders ernste Hingabe an den Herrn, und sie unterstützte ihn ganz in seiner Entscheidung, dem Herrn zu vertrauen im Blick auf materielle Versorgung. Nach Müllers Ansicht spielte sie gut Klavier und zeichnete wunderbar, und sie war auch in der

Lage, in intellektueller Hinsicht eine Partnerin zu sein, weil sie englische Grammatik, Geografie, Geschichte, Französisch, Latein und Hebräisch studiert hatte – außerdem konnte sie Georg einiges in Astronomie lehren. Am 15. August bat er sie in einem Brief, seine Frau zu werden. Vier Tage später war er in Exeter. Mary nahm seinen Antrag an, und sie gingen gemeinsam auf die Knie, um Gott zu bitten, ihre Ehe zu segnen.

Sie fanden eine andere Haushälterin für Frau Hake, und das Paar heiratete am 7. Oktober. In der St.-Davids-Kirche hielt John Abbot einen einfachen Gottesdienst. Sie kehrten dann mit Freunden zum Northernhay-Haus zurück, um das Herrenmahl zu feiern. Dann ging es mit der Postkutsche nach Teignmouth, und am nächsten Tag begann ihre gemeinsame Arbeit für den Herrn. Wer hat schon mal von einer solchen Hochzeitsreise gehört?

Kurz nachdem sie nach Teignmouth zurückgekehrt waren, entschied das neuvermählte Paar, dass es für Georg falsch sei, ein festes Gehalt zu bekommen. Das Pastorengehalt wurde durch die Vermietung der Kirchensitze bezahlt. Weil die besseren Sitze teurer waren, erkannten sie bald, dass dieses System die soziale Diskriminierung fördere und dass es dem Geist von Jakobus 2,1-6 widersprach. Deshalb verwarf Müller die Miete für Kirchensitze. Ende Oktober verkündete er dies: »Ich plane, mein von der Gemeinde gezahltes Gehalt aufzugeben.«

Er gab seine Gründe an und las Philipper 4. Er stellte einen Kasten in die Kapelle mit der netten Bemerkung, dass jeder, der Herrn und Frau Müller unterstützen möchte, sein Opfer dort hineinlegen könnte.

Müller entschied sich auch, von dieser Zeit an niemanden, nicht einmal seine Geschwister in der Ebenezer-Kapelle, zu bitten, ihm auf irgendeine Weise finanziell zu helfen. Fortan würde er sich nicht mehr an Menschen, sondern an den Herrn wenden. Müller gab zu, dass diese Entscheidung »mehr Gnade erforderte als die, sein Gehalt aufzugeben«. Aber es war diese Entscheidung, vielleicht mehr als irgendetwas anderes, die die Geschichte seines Lebens von dieser Zeit an so spannend machte. Zur gleichen Zeit entschieden sich Georg und Mary auch, Lukas 12,33 (»Verkaufe alles, was du hast, und gib es den Armen«) wörtlich zu nehmen.

Während ihres ganzen Ehelebens haben die Müllers sich nie über das Prinzip oder die Praxis dieser wichtigen Entscheidung gestritten, die sie am Anfang ihres gemeinsamen Lebens getroffen hatten. Als Müller später auf diese Zeit zurücksah, schrieb er: »Das war das Mittel, das uns die zarte Liebe und Fürsorge unseres Herrn für Seine Kinder sehen ließ, selbst in den kleinsten Dingen, auf eine Art, die wir bis dahin nie aus unserer Erfahrung heraus kannten. Dadurch lernten wir vor allem und wie nie zuvor, den Herrn besser kennen als einen Gott, der Gebete erhört.«

Bishopsteignton ist ein hübsches Dorf auf einem Hügel, von dem man die Teignmündung sehen kann, mit einem grandiosen Blick auf den Fluss und auf Dartmoor dahinter. Einige Gemeindeglieder der Ebenezer-Kapelle wohnten hier. Seit der Normannischen Eroberung gehörte es den Bischöfen von Exeter und war traditionell eines ihrer reichsten Rittergüter. Aber zwei Besucher dieses Dorfes im November 1830 waren nicht reich: Ungefähr drei Wochen, nachdem sie ihr Gehalt aufgegeben hatten, besaßen die Müllers noch ungefähr acht Schillinge. (Während des größten Teils des 19. Jahrhunderts, das auffallend frei war von Inflation, bekam ein Bauerngehilfe normalerweise ungefähr 10 Schillinge pro Woche.) An diesem Morgen hatten sie Gott gebeten, ihnen etwas Geld zu geben.

Während der Unterhaltung mit einem weiblichen Mitglied ihrer Gemeinde, das in dem Dorf wohnte, fragte die Gastgeberin Müller: »Brauchen Sie etwas Geld?« – »Liebe Schwester, als ich mein Gehalt aufgab, sagte ich den Brüdern, dass ich in Zukunft dem Herrn allein sage, was ich nötig habe.« – »Aber Er hat mir gesagt, Ihnen etwas Geld zu geben«, antwortete sie. »Vor ungefähr 14 Tagen fragte ich Ihn, was ich für Ihn tun sollte, und Er sagte mir, dass ich Ihnen etwas Geld geben sollte. Und letzten Sonntag kam es wieder eindrucksvoll in mein Gedächtnis zurück und ist seitdem nicht wieder verschwunden. Gestern Abend fühlte ich es so mächtig, dass ich nicht anders konnte, als mit Bruder P. darüber zu sprechen.« Müller wechselte das Thema, denn er dachte, dass es besser sei, ihre Umstände als Eheleute nicht zu erwähnen. Als sie weggingen, gab die Frau ihnen 42 Schillinge.

In der folgenden Woche in Exmouth, als sie nur noch 9 Schillinge hatten, betete Müller wieder um Geld, und innerhalb von 30 Stunden bekamen sie sieben Pfund und 10 Schillinge aus drei verschiedenen Quellen.

»Ich bewundere die Großzügigkeit des Herrn«, bemerkte Müller über die ersten Wochen nach ihrer Entscheidung, den Herrn allein um Unterstützung zu bitten, »dass Er unseren Glauben im Anfang nicht sehr geprüft hat, sondern Er gab uns zuerst Ermutigung und ließ uns Seine Bereitschaft, uns zu helfen, sehen, bevor es Ihm gefiel, uns mehr auf die Probe zu stellen.«

Was einige Müllers fanatische Grundsätze bezüglich der Annahme von Geld nennen würden, führte manchmal zu komischen Situationen. Im März 1831 wurde er, während er zum Predigen in Axminster war, eingeladen, den Sonntag in Chard in Somerset zu verbringen. Bei solch einer Gelegenheit war er sehr zurückhaltend, Gaben anzunehmen, weil er ängstlich besorgt war, nicht den Eindruck zu erwecken, er predige für Geld. Nach einer Predigt gab ihm ein Gemeindeglied Geld in Papier eingewickelt. Aber Müller nahm es nicht an. Die Menschen von Somerset lassen sich nicht so schnell entmutigen: Dieser entschlossene Gläubige steckte das Geld mit Gewalt in Müllers Tasche und rannte weg. Ein anderer Herr aus Chard zwang ihn, eine Goldmünze (im Wert von 20 Schillingen = einem Pfund) anzunehmen, aber erst nach einer Rauferei.

Wenn Müller predigte, entwickelten sie eine originelle Lösung dieses Problems. Während Herr und Frau Müller im April 1831 dort waren, fanden sie eine Goldmünze in Marys Handtasche, die ein Unbekannter dort hineingelegt hatte. Als sie nach Teignmouth zurückkamen und ihren Koffer öffneten, fiel ein Briefumschlag auf den Boden. Es enthielt zwei Goldmünzen und ein Drei-Pence-Stück. Das Drei-Pence-Stück war offensichtlich hineingelegt worden, um ein Geräusch zu verursachen, wenn der Koffer ausgepackt wurde.

Als Müller sein Gehalt aufgab, bat er die verantwortlichen Brüder in Teignmouth, den Kasten in der Ebenezer-Kapelle einmal in der Woche zu öffnen. Aber weil diese entweder vergaßen, das Geld herauszunehmen, oder sich schämten, Müller so kleine Summen zu bringen, wurde der Kasten gewöhnlich nur alle drei bis fünf Wochen geöffnet. Obwohl das den Müllers Schwierigkeiten bereitete, entschied sich Georg, aus Prinzip nichts zu sagen. Doch führte diese Praxis manchmal zu einigen finanziellen Engpässen. An einem Samstag im Juni 1831 kehrten Müller und Henry Craik von einer Predigtreise aus Torquay zurück. Müllers hatten noch neun Penny übrig.

»Lieber Vater«, betete Müller, »bitte zeige Bruder Y, dass wir Geld brauchen und dass er den Kasten öffnen soll.«

Am nächsten Morgen hatten die Müllers beim Frühstück gerade noch genug Butter für einen Freund und einen Verwandten, die bei ihnen waren. Sie erwähnten ihre Umstände natürlich nicht, damit es ihren Besuchern nicht peinlich würde. Nach der Morgenversammlung öffnete Bruder Y ganz unerwartet den Kasten und gab Müller den Inhalt – er entsprach mehr als zwei Wochengehältern. Dem armen Bruder Y musste Gott auf drastische Weise zeigen, was er tun sollte: »Meine Frau und ich konnten letzte Nacht nicht schlafen, weil wir uns Sorgen machten, dass Müllers in Not sein könnten.« Müller wurde es nicht leicht, ein Lächeln zu verbergen.

Henry Craik lebte genauso wie Müller, und das vertiefte ihre Freundschaft. Am 18. Juni besuchte er die Müllers. »Ich habe 1 1/2 Viertelschillinge übrig«, erwähnte er im Lauf der Unterhaltung. Er kam später wieder in ihr Haus, nachdem ihm eine Geldsumme gegeben wurde, und gab den Müllers zehn Schillinge. Sie selbst hatten nur noch drei Schillinge gehabt.

Im Juli sandten Unbekannte Müllers eine Schulter Schafkeule und ein Brot. Erst später erfuhren sie, dass ein falsches Gerücht die Runde machte, sie seien am Verhungern, und so hatte ein ängstlicher Freund ihnen diese Vorräte geschickt. In Wirklichkeit hatten sie sich aber nie an einen leeren Tisch setzen müssen, wenn es ihnen in den Anfangstagen auch manchmal so schlecht ging, dass sie keinen Penny mehr hatten, wenn der Rest des Brotes auf dem Tisch lag. Müller gab aber zu, dass Gott manchmal falsche

Gerüchte gebrauchte, um Menschen daran zu erinnern, dass sie Bedürfnisse hatten.

Am 10. September bekam Müller sechs Pfund und schrieb in sein Tagebuch, dass er im vorigen Monat 40 Pfund bekommen hatte und alle möglichen anderen Gaben. Am 16. November waren die Müllers gezwungen, für ihr Mittagessen zu beten, weil sie kein Geld hatten, um etwas zu kaufen. Nach dem Gebet öffneten sie ein Paket, das aus Exmouth angekommen war. Neben anderen Dingen lag ein Schinken darin, der für sie und für einen Freund, der bei ihnen war, ausreichte.

Müller hatte sich noch nicht ganz erholt von der Krankheit, die ihn zuerst nach Devon gebracht hatte. Am 18. Februar 1832 hatte er Magenbluten und verlor dabei ziemlich viel Blut. Ein Arzt, der auf meine Bitte hin Müllers Tagebucheintragungen aus dieser Zeit studiert hat, glaubt, dass die verschiedenen Symptome, die den Typ der Blutung beschreiben, oft tödlich sind – obwohl es unmöglich ist, genau zu sagen, in welchem Zustand er sich befand. Was es auch immer war, Müller scheint nicht besonders beunruhigt gewesen zu sein. Am nächsten Tag, einem Sonntagmorgen, besuchten ihn zwei Gemeindeglieder von Ebenezer, die von dem Vorfall gehört hatten.

»Wer ist heute für die Predigt vorgesehen?«, fragten sie. »Wir beide haben heute in Teignmouth zu predigen, aber wir nehmen an, dass einer von uns hier in Ebenezer bleiben muss, um Sie zu vertreten, weil Sie krank sind.« »Bitte kommt in einer Stunde wieder, dann werde ich euch die Antwort geben«, antwortete Müller.

Nachdem sie gegangen waren, betete Müller und fühlte, dass Gott ihm die Kraft gab, aufzustehen. Er entschloss sich, zum Morgengottesdienst zu gehen. Selbst der kurze Weg zur Kapelle strengte ihn an, aber er konnte predigen. Mittags kam ein Freund, der Arzt war, zu Besuch.

»Ich bitte Sie, am Nachmittag nicht zu predigen. Wenn Sie es tun, kann es Ihnen ernstlich schaden.« »Ich stimme mit Ihnen überein«, antwortete Müller, »dass es unter normalen Umständen unvernünftig wäre, nach dem, was geschehen ist, zu predigen. Aber Gott hat mir den Glauben geschenkt, weiterzumachen.«

Er predigte am Nachmittag wieder. Danach besuchte ihn sein Freund wieder. »Ich bitte Sie dringend, heute nicht noch einmal zu predigen. Wenn Sie es doch tun, ist das ein großes Risiko.«

Der Arzt hatte keine Chance gegen den Glauben dieses sturen Preußen. Er predigte am Abend doch wieder. Nach dem Gottesdienst ging er direkt zu Bett. Die Zeit war gekommen, in der selbst er erkennen musste, dass genug genug ist.

Am nächsten Tag stand er früh auf und verbrachte einen normalen arbeitsreichen Tag. Am Mittwoch nahm er zuerst an einer Morgenversammlung teil, dann ging er ungefähr zehn Kilometer mit zwei Freunden nach Newton Abbot und ritt danach nach Plymouth. Es klingt unglaublich, aber diese Art der Genesung wirkte, denn am Donnerstag fühlte er sich wieder so gut wie vor der Blutung.

»Ich könnte nicht sagen«, schrieb er, »dass ich genauso handeln würde, wenn so etwas noch einmal passieren sollte; denn als ich nicht halb so schwach war, wie nach dem Platzen des Blutgefäßes, habe ich nicht gepredigt, weil ich keinen Glauben hatte. Aber wenn es dem Herrn gefiele, mir Glauben zu schenken, wäre ich möglicherweise in der Lage, das Gleiche zu tun, selbst wenn ich noch schwächer wäre als in der Zeit, von der wir gesprochen haben.«

Zu dieser Zeit hat Müller oft mit gläubigen Kranken gebetet, bis sie gesund wurden. Er bat Gott ohne Bedingungen um den Segen der Heilung. Fast immer wurden seine Gebete erhört, aber in einigen Fällen wurden sie nicht erhört – oder mit »Nein« beantwortet. Müller machte einen Unterschied zwischen der »Gabe« und der »Gnade« des Glaubens. Er glaubte, dass er zu der Zeit seines Lebens in einigen Fällen die »Gabe« des Glaubens bekommen hat, sodass er bedingungslos bitten und die Antwort erwarten konnte. Mit der »Gabe« des Glaubens, glaubte Müller, war er fähig, etwas zu tun, das, wenn er es nicht getan oder geglaubt hätte, keine Sünde gewesen wäre. Aber mit der »Gnade« des Glaubens könnte ein Mensch nach Müllers Überzeugung etwas tun oder glauben, was im Falle der Unterlassung Sünde gewesen wäre. Voraussetzung war natürlich, dass der Betreffende auf

Gottes Wort hin handelte. Zum Beispiel würde es die »Gabe« des Glaubens benötigen, zu glauben, dass ein ernsthaft kranker Mensch wiederhergestellt würde, weil es keine Verheißung dafür gibt; aber es ist einfach die »Gnade« des Glaubens nötig, zu glauben, dass Gott uns alles Nötige zum Leben gibt, wenn wir zuerst das Reich Gottes und Seine Gerechtigkeit suchen, weil das in Matthäus 6 verheißen ist.

»Ich habe heute wieder stark gespürt«, schrieb Müller am 8. April 1832 in sein Tagebuch, »dass Teignmouth nicht mehr länger mein Platz ist, und dass ich es verlassen muss.« Seit dem vorigen August wurde ihm immer klarer, dass seine Arbeit in Teignmouth getan war und dass er weiterziehen sollte. Er fand, dass er überall, wohin er ging, mit mehr Kraft und Freudigkeit predigte als in Teignmouth, was im Gegensatz zu seinen Erfahrungen in der ersten Zeit in dieser Stadt stand.

Am 13. April schrieb Henry Craik von einer Dienstreise nach Bristol (wo er große Menschenmengen anzog, ihn in der Gideon-Kapelle zu hören) an Müller und lud ihn ein, zu kommen und ihm zu helfen. Er antwortete, dass er käme, wenn er es deutlich als Gottes Willen sehen könne. Nachdem er am 15. April abends in der Ebenezer-Kapelle gepredigt hatte, gab er seiner Gemeinde eine schmerzliche Mitteilung: »… Ich muss Ihnen mitteilen, dass es möglich ist, dass ich Sie bald verlassen werde. Sie erinnern sich daran, dass ich Sie gewarnt habe, als ich Ihr Pastor wurde, dass ich nur so lange bleiben würde, wie es Gottes Wille für mich ist.«

Es gab viel Weinen; aber Müller war gewiss, dass er jetzt Gottes Willen kannte. Am 19. April hielt Müller seine letzte regelmäßige Predigt in Torquay und verließ am folgenden Tag Teignmouth, um mit Craik in Bristol zusammen zu sein. Müller und Craik waren zehn Tage zusammen in Bristol, wo sie hauptsächlich in der Gideon- und der Pithay-Kapelle predigten. Ihr Dienst war gesegnet, und es gab viele außergewöhnliche Bekehrungen. Sie fühlten sicher, dass es Gottes Wille für sie war, in Bristol zu arbeiten. Am 29. April hielten sie eine Versammlung in der Gideon-Kapelle, den letzten Dienst bei ihrem Besuch, und Henry Craik predigte. Die Seitenschiffe, Kanzelstufen und die Sakristei waren vollgepackt mit Menschen, während Hunderte abgewiesen wurden, weil kein Quadratzentimeter mehr für sie gefunden wurde. Sie verließen Bristol am folgenden Tag: Dutzende von Menschen baten sie, wiederzukommen. »Ich werde auf meine Kosten die Bethesda-Kapelle mieten«, versprach ein Mann.

Der 2. Mai fand sie wieder in Teignmouth. Am 18. Mai erreichte ihn, während er wegen Bristol betete, eine Botschaft von Henry Craik: »Ein Mitglied der Gemeinde in der Gideon-Kapelle in Bristol hat geschrieben, er nähme unser Angebot an, unter ihnen zu arbeiten, und zwar zu den Bedingungen, die wir gestellt haben.«

Die Bedingungen, auf denen die zwei Männer bestanden hatten, waren: Dass sie in der Gideon-Gemeinde predigen und arbeiten, aber nicht in einer festgelegten pastoralen Beziehung, die von Regeln bestimmt ist, sondern so, wie sie selbst Gottes Willen verstanden; auch dass es keine Miete für Kirchenplätze geben darf, und dass sie mit den Praktiken, die sie in Teignmouth eingeführt hatten, weitermachen könnten, auch im Blick auf ihre finanzielle Unterstützung.

Am 21. Mai fing Müller an, jedes einzelne Gemeindeglied von Ebenezer zum Abschied zu besuchen. Es war ein anstrengender Tag mit vielen Tränen. »Wäre ich nicht so völlig überzeugt«, schrieb er an diesem Abend in sein Tagebuch, »wir sollten nach Bristol gehen, wäre ich kaum in der Lage, das zu ertragen.«

Am 23. Mai verließ Müller mit seiner Frau und seinem Schwiegervater Teignmouth, um nach Exeter zu gehen. Henry Craik folgte am nächsten Tag. Sie kamen am 25. Mai 1832 abends in Bristol an. Gerade bevor sie Teignmouth verließen, hatte man ihnen 15 Pfund gegeben, ohne die sie die Reise nicht hätten bezahlen können.

Müller war zwei Jahre und fünf Monate in Teignmouth. Als er ankam, zählte die Ebenezer-Gemeinde 18 Glieder, als er wegging, hatte sie 51. Beide, Müller und Craik, hatten sehr wertvolle Erfahrungen als Pastoren gemacht, die sich noch vertiefen sollten, während sie einer viel größeren Gemeinde in Bristol dienten; und beide hatten auch gelernt, für ihre Bedürfnisse auf Gott allein zu vertrauen. Müller war erst 26 Jahre alt, als er in Bristol ankam, und seine frühe Reife ist vielleicht eine der bedeutendsten Tatsachen in der bisherigen Geschichte; aber er brauchte wirklich einen bewährten Charakter, um die Arbeit zu tun, die Gott für ihn geplant hatte.

DAS GLOCKENGELÄUT

Hoch über der Avon-Schlucht, wo die Einheimischen die frische Luft des Bristol-Kanals genossen, hatte Lady Elton, sieben Monate, bevor die Müllers nach Bristol kamen, einen Grundstein zu der neuen Hängebrücke gelegt. Aber kurz nach dem Beginn der Arbeiten im Juni 1831 ging das Geld aus, und die Arbeit an der gewagten Konstruktion wurde vorübergehend eingestellt. Tatsächlich wurde die Brücke erst nach dem Tod des Architekten im Jahr 1859 fertig. Sie trug eine neue Straße ungefähr 76 Meter über dem Avon, um Clifton mit der Umgebung von Leigh Woods und Failand zu verbinden.

Obwohl großartig, hatten die hohen Klippen der Schlucht doch die schlimme Eigenschaft, Schiffen den Wind zu nehmen. Dazu kam die Gefahr der tiefen Schlammbänke am Avon und der Nebel von Bristol. So kann man verstehen, warum die Stadt schon um die Jahrhundertwende anfing, ihren Platz als zweiter Hafen, nach Liverpool mit seiner meilenweiten und leicht erreichbaren Flussmündung, zu verlieren. Dazu kam, dass 1833, ein Jahr nach Müllers Ankunft, die Emanzipation der westindischen Sklaven Bristol einen Schlag versetzte, der den Verfall der Stadt in der frühen Victorianischen Zeit beschleunigte. Isambard Kingdom Brunel tat trotzdem viel, um das Prestige der Stadt zu retten, indem er die große westliche Eisenbahnstrecke vollendete, und er baute in Bristol die Dampfer *Great Western* und *Great Britain*.

Nach ihrer Ankunft brauchten Müller und Craik fast 14 Tage, um eine Unterkunft für sich zu finden. Sie bezahlten 18 Schillinge pro Woche für zwei Wohnzimmer, drei Schlafzimmer, »Kohlen und Aufwartung«. Craik wohnte zu der Zeit bei den Müllers.

Ende Juni hatte sich für Müller und Craik die Möglichkeit ergeben, im Zentrum von Bristol in der Bethesda-Kapelle in der Great-George-Straße zu arbeiten. Groß und modern war die Bethesda-Kapelle wenige Jahre zuvor von einer Gruppe gebaut worden, die der abtrünnige Geistliche Cowan leitete. Die

Gemeinde hatte sich leider nach einem theologischen Streit geteilt. Das Angebot, das leerstehende Gebäude zu übernehmen, gab Müller und Craik die Gelegenheit, eine Arbeit nach ihren eigenen Grundsätzen entsprechend ihrem Schriftverständnis aufzubauen. Ein einheimischer Förderer bezahlte die Miete für das erste Jahr, und am 6. Juli 1832 begannen sie zu predigen.

»Sie predigten abwechselnd«, erinnert sich W. Elfe Tayler, »einen Sonntag predigte Herr Craik morgens und Herr Müller abends, am nächsten Sonntag ging es umgekehrt. Von Anfang an wurden viele Menschen angezogen; die Kapelle war, besonders abends, überfüllt. Zweifellos hatte das teilweise mit einigen Eigenarten zu tun, die mit ihrem Dienst zusammenhingen. Sie waren beide keine Engländer – der eine war Schotte, der andere Deutscher, mit einem starken Akzent in ihrer Aussprache.« Müller sah die lustige Seite dieser Anziehungskraft zu seinen Gottesdiensten. Nachdem eine Frau aus Bristol sich bekehrt hatte, schrieb er, dass sie kam, um ihn predigen zu hören »aus reiner Neugierde, meinen fremden Akzent zu hören. Man hatte ihr gegenüber einige Worte erwähnt, die ich nicht richtig aussprach. Sie hatte kaum die Kapelle betreten, als sie dazu geführt wurde, sich selbst als Sünder zu erkennen.«

Im Juli 1832 begannen Müller und Craik mit der Praxis, die sie nie aufgegeben haben, einige Abende zur Verfügung zu stellen, an denen Menschen zu ihnen in den Betsaal kommen konnten, um persönlich mit ihnen zu sprechen. Am ersten dieser Abende kamen so viele Menschen, die ein Gespräch haben wollten, dass die beiden Pastoren über vier Stunden damit beschäftigt waren.

Der Juli 1832 war auch der Monat, in dem die Cholera in Bristol ausbrach. Mitte August hatte die Epidemie ein furchtbares Ausmaß angenommen. Zwischen 200 und 300 Menschen trafen sich morgens um 6.00 Uhr in der Gideon-Kapelle, um für die Leidenden zu beten.

Am 24. August schrieb Craik in sein Tagebuch: »Unsere Nachbarin Frau Williams, einige Meter von uns entfernt, wurde um ungefähr 3 Uhr morgens von der Cholera heimgesucht und starb um ungefähr 3 Uhr nachmittags. Ihr Mann hat sich auch angesteckt und hat keine Aussicht, sich zu erholen. Die Glocke läutet unablässig. Es ist eine schreckliche Zeit.« Am gleichen Abend berichtete Müller: »Gerade jetzt, um 10 Uhr abends, läutet die Beerdigungsglocke, und sie läutete den größten Teil des Abends. Sie läutet fast den ganzen Tag … Wenn ich diese Nacht von der Cholera überfallen werden sollte, ist meine einzige Hoffnung und mein Vertrauen auf das Blut des Herrn Jesus, das vergossen wurde zur Sühnung all meiner vielen Sünden.«

Beide Männer zeigten Mut während dieser Zeit und setzten ihre seelsorgerliche Arbeit unerschrocken fort. Sie besuchten Tag und Nacht viele Choleraopfer. Noch im September zeigte die Epidemie keine Zeichen der Abnahme.

Inmitten all dieser Gefahren kam für Mary Müller die Zeit, ihr Baby zur Welt zu bringen. Als die Wehen begannen, wurde sie sehr krank, wenn auch nicht an Cholera. Müller verbrachte eine ganze Nacht im Gebet. Am nächsten Morgen gebar Mary eine Tochter. Trotz allem ging es Mutter und Kind bald wieder gut. Sie nannten das kleine Mädchen Lydia. Sie war ihr einziges Kind, das seine Kindheit überlebte.

Eine Woche später wurden Müller und Craik aus dem Bett gerufen, weil sie zu einer Frau gehen sollten, die schwer an Cholera erkrankt war. Sie hatten noch nie solch ein qualvolles Leiden gesehen. Sie konnten fast nichts mit ihr reden, weil sie so laut schrie. Müller fühlte sich so, als ob er sich selbst mit der Krankheit angesteckt hätte.

Als sie wieder zu Hause waren, befahlen die zwei Männer sich in Gottes Hand. Die arme Frau starb am nächsten Tag.

Anfang Oktober hatte die Epidemie ihren Höhepunkt überschritten. Müller und Craik setzten einen Tag zur Danksagung fest. Wunderbarerweise war nur ein Gemeindeglied aus beiden Kapellen gestorben.

Craiks erste Frau starb 1832 in jungen Jahren in Teignmouth. Im Oktober heiratete er wieder. Aus diesem Grund und infolge der Tatsache, dass Lydia geboren war, wurde ihre Wohnung zu klein. Als ein Bauer ein Haus, das er von der Gemeinde der Gideon-Kapelle gemietet hatte, aufgab, bot die Gemeinde es Müller und Craik an.

»Es ist uns eine Freude, es für Sie zu möblieren«, sagten die Gemeindeältesten. Die beiden Männer lehnten es ab, weil sie fürchteten, dass die finanzielle Belastung zu groß sei – aber ihre Befürchtungen wurden überstimmt. Das Haus wurde ordnungsgemäß eingerichtet. Müller berichtete, »die Liebe der Geschwister hat es komfortabler eingerichtet, als wir es gewünscht hätten«.

Im Mai 1833 trafen sich die beiden Gemeinden von der Gideon- und der Bethesda-Kapelle zum Tee. Es war die erste von vielen solcher Gelegenheiten, und Müller liebte sie – nicht zuletzt deshalb, »weil sie uns einen süßen Vorgeschmack auf das Treffen beim Hochzeitsmahl des Lammes geben«. Die beiden Gemeinden beteten zusammen und sangen, dann machte Müller nach seinem Gemeindeverständnis den Brüdern Mut, dass »jeder eine Möglichkeit hat, etwas beizutragen, was zur Erbauung der anderen dienen könnte«.

Erst zwölf Monate waren nach seiner Ankunft in Bristol vergangen. Als Müller über die vielen Menschen blickte, die in der Halle versammelt waren, dachte er an das verflossene Jahr. Die Bethesda-Gemeinde hatte schon 60 neue Glieder; und ungefähr 50 neue Glieder hatten sich der Gideon-Gemeinde angeschlossen. Er wusste von 65 Menschen, die sich bei Craiks und seinen Predigten bekehrt hatten. Viele »Zurückgefallene« hatten ihre erste Liebe zum Herrn Jesus wiedergewonnen, und eine Anzahl Christen waren in ihrem Glauben gestärkt worden. Ganz sicher, dachte Müller, ist das ein ausreichender Beweis, dass es Gottes Wille war, nach Bristol zu kommen.

Während dieser ganzen Zeit lebte Müller auf die Weise, an die er sich in Teignmouth gewöhnt hatte – abhängig von Gott im Blick auf seine persönlichen Bedürfnisse und die seiner Familie. Während seines zweiten Sommers in Bristol (1833) schrieb er sorgfältig alle Gaben auf, die sie bekommen hatten, große und kleine.

22. Juni. Ein Bruder schickte Bruder Craik einen Hut und einen für mich als Zeichen seiner Liebe und Dankbarkeit, wie ein Dankopfer, sagte er. Das ist jetzt der vierte Hut, den der Herr mir freundlicherweise hintereinander gesandt hat, immer dann, oder sogar bevor ich einen neuen nötig hatte. Zwischen dem 19. und 27. August schickten uns einige Freunde eine große Menge Obst. Wie freundlich vom Herrn, uns nicht nur die notwendigsten Dinge zum Leben zu senden, sondern auch solche, die wir uns nach der Schwachheit unseres Körpers oder dem Verlangen unseres Appetits gewünscht hätten! So hat der Herr uns Wein oder Bier geschickt, als wir es wünschten oder wenn wir Appetit darauf hatten. Im Blick auf die Armut unserer Geschwister hätten wir es nie für richtig gehalten, Geld für solche Dinge auszugeben. Er hat uns freundlicherweise Geflügel oder Wild geschickt usw., um unseren Appetit zu befriedigen. Wir haben wirklich keinem harten Meister gedient.

Ende Dezember 1833 waren seit Müllers Entscheidung, nie jemanden um etwas zu bitten, sondern von Gott allein abhängig zu sein, schon drei Jahre vergangen. Im ersten dieser drei Jahre hatten sie gerade etwas über 150 Pfund bekommen, im zweiten fast 200 Pfund, und 1833 waren es 267 Pfund, 15 Schillinge und 8 1/4 Viertelschillinge – Müllers Buchführung fehlte es nie an Genauigkeit!

1834 gründeten Müller und Craik die »Anstalt zur Ausbreitung der Schriftkenntnis für England und das Ausland« (the »Scriptural Knowledge Institution for Home and Abroad«), die heute noch, trotz ihres nicht sehr einfallsreichen Namens, erfolgreich arbeitet. Die drei Ziele der Anstalt waren: 1. Tagesschulen, Sonntagsschulen und Schulen für Erwachsene aufzubauen, in denen Bibelunterricht gegeben wird, und dort mitzuwirken; 2. Bibeln zu verbreiten; und 3. Missionsarbeit zu unterstützen. Im Finanzjahr 1989 hat die Anstalt ungefähr 70 000 Pfund nach Übersee geschickt, um Missionaren zu helfen.

In den ersten sieben Monaten, nachdem Müller und Craik es gegründet hatten, bot die Anstalt ungefähr 120 Kindern die Möglichkeit, in Sonntagsschulen unterrichtet zu werden, dazu 40 Erwachsenen in der Schule für Erwachsene und über 200 Kindern in den Tagesschulen. 1000 Bibeln und Neue Testamente wurden unter das Volk gebracht, und 75 Pfund wurden Missionaren in Übersee geschickt.

Am 19. März bekam Mary Müller einen Sohn, den sie Elijah nannten – »Mein Gott ist Jahwe«. Aus diesem Grund entschieden Georg und Mary Müller, dass sie mit ihren zwei Kindern in ein eigenes Haus ziehen sollten, nachdem sie fast zwei Jahre mit den Craiks zusammengewohnt hatten. Deshalb zogen sie am 15. Mai in die Paul Street 21 um, an das Ende einer Häuserreihe in High Kingsdown. Solide, aber nicht schön, führten neun Stufen vom Untergeschoss zur Haustür der 1. Etage des vierstöckigen Hauses. Hinter dem Haus gab es einen kleinen Garten, den Müller zum Gebet und Nachdenken benutzen konnte. Im 18. Jahrhundert war Kingsdown ein vielbesuchter Vorort der Stadt, bekannt durch Geschäftsleute, die durch Sklavenhandel reich geworden waren. Aber zu Müllers Zeit war es nicht mehr so beliebt und etwas verkommen. Die Müllers erhielten mehrere größere Summen, die ihnen halfen, das Haus zu möblieren und einige Teppiche zu kaufen.

Zwei Tagebucheintragungen im Herbst 1834 zeigen, dass für Müllers persönliche Bedürfnisse immer noch gut gesorgt war: »18. September. Ein Bruder, der Schneider ist, wurde geschickt, um bei mir für neue Kleidung Maß zu nehmen. Meine Kleidung wurde wieder einmal alt, und es ist sehr freundlich vom Herrn, so für uns zu sorgen. 25. September. Ein Bruder schickte mir heute einen neuen Hut.«

Ende 1834 berichtete Müller, dass sein Einkommen ungefähr 230 Pfund betrug, und dass er Liebesgaben empfangen hätte, die ungefähr 60 Pfund wert waren. Die Gemeinde in der Bethesda-Kapelle zählte jetzt 125 Glieder und in der Gideon-Kapelle 132. Von diesen waren über 100 Seelen unter der Predigt von Müller und Craik bekehrt worden.

Anfang 1835 verbrachte Müller einige Monate in Deutschland, wobei er hauptsächlich bei seinem Vater und bei seinem Bruder in Hadmersleben war.

»Erzähl mir etwas über die politischen und sozialen Zustände in England«, bat ihn sein Vater. »Du erwähnst davon fast nichts in deinen Briefen. Verbietet die englische Regierung, dass über diese Dinge ins Ausland berichtet wird?« Müller entledigte sich dieser Pflicht, so gut er konnte. Aber Mitte April war er wieder in Bristol und fand Henry Craik an einer Halsinfektion leidend und unfähig zu predigen. Im Mai reiste Craik nach Devon, um etwas Luftveränderung zu bekommen.

Der Juni 1835 war ein trauriger Monat für die Müllers – besonders für Mary. Am 22. verlor sie ihren Vater und einige Tage später erkrankte ihr Sohn Elijah, 15 Monate alt, an Lungenentzündung. »Lieber Vater, bitte unterstütze meine Frau in dieser Prüfung«, betete Müller. »Wenn es Dein Wille für den Kleinen ist, zu sterben, dann nimm ihn bald zu Dir und erspare ihm Leiden.«

»Ich betete nicht für die Genesung des Kindes«, berichtete er. Zwei Stunden nachdem Müller gebetet hatte, starb das Kind. »Den Ältesten und den Jüngsten hat der Herr so in der gleichen Woche aus unserer Familie genommen. Meine liebe Mary litt unter ihrem Verlust sehr, aber sie ist sehr gestärkt.«

Warum betete Müller nicht für Elijahs Wiederherstellung? Nach seiner Unterscheidung zwischen der »Gabe« und der »Gnade« des Glaubens war dies eine Situation, in der er früher in seinem Christenleben schon manchmal die »Gabe« des Glaubens bekam – d.h., er fühlte sich in der Lage, bedingungslos für den Segen der Heilung zu beten. Es scheint, dass er sich bei dieser Gelegenheit nicht dazu fähig fühlte. Am Tag bevor Elijah starb, schrieb Müller ganz einfach in sein Tagebuch: »Des Herrn heiliger Wille geschehe im Blick auf diesen geliebten Kleinen.« Und mehrere Jahre später schrieb er: »Als der Herr mir ein geliebtes Kind nahm, hatte meine Seele Frieden, vollkommenen Frieden. Und wenn ich weinte, waren es Freudentränen. Und warum? Weil meine Seele sich festhielt an dem Wort: ›Ihrer ist das Himmelreich‹ (Matthäus 19,14). Aufgrund dieses Wortes glaubte ich, dass mein geliebtes Kind viel glücklicher beim Herrn war als bei mir. Deshalb konnte meine Seele sich freuen, statt zu trauern.«

Finanzielle Sorgen folgten diesen Verlusten. Anfang Juni mussten die Müllers Steuern bezahlen, und zum ersten Mal hatten sie kein Geld dafür, weil sie das Geld, das sie zu diesem Zweck auf die Seite gelegt hatten, für verschiedene Dinge ausgegeben hatten, die durch die Todesfälle in der Familie notwendig geworden waren.

»Lieber Herr, bitte schicke uns das Geld, das wir brauchen, um unsere Steuern bezahlen zu können«, betete Müller.

Zwei Tage später berichtete er: »Ich war heute in der Lage,

durch die freiwilligen Gaben in den Opferkästen und durch das, was ich übrig hatte, die Steuern zu bezahlen, bevor sie fällig waren. Wie freundlich vom Herrn, mein Gebet so schnell zu erhören.«

Craik kam Mitte August von Devon zurück, war aber immer noch nicht in der Lage, viel zu sprechen, obwohl er sich schon weit besser fühlte. Müller litt an Magenbeschwerden und dachte daran, Bristol für kurze Zeit zu verlassen. Er hatte eine Einladung einer Dame, eine Woche bei ihr auf dem Land zu wohnen, aber er hatte das Geld für die Reise nicht. Dann wurden ihm fünf Pfund geschickt »mit der Zweckbestimmung, Luftveränderung zu bekommen«, und danach weitere zehn Pfund für denselben Zweck.

Anfang September reiste er mit Mary, Lydia und einem Hausmädchen, das sie eingestellt hatten, nach Portishead, wo sie sich niederließen, um das *Buch der Märtyrer* von Foxe zu lesen. Sie fühlten sich zu schwach zum Spazierengehen, zum Reden, Wandern oder Schreiben. Das Buch inspirierte ihn; und als seine Kraft wiederkam, begann er, mit dem Pferd übers Land zu reiten. Trotzdem wurde er bald depressiv und langweilte sich, weil er »als Hauptbeschäftigung Essen und Trinken, Spazierengehen, Baden und Reiten hatte … Ich wäre lieber wieder mitten in der Arbeit in Bristol, wenn nur der Herr sich herablässt, Seinen unwürdigen Diener zu gebrauchen.«

Als Nächstes reiste die Familie weiter zur Insel Wight. Bevor er am 29. September zu Bett ging, fühlte sich Müller zum ersten Mal während seiner Krankheit in der Lage, zu beten, dass Gott ihm seine Gesundheit wiederherstellen möge. »Ich habe jetzt das Verlangen, wieder nach Bristol zu gehen«, schrieb er in sein Tagebuch, »aber ohne Ungeduld. Ich fühle gewiss, dass der Herr mich stärken wird, dorthin zurückzukehren.« Am 15. Oktober (1835) kehrten Müllers von der Insel Wight nach Bristol zurück. Müller war wieder gesund und stand kurz davor, sich auf das Abenteuer des Glaubens einzulassen, das ihn berühmt machte.

EINE SICHTBARE BESTÄTIGUNG

Was für ein ausgezeichnetes Beispiel für die Macht der guten Kleidung war doch Oliver Twist! Eingehüllt in die Wolldecke, die bis dahin seine einzige Bedeckung war, hätte er sowohl das Kind eines Edelmannes als eines Bettlers sein können, es wäre selbst dem hochmütigsten Fremden schwer gefallen, seine gesellschaftliche Stellung zu bestimmen. Aber jetzt war er eingehüllt in ein altes Baumwollgewand, das durch langen Gebrauch vergilbt war. Das machte es sofort möglich, ihn in eine Schublade einzuordnen – ein Gemeindekind, ein Waisenknabe aus dem Arbeitshaus, ein demütiges, halb verhungertes Aschenbrödel, das dazu da war, von allen in dieser Welt geschlagen und gestoßen zu werden – von allen verachtet, von niemandem bemitleidet.

Oliver schrie kräftig. Wenn er gewusst hätte, dass er ein Waisenkind war, das den fragwürdigen Gnaden von Kirchendienern und Aufsehern überlassen wurde, hätte er noch lauter geschrien.

So weckte Charles Dickens 1837 in *Oliver Twist* das Bewusstsein der Öffentlichkeit für die schreckliche Notlage der Waisenkinder. Das Buch schoss eine volle Breitseite gegen das neue Gesetz des Armenrechtes von 1834 ab, welche die *Times* angriff als »diese entsetzliche Maschine … die die Herzen der verzweifelten Witwen auswringt, den hungernden Alten die Krusten verweigert, die Waisenkinder gefangen nimmt in Arbeitshäuserhöhlen und die hilflose Mädchen ohne Freunde in die Prostitution treibt!« Das Hauptziel des neuen Armenrechtes war, das barmherzige Unterstützungssystem zu stoppen – durch das der Lohn von Arbeitern aus Beiträgen des Armenfonds bis zur Höhe der Lebenshaltungskosten ergänzt wurde. Aber auch dadurch, dass arbeitsfähigen Menschen außerhalb der Arbeitshäuser Unterstützung verweigert wurde. Keinem arbeitsfähigen Menschen würde Unterstützung gegeben, wenn er nicht in ein Arbeitshaus ging. Die Arbeitshäuser selbst waren absichtlich zu unfreundlichen Plätzen »heilsamer Einschränkungen« gemacht worden. Tatsächlich erwiesen sich die Zustände in den Arbeitshäusern als nationale Schande; und die

Kinder, die in ihren Mauern gefangen gehalten waren, wurden schnell durch die geistig und körperlich behinderten Erwachsenen, die auch dort lebten, verdorben.

1835 lebten Leah und Harriet Culliford in Bristol. Leah war fünf Jahre alt, Harriet neun. Die Eltern der Mädchen waren arm gewesen und – wie viele ihrer Zeitgenossen – an Tuberkulose gestorben. Die medizinische Wissenschaft hatte nicht helfen können: Die Zukunft sah düster aus für die armen Kinder Leah und Harriet. Sie konnten nur wenig Unterstützung vom Staat erwarten, um den Verlust ihrer Eltern zu ertragen, und die Öffentlichkeit war im Allgemeinen genauso wenig hilfsbereit.

1835 gab es nur wenige Waisenhäuser, die aus privater Liebestätigkeit unterstützt wurden. Dr. Barnardo gründete sein erstes Heim 1866, und Spurgeon folgte ihm darin 1867; die Nationalen Kinderhäuser wurden 1869 gegründet, und Herr Fegan begann seine Arbeit 1870. Die Kindergesellschaft der Anglikanischen Kirche (damals noch die »Obdachlosen- und Herumstreunenden-Gesellschaft«) wurde 1881 gegründet. Jetzt aber war das Jahr 1835. Da wurden private Waisenhäuser wirklich als revolutionäre Experimente angesehen.

In ganz England und Wales ist es kaum möglich, ein Dutzend Waisenhäuser zu finden, die auf das Jahr 1830 oder früher zurückgehen. Sie waren alle klein, und keins stand in Bristol. Acht der Waisenhäuser waren in London und die anderen vier in den Grafschaften um London herum. Aber selbst wenn die Cullifords in diesem Gebiet gelebt hätten, hätten sie doch keine Chance gehabt, aufgenommen zu werden. Erstens hätten sie die Kosten nicht aufbringen können. In die meisten Heime kam man nur durch Befürworter, oder man musste sich ein jährliches oder lebenslanges Bleiberecht erkaufen. Die Kosten für ein lebenslanges Bleiberecht betrugen zwischen 100 und 250 Pfund. Zweitens wären die Cullifords von den meisten Heimen ausgeschlossen gewesen, weil sie nicht der richtigen Schicht angehörten. Einschlägige Werbeschriften machten deutlich, dass sie für »Kinder von Eltern der Mittelklasse waren … die, als sie noch lebten, ihren Kindern eine liberale Erziehung geben konnten«, oder für »Kinder, die von entsprechenden Vorfahren abstammten«. Ein Werbeprospekt brüstete sich, dass von den Kindern der Stiftung viele Waisen von Geistlichen, Offizieren und Männern aus gehobenen Stellungen abstammten und kein Kandidat aufgenommen würde, dessen Eltern keine ehrenvolle Position in der Gesellschaft innehatten und der nicht fähig wäre, eine Bildung zu erreichen, die der früheren Familienehre entsprach. Ein anderes Waisenhaus behauptete, dass »Kinder von Hausangestellten oder Landarbeitern und von reisenden Händlern nicht bildungsfähig sind«.

Glücklicherweise begann die Fürsorge für Waisenkinder, jetzt eins der größten sozialen Probleme Großbritanniens, von 1835 an zunehmend die Gedanken eines Bristoler Bürgers zu beschäftigen. Während er 1826 als Student in Halle war, hatte Müller zwei Monate in einem der großen Waisenhäuser gewohnt, die im späten 17. Jahrhundert von dem deutschen Pietisten und Professor für Hebräisch an der Universität Halle, August Hermann Francke, gebaut worden waren. Er hat dieses Erlebnis nie vergessen. In den letzten Monaten des Jahres 1835 wurde er besonders an die Arbeit Franckes erinnert. Müllers Tagebuch enthält die folgenden Einträge:

20. November. Heute Abend war ich zum Tee im Haus einer Schwester, wo ich Franckes Leben *fand. Ich habe oft, schon lange Zeit, daran gedacht, auf ähnliche Weise zu arbeiten, obwohl es wahrscheinlich im viel kleineren Rahmen sein wird; nicht um Francke zu imitieren, sondern in Abhängigkeit vom Herrn. Möge Gott es klarmachen!*

21. November. Heute wurde es mir sehr stark aufs Herz gelegt, nicht mehr länger nur über die Einrichtung eines Waisenhauses nachzudenken, sondern tatsächlich etwas dafür zu tun, und ich habe sehr viel darüber gebetet, um des Willens des Herrn gewiss zu werden …

23. November. Heute bekam ich zehn Pfund aus Irland für unsere Anstalt geschickt. So hat der Herr mir, als Antwort auf Gebete, in ein paar Tagen ungefähr 50 Pfund gegeben. Ich hatte nur für 40 gebetet. Das war eine große Ermutigung für mich und hat mich noch mehr angeregt, über die Einrichtung eines Waisenhauses nachzudenken und zu beten …

25. November. Gestern und auch heute habe ich wieder viel gebetet über das Waisenhaus, und ich bin immer mehr davon überzeugt, dass es Gottes Wille ist. Möge Er mich in Seiner Gnade leiten!

Müller betete viele Stunden über sein vorgesehenes Waisenhaus. Er prüfte seine Motive und fragte sich selbst, ob die ganze Idee nicht in dem Wunsch, für sich selbst Ehre zu gewinnen, ihren Ursprung hatte. Er rief Henry Craik, damit sein Freund die Gelegenheit bekäme, sein Herz zu prüfen. »Ich kann nichts in deinen Motiven finden, das unwürdig ist«, sagte Craik ihm. »Ich möchte dich ermutigen, dein Projekt voranzutreiben.«

Müllers Betroffenheit über die Notlage der Waisenkinder im 19. Jahrhundert in England begann mehr als ein Jahr, bevor Dickens die Situation dieser Armen in *Oliver Twist* veröffentlichte. Es kann keinen Zweifel daran geben, weder an dem tragischen Ausmaß des Problems, noch daran, dass Müllers Beunruhigung aufrichtig war. Als Müller das erste Mal Bristol besuchte, wurde er tief bewegt, Kinder in den Straßen betteln zu sehen, und als sie später an seiner eigenen Tür anklopften, hatte er das Verlangen, etwas zu tun, um ihnen zu helfen. Im Oktober 1834 schilderte er seine Not in seinem Tagebuch:

Ich hörte von einem armen kleinen Waisenjungen, der einige Zeit in eine unserer Schulen ging und der dort anscheinend, soweit man es beurteilen kann, wirklich zur Besinnung über seine Seele gebracht wurde … und der vor Kurzem in ein Armenhaus einige Kilometer außerhalb von Bristol gebracht wurde … Möge dies, wenn es des Herrn Wille ist, mich dazu führen, auch etwas für die zeitlichen Bedürfnisse der armen Kinder zu tun, unter deren Druck dieser arme Junge von unserer Schule weggenommen wurde!

Aber es gab noch einen anderen, gleich wichtigen Grund, warum Müller darüber nachdachte, ein Waisenhaus zu gründen: Er wollte der Welt demonstrieren, dass Gott Wirklichkeit ist. Als er Glieder seiner zwei Gemeinden in Bristol besuchte, erkannte er wiederholt, dass die Menschen es nötig hatten, dass ihr Glaube gestärkt wird. Bei einer Gelegenheit besuchte er einen Mann, der die Gewohnheit hatte, jeden Tag 16 Stunden in seinem Geschäft zu arbeiten. Seine Gesundheit litt darunter, und sein christlicher Glaube bedeutete ihm wenig.

»Wenn Sie weniger arbeiteten«, schlug Müller vor, »würde Ihre Gesundheit sich verbessern, und Sie hätten mehr Zeit, die Bibel zu lesen und zu beten. Sie würden mehr geistliche Freude kennen.« »Aber wenn ich weniger arbeite«, antwortete der Mann, »dann verdiene ich nicht genug, um meine Familie zu unterhalten. Selbst jetzt, wo ich so viele Stunden arbeite, habe ich kaum genug. Die Gehälter sind so niedrig, dass ich hart arbeiten muss, um das zu verdienen, was wir nötig haben.« »Das ist kein Gottvertrauen«, dachte Müller. »Das ist kein Glaube an die Worte des Herrn Jesus: ›Trachtet zuerst nach dem Reich Gottes und nach seiner Gerechtigkeit, und dies alles wird euch hinzugefügt werden.‹«

»Mein lieber Bruder«, antwortete er, »es ist nicht Ihre Arbeit, die Ihre Familie ernährt, sondern es ist der Herr; und Er, der Sie und Ihre Familie unterstützt hat, als Sie durch Krankheit überhaupt nicht arbeiten konnten, würde sicherlich für Sie und die Ihren sorgen, wenn Sie, um auch Nahrung für Ihren inneren Menschen zu bekommen, nur so viele Stunden am Tag arbeiteten, dass Ihnen noch ausreichende Zeit zur Erholung bliebe. Und ist es nicht so, dass Sie jetzt Ihre Tagesarbeit beginnen, nachdem Sie nur wenige hastige Augenblicke im Gebet verbracht haben; und wenn Sie abends Ihre Arbeit verlassen und etwas in der Bibel lesen wollen, sind Sie dann körperlich und geistig nicht viel zu müde, um daran Freude zu haben? Und schlafen Sie nicht oft ein, wenn Sie die Bibel lesen oder während Sie zum Gebet auf Ihren Knien sind?«

Während er auf die Antwort wartete, sah Müller den Gesichtsausdruck seines Freundes. Er konnte sehen, dass der Mann einsah, dass die Empfehlung gut war; aber da war auch Zweifel. Er traute sich nicht ganz, Gott beim Wort zu nehmen. »Wie sollte das gehen? Wie sollte das gehen, wenn ich Ihren Ratschlag ausführte?«

Müller war nicht verärgert. Er war traurig. Er dachte: »Wie sehr wünschte ich, etwas zu haben, das ich diesem Bruder zeigen könnte! Etwas, das ein sichtbarer Beweis dafür ist, dass unser Gott und Vater derselbe treue Gott ist, der Er immer war; so bereit wie eh und je, sich selbst als lebendiger Gott zu beweisen, in unseren Tagen genauso wie früher – für alle, die ihr Vertrauen auf Ihn setzen.«

Manchmal traf Müller Geschäftsleute, die ihre Angelegenheiten auf eine Weise erledigten, die nicht ehrlich war. Als Folge davon litten sie unter einem schlechten Gewissen. Einige entschuldigten ihr Verhalten mit der Hitze des Konkurrenzkampfes oder der schlechten Wirtschaftslage und bestanden darauf, dass sie niemals vorwärtskämen, wenn sie ihre Geschäfte so führten, wie es die Bibel sagt. Sehr selten stellte sich jemand auf die Seite Gottes; sehr selten fand Müller wirkliche Entschlossenheit, Gott in allem zu vertrauen. Auch in diesen Fällen wollte Müller demonstrieren, dass Gott sich nicht geändert hatte: dass Er denen vergilt, die »kein Unrechtes in ihrem Herzen vorhaben« (vgl. Psalm 66,18). Müller hatte Gott in seinem eigenen Leben erprobt. Er wollte so gern, dass andere die Freude der gleichen Erfahrung erlebten.

»Ich fühlte mich selbst gebunden«, schrieb er, »ein Diener der Gemeinde des Herrn zu sein an dem besonderen Punkt, an dem ich Gnade erhalten hatte: nämlich Gott beim Wort zu nehmen und mich darauf zu stützen.«

Er fühlte, dass Gott seine Begegnungen mit Christen, die die Gewissheit und Überzeugung nicht in ihren Leben hatten, gebrauchte, um »in meinem Herzen das Verlangen zu wecken, der Gemeinde und der Welt den Beweis vorzulegen, dass Gott sich überhaupt nicht verändert hatte. Und das schien mir am besten zu gelingen durch die Einrichtung eines Waisenhauses. Es müsste etwas sein, das gesehen werden konnte, selbst mit natürlichen Augen.«

Müller hatte beschlossen, sich auf ein Abenteuer einzulassen, viel gewagter und aufregender als selbst die Konstruktion Brunels mit seiner mächtigen Brücke in Clifton. Er sah die Herausforderung, die vor ihm lag, so:

Wenn ich, ein armer Mann, nur durch Gebet und Glauben und ohne einen einzigen Menschen zu bitten, *die Mittel für den Bau und die Unterhaltung eines Waisenhauses empfange, so wäre das mit des Herrn Segen ein Mittel, den Glauben der Kinder Gottes zu stärken und außerdem für die Ungläubigen ein Zeugnis von der Realität des Handelns Gottes.*

War die wichtigste Überlegung, die Müller dazu führte, ein

Kinderhaus zu gründen, ein Verlangen, die Notlage der Waisenkinder zu lindern, oder der Versuch, Gottes Realität zu demonstrieren?

Ich hatte sicherlich in meinem Herzen das Verlangen, von Gott gebraucht zu werden, den Leibern armer Kinder, die beide Eltern verloren hatten, wohlzutun und ihnen auch in anderen Bereichen ihres Lebens mit Gottes Hilfe Gutes zu tun. Ich verlangte aber auch besonders danach, von Gott gebraucht zu werden, diese armen Waisenkinder in der Furcht Gottes zu erziehen. Trotzdem lag der erste und wichtigste Sinn der Arbeit darin, dass Gott verherrlicht würde durch die Tatsache, dass unter meiner Obhut alle Bedürfnisse der Waisenkinder nur durch Gebet und Glauben befriedigt würden, ohne dass ich oder meine Mitarbeiter irgendeinen Menschen um Unterstützung bäten. Dann konnte jedermann sehen, dass Gott immer noch treu ist und immer noch Gebete erhört.

An einem Abend im Dezember 1835, wurde Müller durch die Worte in Psalm 81,11 getroffen: »Tu deinen Mund weit auf, lass mich ihn füllen.« Bis zu diesem Abend hatte er noch nicht speziell darum gebetet, dass Gott die Mittel für ein Waisenhaus zur Verfügung stellte, obwohl er viel über das Für und Wider der Einrichtung eines Waisenhauses gebetet hatte. Aber während er diesen Psalm las, entschied er sich, diese Bibelstelle auf die Bedürfnisse des Waisenhauses anzuwenden.

»Lieber Gott«, betete er, »willst Du bitte die Grundstücke zur Verfügung stellen, dazu 1000 Pfund und geeignete Mitarbeiter, die für die Kinder sorgen können?«

Müller hatte es gelernt, für die Bedürfnisse seiner eigenen Familie auf Gott allein zu vertrauen. Jetzt sah er zu Ihm auf, um eine viel größere und bedürftigere Familie unterzubringen, mit Essen zu versorgen und zu kleiden. Er wagte es, Gott darum zu bitten, einen weiteren Beweis Seiner Gegenwart und Liebe zu geben.

»DEM DAS GOLD UND SILBER GEHÖRT«

7. Dezember. Heute erhielt ich den ersten Schilling für das Waisenhaus. Danach erhielt ich einen weiteren Schilling von einem deutschen Bruder. 9. Dezember. Heute bekam ich das erste Möbelstück geschenkt, einen großen Kleiderschrank.

Am 9. Dezember sprach Müller abends in einer Versammlung, in der er seine Pläne für das Kinderhaus darlegte: »Das Heim wird nur eingerichtet, wenn Gott alles Notwendige und die geeigneten Mitarbeiter schenkt. Aber ich bin immer mehr zu der Überzeugung gelangt, dass das Seine Angelegenheit ist. Nun, wenn das so ist, kann Er Seine Leute in jedem Teil der Welt beeinflussen. Ich sehe nicht auf Bristol, nicht einmal auf England, sondern auf den lebendigen Gott, dem das Gold und Silber gehört. Er wird mir und Bruder Corser, den der Herr bereit gemacht hat, mir bei der Arbeit zu helfen, die notwendigen Dinge anvertrauen. (John Corser war ein anglikanischer Geistlicher, der sein Gehalt aufgegeben hatte, um als Stadtmissionar in Bristol zu arbeiten und Müller zu helfen.)

»Unter keinen Umständen«, fuhr Müller fort, »wird irgendjemand je um Geld oder Material gebeten werden. Es wird keine Aufnahmegebühr erhoben, und es gibt keine Aufnahmebeschränkung wegen Klasse oder Bekenntnis. Alle, die als Lehrer, Hausmütter und Helfer angestellt werden wollen, müssen sowohl gläubig als auch entsprechend qualifiziert für die Arbeit sein. Mädchen werden zu Hausmädchen erzogen, Jungen für das Handwerk. Sie werden entsprechend ihren Fähigkeiten und Körperkräften in nützlichen Berufen ausgebildet werden und so dazu beitragen, ihren Unterhalt selbst zu bestreiten. Die Anstalt wird nur für wirklich mittellose Kinder sein und jedes Waisenkind, dessen Verwandte in der Lage und bereit sind, für seinen Unterhalt zu bezahlen, wird nicht aufgenommen. Die Kinder werden eine einfache Ausbildung erhalten. Das Haupt- und Endziel der Anstalt wird sein, mit Gottes Segen danach zu trachten, die lieben

Kinder zur Erkenntnis des Herrn Jesus zu bringen, indem sie in der Bibel unterrichtet werden.«

Als Müller seine Ansprache beendet hatte, wurde keine Kollekte erhoben. Trotzdem gab ihm jemand zehn Schillinge. Eine Frau bot sich an, bei der Arbeit zu helfen, und Müller ging glücklich und in vollem Vertrauen nach Hause, dass er in der Lage sein würde, das Projekt voranzutreiben.

Am nächsten Tag schien es so, als ob sein Vertrauen belohnt würde. Müller erhielt einen Brief von einem Ehepaar:

Wir möchten uns für den Dienst in dem geplanten Waisenhaus zur Verfügung stellen, wenn Sie denken, dass wir dafür qualifiziert sind. Wir wollen auch die Möbel usw., die der Herr uns gegeben hat, zur Verfügung stellen. Wir wollen das ohne irgendein Gehalt tun, im Glauben, dass der Herr für unsere Bedürfnisse sorgen wird, wenn es sein Wille ist, dass wir angestellt werden.

Am Abend kam ein Freund zu ihm mit drei Schüsseln, 28 Tellern, drei Waschbecken, einer Kanne, vier Bechern, drei Salzstreuern, einer Reibe, vier Messern und fünf Gabeln – alles sorgfältig und genau aufgeschrieben in Müllers Tagebuch.

»Lieber Gott, bitte gib mir weitere Beweise, dass Du für das Waisenhaus bist«, betete Müller am nächsten Tag. Während er noch auf seinen Knien war, lieferte jemand drei Schüsseln, zwölf Teller, ein Waschbecken und eine Wolldecke ab. »Danke, Vater«, sagte Müller. »Bitte gib mir heute noch mehr Ermutigungen.« Später bekam er 50 Pfund aus einer unerwarteten Quelle. »Lieber Vater, ich wage es, Dich um noch mehr Beweise Deiner Gunst an ebendiesem Tag zu bitten.« Am Abend wurden fast 27 Meter Stoff gebracht, und eine Frau bot sich für die Arbeit an. Und so ging es weiter:

13. Dezember. Einem Bruder wurde heute gezeigt, dass er vier Schillinge pro Woche oder zehn Pfund und acht Schillinge pro Jahr so lange geben soll, wie der Herr ihm das ermöglicht; er gab acht Schillinge als 14-tägige finanzielle Verpflichtung. Heute haben sich ein Bruder und eine Schwester in Verbindung mit einer Möbel- und einer kompletten Hausratsspende angeboten, wenn sie in ihrem Beruf nützlich eingesetzt werden können.

14. Dezember. Heute bot sich eine Schwester für die Mitarbeit an. Am Abend bot sich eine andere Schwester der neuen Einrichtung an.

15. Dezember. Eine Schwester brachte von verschiedenen Freunden zehn Waschbecken, acht Becher, einen Teller, fünf Dessertlöffel, sechs Teelöffel, einen Schaumlöffel, eine Röstgabel, ein Mehlsieb, drei Messer und Gabeln, ein Betttuch, einen Kissenbezug, eine Tischdecke, außerdem Geld (ein Pfund). Am Nachmittag wurden 55 Meter Stoff für Betttücher und elf Meter Baumwolle geschickt.

16. Dezember. Ich nahm aus dem Kasten in meinem Zimmer einen Schilling.

17. Dezember. Ich war gestern Abend und heute Morgen sehr niedergedrückt über diese Angelegenheit und fragte mich, ob ich noch weitermachen sollte. Doch wurde ich geführt, den Herrn um mehr Ermutigungen zu bitten. Kurz danach schickte ein Bruder zwei bedruckte Stücke Baumwolle, das eine 6,4 und das andere 21,7 Meter, und vier Stücke Futterstoff, zusammen ungefähr 3,7 Meter lang. Am Abend brachte ein anderer Bruder einen Wäscheständer, drei Kinderkleider, vier Wolldecken, zwei Salzstreuer aus Zinn, sechs Blechtassen und sechs Teelöffel aus Metall. Er brachte auch drei Schillinge und sechs Viertelschillinge, die ihm drei verschiedene Menschen gegeben hatten. Zur gleichen Zeit erzählte er mir, dass es jemandem aufs Herz gelegt wurde, mir morgen 100 Pfund zu schicken.

18. Dezember. Heute brachte derselbe Bruder von einer Schwester eine Steppdecke, ein flaches Bügelbrett, acht Tassen mit Untertassen, eine Zuckerdose, eine Milchkanne, eine Teekanne, 16 Gabeln, sechs Dessertlöffel, zwölf Teelöffel, vier Kämme und zwei kleine Reiben und von einem anderen Freund ein flaches Bügeleisen und eine Tasse mit Untertasse. Zur gleichen Zeit brachte er die oben erwähnten 100 Pfund.

Als Müller hörte, von wem die 100 Pfund kamen, zögerte er, sie anzunehmen. Er wusste, dass die Spenderin ungefähr drei Schillinge und sechs Viertelschillinge in der Woche durch Handarbeiten verdiente. Er wollte sie besuchen.

»Während ich sehr dankbar für Ihre großzügige Gabe bin«, sagte er, »möchte ich sicher sein, dass Sie sorgfältig über das nachgedacht haben, was Sie tun.« »Ich habe 480 Pfund von meinem Vater geerbt«, erzählte sie Müller. »Ich musste mich von einer großen Summe trennen, um einige Schulden unserer Familie zu bezahlen, und ich gab meiner Mutter 100 Pfund. Dann habe ich die 100 Pfund für das Waisenhaus geschickt.«

Müller sprach lange mit ihr und bat sie, es sich noch einmal zu überlegen. »Der Herr Jesus hat Seinen letzten Tropfen Blut für mich gegeben«, entgegnete sie. »Sollte ich nicht alles Geld, das ich habe, geben? Statt dass das Waisenhaus nicht eröffnet werden kann, will ich lieber alles Geld geben, das ich habe. Hier sind noch fünf Pfund für die ärmeren Glieder der Gideon- und Bethesda-Gemeinden.«

Die Gaben für das Waisenhaus waren zum Jahresende so ermutigend, dass Müller in der Lage war, über die Eröffnung eines kleinen Heimes im kommenden April zu sprechen. Zuerst würde er Mädchen im Alter zwischen sieben und zwölf Jahren aufnehmen und ihnen erlauben, so lange zu bleiben, bis sie eine Stelle als Hausmädchen annehmen konnten. Kinder aus allen Teilen Englands sollten aufgenommen werden.

Im neuen Jahr kamen weitere Gaben. Am Abend des 5. Januar klingelte es bei Müllers. Ein Dienstmädchen öffnete die Tür, nicht für einen Besucher, sondern für – einen Kaminvorsetzer, einen Küchenherd und eine Schüssel, die ein Spender, der zweifellos eine strenge Ansicht über anonymes Geben hatte, hinterlassen hatte.

Müller betete über fast jede Einzelheit seiner Pläne und der Voraussetzungen für das geplante Heim. Aber bis zu dieser Zeit hatte er Gott noch nie darum gebeten, Kinder zu senden. Er hatte es für selbstverständlich gehalten, dass es viele Bewerbungen geben würde. Aber Anfang Februar hatte er, obwohl er seine Bereitschaft, Bewerber aufzunehmen, bekannt gemacht hatte, noch keine bekommen. Deshalb verbrachte er den ganzen Abend damit, für Bewerbungen zu beten. Am nächsten Tag kam die erste.

»Ein großes Haus mit einer Terrasse, Wilson-Straße 6, steht zu einer niedrigen Miete zur Verfügung«, erzählte jemand Müller. Die Lage des Hauses, in der Nähe der Gideon-Kapelle war ideal, und er ging, um es sich anzusehen. Das Haus hatte drei Etagen und war solide gebaut. Nachdem er gebetet hatte, entschied er, es für ein Jahr zu mieten, und er begann, es für 30 Kinder einzurichten. Gaben kamen weiter, ausgezeichnet geeignet für die augenblicklichen Bedürfnisse: »2. April … sechs Wolldecken, zwei Steppdecken, vier Betttücher, acht Mützen, fünf Kinderkleider, sechs Schürzen …«

6. April. Ein Dutzend Waschbecken und eine Kanne … ein Satz Geräte zum Feuermachen, ein Teekessel, ein Kohlenkasten, ein Kochtopf aus Blech, ein Dreifuß, eine Teekanne, drei Tassen mit Untertassen, ein Handwaschbecken, drei kleine Becken und zwei Teller … 22 Liederbücher. Müller und seine Helfer konnten bis Anfang April das Haus Nr. 6 ganz einrichten und möblieren.

11. April 1836: Die ersten Kinder kamen an. Sie sahen blass und nervös aus. Eins von ihnen war Harriet – Harriet Culliford. Einige ihrer vorherigen Wärter, die vielleicht erwartet hatten, dass Müller schon älter war und einen Bart hätte, waren überrascht, einen jungen Mann zu treffen – immerhin erst 30 Jahre alt. Die Kinder aber, obwohl sie aus seinem Gesichtsausdruck erkennen konnten, dass ihr neuer Vater nicht zu Scherzen aufgelegt war, fassten Vertrauen wegen der Freundlichkeit und Ruhe seiner Erscheinung. Müller stellte sie der lächelnden Hausmutter und Erzieherin vor, die er angestellt hatte. Keiner konnte diesen kleinen Mädchen ihre Eltern zurückgeben, aber hier waren Menschen, die entschlossen waren, alles zu tun, um den Verlust auszugleichen.

Die Arbeit, die vor ihnen lag, war gewaltig: Jeden Tag, dreimal täglich, sieben Tage in der Woche, mussten 30 hungrige Kinder etwas zu essen bekommen, ohne die Mitarbeiter. 30 Paar Füße würden 30 Paar Schuhe verschleißen. Kleider würden abgetragen oder zu klein werden und müssten ersetzt werden. Müller wusste, dass, wenn die Kinder jemals hungrig blieben oder schlecht gekleidet wären, das Unehre für seinen Gott brächte. Aber er war nicht besorgt. Stattdessen wiederholte er in dieser seiner neuen Familie und vor den Helfern die Worte des Herrn Jesus in Matthäus 6,31 und 33: »Darum sollt ihr nicht sorgen und sagen: Was werden wir essen? Was werden wir trinken? Womit werden wir uns kleiden?«, sondern: »Trachtet zuerst nach dem Reich Gottes und nach seiner Gerechtigkeit, und dies alles wird euch hinzugefügt werden«.

Anfang Mai lebten fast 30 Mädchen im Haus Nr. 6, und Geld sowie Vorräte trafen noch weiterhin ein, »20 Pfund Speck und zehn Pfund Käse … sechs Strohhüte … sechs Nachtmützen und zwei Unterröcke … ein Korb mit Äpfeln und drei Pfund Zucker«. Die Freunde aus Teignmouth hatten ihren früheren Pastor offensichtlich noch nicht vergessen, denn im Juni kam eine beachtliche Summe Geld von dort an und ein Kleid, eine Jungenschürze, ein Paar Socken, bunter Baumwollstoff für drei Kinderkleider, zwei Baby-Schlafanzüge und fünf Nachtmützen für Babys.

Ende September bot ein Arzt aus Bristol an, nach den Kindern zu sehen und ihnen umsonst Medizin zu geben. Müller nahm dieses Angebot gern an. Im Oktober berichtete er, dass ungefähr 20 Liter Bier ankamen, aber es wird leider nicht berichtet, ob es den Kindern erlaubt wurde, es zu trinken.

Während Müller es zum strengen Gesetz machte, dass weder er noch seine Mitarbeiter jemals irgendeinen Menschen um etwas bitten würden, »damit die Hand Gottes deutlich gesehen würde«, zögerte er gelegentlich nicht, Gott zu bitten, »es in das Herz von bestimmten Menschen hineinzulegen«, etwas für die Arbeit zu geben. Im Dezember 1835 hatte er in seinem Tagebuch ein Gebet notiert, dass ein Bekannter ihm 100 Pfund geben solle. Einige Monate später sandte dieser besagte Herr ihm 50 Pfund. An einem besonderen Feiertag im Jahr 1836 schickte er weitere 50 Pfund. Ungewöhnlicherweise erinnerte er sich erst einige Tage später an sein Gebet im vorigen Dezember. In seiner Freude zeigte er dem Spender seinen Tagebucheintrag vom 12. Dezember 1835, damit sie sich zusammen über die Genauigkeit der Gebetserhörung freuen könnten.

Kurz nach der Eröffnung des Hauses Nr. 6 für Mädchen, die sieben oder mehr Jahre alt waren, erkannte Müller, dass auch das Bedürfnis für ein Heim für Kinder, die noch keine sieben Jahre alt waren, bestand. Im Oktober 1836 gelang es ihm, das Haus Wilson-Straße 1 als Waisenhaus für Säuglinge und Kleinkinder zu mieten, zusammen mit einem Stück Land als Spielplatz. Er stellte eine ausreichend qualifizierte Hausmutter und eine Erzieherin ein, möblierte das Haus und nahm die ersten Kinder – Jungen und

Mädchen – Ende November auf. Einige der ältesten Mädchen, die in Nr. 6 wohnten, halfen in Nr. 1, weil Müller meinte, dass diese Ausbildung in Säuglingspflege für sie nützlich sei, um später als Hausmädchen arbeiten zu können – Leah Culliford war eine der ersten Angestellten in Nr. 1.

Als es 1836 auf Weihnachten zuging, berichtete Müller, dass in der Wilson-Straße eine Anzahl Enten und Puten angekommen waren – und ein Zentner Sirup. Er war auch darüber erfreut, dass, als Weihnachten ein Pfund ankam, ein Zettel dabeilag, der an die Begebenheit erinnerte, wo der Herr Jesus ein Kind auf seine Arme nahm und sagte: »Wer ein solches Kind in meinem Namen aufnimmt, der nimmt mich auf; und wer mich aufnimmt, der nimmt nicht mich auf, sondern den, der mich gesandt hat« (Markus 9,37).

Während der letzten Minuten des Jahres 1836 – dem Jahr, in dem alles begann – leitete Müller eine Versammlung, um Gott für die Segnungen des vergangenen Jahres zu danken und um dafür zu beten, dass diese Gnade im vor ihnen liegenden Jahr fortgesetzt wird.

Im April lebten 60 Kinder in den beiden Waisenhäusern, 30 Kleinkinder in Nr. 1 und 30 Mädchen in Nr. 6. In diesem Frühjahr wütete der Typhus in Bristol, aber gnädigerweise erkrankten nur zwei Kinder an der Krankheit, und beide erholten sich wieder.

Im Sommer 1837 plante Müller, die erste Ausgabe seiner *Erzählungen der Taten Gottes an Georg Müller* zu veröffentlichen. Er hatte sich nach einigen Monaten der Überlegung und Prüfung seiner Motive endlich entschlossen, diese zu schreiben. Zwar war er nicht davon begeistert, zu der großen Anzahl von christlichen Büchern, die auf dem Markt waren, noch eins hinzuzufügen, aber auf der anderen Seite überzeugten ihn seine Hausbesuche in Bristol davon, dass viele der Trübsale, durch die Christen gingen, entweder durch ihren Mangel an Gottvertrauen entstanden oder dadurch, dass sie ihre Geschäfte auf unbiblische Weise betrieben.

Im Mai 1837 war das Manuskript fast fertig, um dem Verleger geschickt zu werden. Aber bevor er das tat, wollte Müller in der

Lage sein, die Antwort auf ein besonderes Gebet mitzuteilen: Am 5. Dezember 1835 hatte er Gott um 1000 Pfund für die Waisenarbeit gebeten. Seit dieser Zeit hatte er dieses Gebet fast jeden Tag wiederholt. In 18 Monaten hatte er über 900 Pfund erhalten. Am 21. Mai nahm er sich viel Zeit, um besonders dafür zu beten, dass Gott die noch ausstehende Summe geben möge. Am 15. Juni wurde die ganze Summe durch eine Gabe von fünf Pfund voll. Wie freute er sich. Jeder Schilling dieses Geldes und alle Gegenstände wie Kleidung oder Möbel, die er erhalten hatte, waren ihm gegeben worden, ohne, wie er es sagte, »einen einzigen Menschen um irgendetwas zu bitten«.

EINE LUFTVERÄNDERUNG

In London ging es dem König gesundheitlich immer schlechter, und am frühen Dienstagmorgen, den 20. Juni 1837, starb König William IV. in Windsor Castle in den Armen von Königin Adelaide. Während Bristol wie auch ganz England schlief, gab es in London fieberhafte Geschäftigkeit. Der Erzbischof von Canterbury, der die letzten Rituale durchgeführt hatte, verabschiedete sich von Königin Adelaide und fuhr mit Lord Chamberlain in der Dunkelheit über die Landstraßen nach Kensington. Um fünf Uhr morgens kamen sie im Kensington Palast an, hatten aber große Schwierigkeiten, hereingelassen zu werden. Der Pförtner verweigerte ihnen zuerst den Eintritt und wollte auch die junge Prinzessin nicht wecken. Endlich ließ der Pförtner die zwei Männer doch herein und sandte nach der Baronesse Lehzen. Diese stimmte nach langem Zögern zu, die Prinzessin über den Besuch zu informieren. Prinzessin Victoria betrat den Raum. Sie hatte einen Schal über ihren Morgenrock geworfen, ihre Füße in Pantoffeln, und ihr Haar fiel lose über ihren Rücken. Lord Chamberlain fiel auf seine Knie und begrüßte sie als Königin.

Victoria war bei ihrem Amtsantritt 18 Jahre alt, und ihre Regierung war die längste in der Geschichte Englands. Müller war damals 31 Jahre, aber er sollte alt genug werden, um eine lange Predigt beim Diamantenen Jubiläum der Königin halten zu können.

Am Nachmittag dieses Tages erreichten die Nachrichten vom Tod des Königs Bristol, und die Flaggen wurden auf Schiffen, Kirchen und öffentlichen Gebäuden auf Halbmast gesetzt. Aber Samstag, der 24. Juni, war ein Tag der Freude: Die Flaggen wurden wieder hochgezogen, und die Kirchenglocken gaben ihr bestes Geläut. Um zehn Uhr schlängelte sich eine Prozession von der Höhe der High Street über die Brücke zum Temple Cross durch das Mansion House zum Königsplatz und schließlich zum Rathaus, »um der allergnädigsten Majestät, Königin Victoria, in der Stadtgemeinde Bristol« zu huldigen.

Die Victorianische Zeit hatte begonnen; und Müller und Craik hatten weiter die Verantwortung, für zwei große Gemeinden in der Gideon- und in der Bethesda-Kapelle zu sorgen. Die Bibel war die höchste Autorität bei der Leitung der zwei Gemeinden. Eine kleine Krise im Sommer 1837 illustriert, zusammen mit den ihr vorausgehenden Ereignissen, dass sie ihre hohe Wertschätzung für die Schrift mit einer einsichtsvollen Flexibilität in der Gemeindepraxis verbanden – besonders wenn sie selbst nicht sicher waren, was »die Gedanken Gottes« waren. Von den ersten Tagen in Bristol an waren sie nie ganz sicher gewesen, ob nur solche, die als Gläubige getauft waren, in die Gemeinschaft der Gläubigen von Bethesda aufgenommen werden sollten, oder ob alle, die an Jesus Christus glaubten, unabhängig von ihrer Taufe dazugerechnet werden durften. Nach einer langen Zeit der Gegensätze innerhalb der Gemeinde und mancher Diskussionen mit Robert Chapman entschieden Müller und Craik, dass »sie alle annehmen sollten, die Jesus Christus angenommen hatte« (Römer 15,7), unabhängig von ihrer Sicht über die Taufe. Chapman bekannt in der Geschichte der Brüderbewegung und ein lebenslanger Freund Müllers, hatte eine vielversprechende Praxis als Rechtsanwalt in London aufgegeben, um Gott in Barnstaple zu dienen.

Im Juni 1837 entschied Müller, ein drittes Heim für ungefähr 40 Jungen im Alter von sieben Jahren und darüber zu eröffnen, erstens, weil die Notwendigkeit dafür in Bristol offensichtlich war, und zweitens, weil er ohne dieses Heim keinen Platz hatte, wohin er die kleinen Jungen geben konnte, wenn sie sieben Jahre alt wurden. Im September war genug Geld eingekommen, und geeignete Mitarbeiter hatten sich angeboten. Alles, was übrig blieb, war ein geeignetes Haus zu finden. Müller wurde ein anderes Haus in der Wilson Street angeboten – Nr. 3 –, was er gern annahm.

Anfang November verschlechterte sich Müllers Gesundheitszustand. Er wachte in der Nacht von Kopfschmerzen auf. Nach einiger Zeit schlief er wieder ein, nachdem er sich ein Taschentuch um seinen Kopf gebunden hatte, was die Schmerzen etwas zu erleichtern schien. Am 7. November war er nicht fähig zu arbeiten, und obwohl das Waisenhaus für die Jungen eröffnet werden sollte und es Probleme in der Bethesda-Gemeinde gab, entschloss er sich, Bristol für eine Zeit der Ruhe und Stille zu verlassen. Ein Brief ohne Angabe des Absenders kam an mit fünf Pfund für persönliche Bedürfnisse, und er nahm das als Zeichen, dass es für ihn richtig war, Urlaub zu machen.

Er verließ sein Haus ohne irgendeine Idee, wohin er gehen sollte. Die erste Kutsche, die ankam, ging nach Bath. Müller kletterte hinein. Er entschied, dass er nicht bei Christen wohnen wollte, weil das bedeutet hätte, dass er predigen müsste, was er nicht wollte. Er mietete sich in einem Hotel in Bath ein, aber er fand es so »weltlich«, dass er gezwungen war, einen gläubigen Freund zu besuchen, den er in der Stadt kannte. Dieser Mann und seine Tanten überzeugten Müller, dass er bei ihnen bleiben sollte, was er für ungefähr eine Woche tat. Die Symptome in seinem Kopf waren jetzt so alarmierend, dass er dachte, seinen Verstand zu verlieren. Die für die Unterhaltung der Waisenhäuser erforderliche Anstrengung war ihm zu groß geworden. Trotzdem kehrte er nach einer Woche nach Bristol zurück. Nachdem er noch einmal fünf Pfund erhalten hatte, reiste er mit Mary und Lydia und ihrem Hausmädchen nach Weston-Super-Mare, wo sie eine Unterkunft nahmen. In Weston hatte Müller oft Angst, dass die Probleme in seinem Kopf einen beginnenden Wahnsinn anzeigten. Während er dort war, bekam er die Nachricht, dass eins der Mädchen von Wilson Street gestorben war – es aber vor ihrem Tod auf Jesus Christus vertraut hatte. Nach zehn Tagen in Weston kehrte die Familie Müller wieder nach Bristol zurück, wo Müller zu einem Arzt ging, der ihm versicherte, dass er keine Angst vor Wahnsinn haben müsste.

Er blieb noch krank. Er tröstete sich mit dem Wohlwollen von Freunden, die ihm Gaben sandten, einschließlich einer gespickten Zunge, Geflügel, Kuchen und Weintrauben. Er schrieb seinem Vater und dachte, dass es der letzte Brief wäre, den er schrieb. Im Dezember diagnostizierten Ärzte, dass das Problem von einer kranken Leber herrühre. Er fand, dass es ihm nach jeder Teilnahme an Versammlungen in Bethesda schlechter ging, und dass jede Art von geistiger Anstrengung ihn überforderte.

Die Arbeit wuchs weiter, und es gab genug Geld: 75 Kinder lebten jetzt in den drei Heimen und fast täglich kamen neue. Am 12. Dezember kamen 200 Wolldecken von bester Qualität in Müllers Haus an, um unter den Armen verteilt zu werden. Es war bekannt, dass es Müller sehr darum ging, einige Härtefälle, die er in seiner Umgebung bemerkt hatte, zu beheben, und trotz seiner Krankheit sorgte er dafür, dass es auch geschah.

Ende 1837 mussten 81 Kinder und neun vollzeitliche Mitarbeiter in den drei Heimen versorgt werden. Es gab genug Bewerbungen, um ein weiteres Heim mit Mädchen von sieben Jahren an zu füllen und viel mehr Anmeldungen für Säuglinge und Kleinkinder, als sie unterbringen konnten. 350 Kinder wurden in den Tagesschulen unterrichtet, die von der Anstalt zur Ausbreitung der Schriftkenntnis geleitet wurden, und 320 Kinder gingen zur Sonntagsschule.

Fortgesetzte Krankheit und wachsende Verantwortung machten Müller zu schaffen. Er schrieb in sein Tagebuch: »Heute Morgen habe ich den Herrn sehr entehrt, indem ich meiner lieben Frau unwirsch begegnet bin, und das fast unmittelbar, nachdem ich auf meinen Knien vor Gott gelegen und Ihn gepriesen hatte, eine solche Frau zu haben.«

1838 fing nicht sehr ermutigend an. Am 1. Januar brachen Diebe in Müllers Haus ein, offensichtlich mit einem komischen Sinn für Humor: Da sie in die meisten Gebäudeteile nicht eindringen konnten, weil eine starke zweite Tür sie davon abhielt, nahmen sie nichts mit als nur etwas kaltes Fleisch. Sie gingen dann weiter in den Klassenraum der Gideon-Kapelle und brachen einige Kästen auf, stahlen aber nichts. Am nächsten Tag wurden die Knochen, ohne das Fleisch, gefunden – einige in den Kästen in dem Klassenraum der Gideon-Kapelle und einige unter einem Baum in Müllers Garten.

Müllers Arzt empfahl jetzt eine weitere Luftveränderung. Müller wollte Bristol nicht verlassen. Aber als 15 Pfund »zweckgebunden für eine Luftveränderung« von einer Dame ankamen, die ungefähr 80 Kilometer von Bristol entfernt wohnte und keine Ahnung von den Empfehlungen des Arztes hatte, nahm er das als ein Zeichen für Gottes Willen. Er reiste mit Mary und Lydia zu einigen gläubigen Freunden in Trowbridge, wo er sich hinsetzte und Philips *Das Leben George Whitefields* las. Er war erstaunt über das Gebetsleben dieses Mannes und über seine Gewohnheit, die Bibel auf den Knien zu lesen. Am Sonntag verbrachte er zwei Stunden auf seinen Knien, um Psalm 63 zu lesen und »durchzubeten«. Er schrieb in sein Tagebuch:

Gott hat meine Seele heute sehr gesegnet … Meine Seele ist jetzt dazu gebracht worden, dass ich mich über den Willen des Herrn freue, was meine Gesundheit betrifft. Ja, ich kann jetzt von Herzen sagen, dass ich diese Krankheit nicht geheilt haben möchte, bis Gott den Segen geschickt hat, den Er damit geben wollte.

… Was hindert Gott, aus einem, der so scheußlich ist wie ich, einen anderen Whitefield zu machen? Ganz sicher könnte Gott mir so viel Gnade geben, wie Er ihm gab. O, mein Gott, ziehe mich näher und näher zu Dir selbst, dass ich Dir nachlaufe! – Ich habe einen Wunsch, wenn Gott mich für den Dienst am Wort wiederherstellen sollte (und ich glaube, dass Er dies bald tun wird, wenn ich es von dem Zustand aus beurteile, in den Er meine Seele jetzt gebracht hat, obwohl es mir gesundheitlich in den letzten acht Tagen schlechter ging als in einigen Wochen davor): Möge mein Predigen mehr als bisher das Ergebnis von ernstem Gebet und viel Nachdenken sein, und möge ich so mit Gott wandeln, dass »aus meinem Leibe Ströme lebendigen Wassers fließen«.

Am nächsten Tag verbrachte er drei Stunden betend über Psalm 64 und 65 auf seinen Knien. Während er über Psalm 65,3 nachdachte: »Hörer des Gebets«, schrieb er acht spezielle Gebetsanliegen auf. Am Ende der Liste schrieb er: »Ich glaube, dass Er mich erhört hat.« Drei Jahre später berichtete er, dass fünf dieser Bitten ganz erhört worden waren und die anderen drei teilweise.

Trotz fortgesetzten körperlichen Leidens war Müllers Stimmung gehoben, als er fortfuhr in seiner Bibel zu lesen, und zum 6. Vers von Psalm 68 kam, wo Gott beschrieben wird als »ein Vater der Waisen«. Er schrieb:

Durch Gottes Hilfe wird dies mein Argument in Notzeiten im Blick auf die Waisen vor Ihm sein. Er ist ihr Vater, und deshalb hat Er sich sozusagen verpflichtet, alles für sie zur Verfügung zu stellen und für sie zu sorgen. Ich brauche Ihn nur an die Bedürfnisse dieser armen Kinder zu erinnern, damit sie gestillt werden … Das Wort »ein Vater der Waisen« enthält genug Ermutigung, um 1000 Waisenkinder mit all ihren Bedürfnissen auf das liebende Herz Gottes zu werfen.

Müllers blieben noch weitere 14 Tage in Trowbridge. Insgesamt hielt die Besserung von Müllers Gemütszustand während des ganzen Aufenthalts an – obwohl er ein- oder zweimal beschämt war, nachdem er einige Zeit auf seinen Knien verbracht hatte, um *Whitefields Leben*, statt seine Bibel zu lesen! Am 2. Februar gab er seine Medizin auf, obwohl seine körperliche Gesundheit sich nicht gebessert hatte, und fuhr allein weiter nach Oxford, wo er im Haus von Freunden ankam.

In Oxford entschied Müller sich, einige Zeit zum Reiten zu nutzen. Er konnte ein Pferd mit einem ruhigen Temperament mieten, was, so dachte er, seinen beunruhigten Nerven entsprach. Eine Zeit lang wirkte diese Therapie großartig, und Müller folgte den Fußstapfen von Wesley – obwohl nicht bekannt ist, ob er wie Wesley seine Bibel beim Reiten las. Aber – leider – nach drei Tagen mit Müller auf seinem Rücken wurde das Pferd krank! Müller kehrte zurück zu seinem Bibelstudium und Gebet, bis der Besitzer ihm mitteilte, dass es dem Pferd jetzt gut genug ginge, um seinen Dienst wieder aufzunehmen. So ging Müller wieder zum Pferdestall, aber er saß noch nicht lange im Sattel, als er zu seinem Entsetzen entdeckte, dass das vorher gutmütige Tier eigenwillig und halsstarrig geworden war. Er versuchte verzweifelt, das Tier unter Kontrolle zu bringen, aber es half nichts. Die Kreatur ließ sich nicht zähmen. So fand Müllers Ablenkung durch das Reiten leider ein plötzliches Ende.

Ein Freund empfahl ihm dringend, die Wasser von Leamington Spa zu probieren und bot ihm an, seine Auslagen zu bezahlen, wenn er dorthin ginge. Nachdem er seinen Arzt konsultiert hatte und einen positiven Bescheid erhielt, nahm er das Angebot an. In Spa fand er eine ausgezeichnete Unterkunft für zehn Schillinge pro Woche, und er konnte sein Tagebuch an einem eigenen Schreibplatz am Kamin schreiben. »Wie sehr freundlich vom

Herrn!«, schrieb er (das war ein Ausdruck, den er oft verwandte), dann ging er zu Bett.

Müller fand, dass die Wasser von Leamington seiner Gesundheit halfen, aber nach zehn Tagen beunruhigten ihn innere Kämpfe und Versuchungen, deren Natur wir nur aus einem Eintrag ins Tagebuch erraten können:

Die Gnade kämpfte gegen böse Vorstellungen der einen oder anderen Art und siegte, aber es war eine schwere Zeit der Versuchung … Heute habe ich Gott ernstlich gebeten, mir meine Frau zu schicken, denn ich fühlte, dass Satan Einfluss auf mich bekommt, weil ich allein bin und in meinem Kopf angefochten und mich deshalb nicht geistig beschäftigen kann.

Am nächsten Tag brachte der Postbote einen Brief, der ihm ankündigte, dass Mary unterwegs war; und kurz danach kam die gute Frau, zu Müllers großer Freude, persönlich an. Das Ehepaar verbrachte einige Tage mit langen Spaziergängen auf dem Land in Warwickshire, und Müller fühlte, dass es seinem Kopf besser ging als vor einigen Monaten, obwohl noch lange nicht alles in Ordnung war.

Müller spielte mit der Idee, einen kurzen Besuch in Deutschland zu machen, teilweise, damit er einigen Kontaktpersonen in Berlin, die gerne Missionare werden wollten, Ratschläge und Hilfe geben könnte, und teilweise, um seinem Vater und seinem Bruder Zeugnis zu geben, und zum Teil, weil er dachte – vielleicht etwas zu optimistisch – dass die Heimatluft seiner Gesundheit guttun würde. Er schrieb an Henry Craik und an seinen Arzt, um ihren Rat zu bekommen. Craik schrieb, dass er reisen solle, aber die Anweisungen des Arztes waren, noch einen oder zwei Monate zu warten, weil die Reise leicht zu anstrengend werden könnte. So blieb Müller im März mit Mary zusammen in Leamington, bis sein Arzt Anfang April bei einem Besuch in der Gegend ihn für gesund genug erklärte, die Reise zu machen. Georg und Mary lasen Psalm 121 zusammen: »Der Herr wird deinen Ausgang und deinen Eingang behüten, von nun an bis in Ewigkeit«, bevor sie verschiedene Wege gingen – Frau Müller zurück nach Bristol und er in das Land seiner Kindheit.

Am 9. April kam Müller in Hamburg an, nachdem er auf der Überfahrt sehr unter Seekrankheit gelitten hatte. Er verbrachte zehn Tage in Berlin und traf dort eine Anzahl Männer, die Missionare werden wollten. Dann reiste er nach Hadmersleben zu seinem Vater. Dieser war sichtlich alt geworden und hatte höchstwahrscheinlich nicht mehr lange zu leben. Müller bezweifelte, ob er einen weiteren Winter überleben würde. Die Beziehung zwischen Vater und Sohn war jetzt gut, und die Spannung, durch Georgs Bekehrung entstanden, war vergessen. Müller fand, dass sein Bruder in »offener Sünde« lebte, und benutzte die Gelegenheit, um mit beiden Männern über den Glauben an Jesus Christus zu sprechen. Als der Abreisetag für Müller kam, reiste sein Vater mit ihm bis Magdeburg. Als sie sich verabschiedeten, meinten beide, dass sie sich nie wiedersehen würden: Tatsächlich stimmte das jedoch nicht.

Im Mai kam Müller wieder in Bristol an. Seit dem 6. November 1837 war er nicht in der Lage gewesen, an irgendeiner Versammlung in der Gideon- und Bethesda-Kapelle teilzunehmen. Aber am 8. Mai 1838 hörte die Gemeinde in der Gideon-Kapelle seine bekannte Stimme Psalm 103 lesen: »Lobe den Herrn, meine Seele, und vergiss nicht alle seine Wohltaten – der dir alle deine Sünden vergibt und heilt alle deine Gebrechen ...«

Während der kommenden Monate, als seine Gesundheit sich wieder besserte, fand Müller, dass er mit mehr Freude predigte, mit mehr Ernsthaftigkeit und mehr Gebet als vor seiner Krankheitszeit. Er fühlte mehr »den feierlichen Ernst der Arbeit«.

Es war kurz vor Müllers 33. Geburtstag. In den darauffolgenden Jahren war er zwar noch zwei- oder dreimal krank (wenn auch nicht so schwer), doch während seines langen Lebens war er niemals mehr so ernsthaft krank wie 1829 und 1837-38. Der Mann, den die Armee abgelehnt hatte, behauptete viele Jahre später, dass er sich in seinen siebziger Jahren gesunder fühle als in seinen Dreißigern.

»EINE BANK, DIE NICHT PLEITE MACHT«

Vom Beginn der Waisenarbeit Müllers im April 1836 bis Ende Juni 1838 gaben die Finanzen nie einen Grund zur Besorgnis; es war immer mehr als genug da. Aber am Ende des Sommers 1838 zeigt Müllers Tagebuch an, dass die Zeiten schwieriger wurden.

18. August 1838. Ich habe keinen einzigen Penny mehr für die Waisenkinder. In ein oder zwei Tagen brauchen wir viele Pfund. Meine Augen sehen zum Herrn auf.

Abends. Bevor dieser Tag zu Ende ging, bekam ich von einer Schwester fünf Pfund. Sie hatte schon vor einiger Zeit ihren Schmuck auf die Seite gelegt, damit er für die Waisenkinder verkauft werden kann. Heute Morgen kam ihr beim Gebet der Gedanke: »Ich habe diese fünf Pfund und bin keinem Menschen irgendetwas schuldig, deshalb kann ich dieses Geld besser sofort geben. Es kann noch einige Zeit dauern, bis ich meinen Schmuck loswerde.« Sie brachte das Geld, ohne zu wissen, dass kein einziger Penny mehr vorhanden war und dass ich dem Waisenhaus für Jungen statt der üblichen zehn Pfund nur vier Pfund, 15 Schillinge und 5 Viertelschillinge für den Haushalt geben konnte.

20. August. Die fünf Pfund, die ich am 18. bekommen hatte, wurden für den Haushalt ausgegeben, darum war ich heute wieder ohne einen Penny. Aber meine Augen sahen auf zum Herrn. Ich habe diesen Morgen im Gebet verbracht, weil ich wusste, dass ich diese Woche wieder wenigstens dreizehn, wenn nicht zwanzig, Pfund nötig hatte. Heute bekam ich als Gebetserhörung zwölf Pfund von einer Dame, die in Clifton wohnt und die ich vorher noch nie gesehen hatte.

23. August. Heute hatte ich wieder keinen einzigen Penny, als drei Pfund von Clampham kamen, zusammen mit einem Karton voll neuer Kleidung für die Waisenkinder.

Müller sah später auf die Zeit von September 1838 bis Ende 1846 zurück als auf eine Zeit, in der er die größten Glaubensprüfungen in der Waisenarbeit erlebte. Es waren nicht Jahre unausgesetzter Schwierigkeiten. Vielmehr schien es nach folgendem

Muster zu gehen: einige Monate Prüfungen, dann etliche Monate verhältnismäßigen Überflusses. Während der ganzen Zeit wussten die Kinder, nach Müllers Aussage, nichts von den Schwierigkeiten. Mitten in einer der dunkleren Perioden schrieb er: »Diese lieben Kleinen wissen nichts davon, denn ihre Tische waren genauso gut gedeckt wie in der Zeit, in der wir 800 Pfund auf der Bank hatten, und ihnen hat nichts gefehlt.« Zu einer anderen Zeit schrieb er: »Die Waisenkinder sind nie zu kurz gekommen. Wenn ich 1000 Pfund zur Verfügung gehabt hätte, wären sie nicht besser verpflegt worden als jetzt, denn sie hatten immer gutes nahrhaftes Essen, alle notwendigen Kleidungsstücke usw.« Die Zeiten der Prüfungen waren so, dass sie nie Geld übrig hatten: Gott sorgte für ihre Bedürfnisse täglich, manchmal sogar stündlich. Es kam genug, aber nur eben genug.

In Müllers Tagebuch gibt es manchmal Hinweise darauf, warum Gott diese Zeit der Schwierigkeiten zuließ, aber er hat kaum versucht, sie zu analysieren. Der Schlüssel zu seinem Verständnis der Situation ist am Besten in einer Eintragung vom Herbst 1838 ausgedrückt, wo er zu einer finanziellen Gabe aus Teignmouth bemerkte: »Es ist eine wirklich zeitgemäße Hilfe, die Ausgaben dieses Tages zu bestreiten, und ein neuer Beweis, dass unser gnädiger Gott nicht aus Zorn, sondern nur um unseren Glauben zu prüfen, bis jetzt gezögert hat, uns größere Summen zu senden.« Müller verglich die Absicht solcher Prüfung mit der in der alttestamentlichen Geschichte, wo Gott Abraham prüfte, indem Er ihm befahl, seinen Sohn Isaak als Brandopfer auf dem Berg Morija zu schlachten. Es war einerseits eine Zeit, in der Müllers Gehorsam geprüft wurde, und andererseits eine Zeit, in der sein Charakter geformt wurde. So bereitete Gott ihn für seine Lebensaufgabe vor.

Am 6. September hörte Müller abends Henry Craik über 1. Mose 12 predigen: »Alles ging gut bei Abraham, solange er im Glauben handelte und nach dem Willen Gottes wandelte. Aber wenn er Gott misstraute, ging alles schief.«

Während Müller seinem Kollegen zuhörte, begann er, diese Lektion auf seine eigene schwierige Situation anzuwenden. An diesem Morgen, berichtete er, wurden ihm die Auftragsbücher vom Waisenhaus für Säuglinge und Kleinkinder gebracht. Kurz danach schickte die Hausmutter ihm eine Botschaft: »Bitte, sagen Sie mir, wann ich die Bücher abholen kann.«

Müller wusste gut, dass die Hausmutter auf diese Weise höflich anregte, wann sie das Geld erwarten könnte, um Vorräte für die nächsten paar Tage kaufen zu können. Er schickte darauf die Antwort: »Morgen.«

Aber er hatte keinen Penny zur Verfügung. Während er Craik zuhörte, entschloss er sich, trotz dieser denkbar schwierigen Situation, niemals zu versuchen, eine Lösung auf eigene Faust herbeizuführen, an Intelligenz und Mut hätte es nicht gefehlt. Zum Beispiel dachte er an eine Summe von 220 Pfund, die er auf der Bank hatte, weil sie ihm für andere Gebiete der christlichen Arbeit gegeben worden waren. Es wäre ihm ein Leichtes gewesen, dem Spender zu schreiben, dass er in der schwierigen Situation 20 oder sogar 100 Pfund für die Waisenkinder genommen hätte. Denn er konnte sich daran erinnern, dass dieser Spender mehrmals gesagt hatte, dass er wissen wolle, wenn Geld nötig war. Aber Müller entschied, dass dies »eine Rettung durch mich selbst wäre, nicht Gottes Rettung«. Auf jeden Fall wäre es »keine kleine Barriere für den Glaubensmut in der nächsten Stunde der Versuchung« gewesen.

In diesem Fall bekam er gerade genug Geld, um die momentanen Bedürfnisse des Kleinkinderhauses zu befriedigen.

Am Samstag und Sonntag kam überhaupt kein Geld herein, sodass Müller am Montagmorgen, den 10. September, die Situation – mit einem eigenartigen Anflug von Übertreibung – als eine »ernsthafte Krise« beschrieb. Er entschied sich zu einem bis dahin noch nie da gewesenen Schritt. Bis zu diesem Tag hatte er noch nie einen seiner Mitarbeiter über den Stand der Finanzen ins Vertrauen gezogen, mit Ausnahme eines »Bruder T.«. Aber bei dieser Gelegenheit brach er mit dieser Tradition und ging nacheinander zu jedem der Waisenhäuser. Er rief die Mitarbeiter eines jeden Hauses zusammen, sagte ihnen offen die finanzielle Situation und fragte sie, wie viel Geld sie für unmittelbare Bedürfnisse nötig hätten. Nachdem er das genaue Ausmaß des Problems begriffen hatte, sagte er: »Ich glaube immer noch, dass Gott helfen wird.

Obwohl Sie nichts kaufen dürfen, was wir nicht bezahlen können, soll es doch den Kindern weder an nahrhaftem Essen noch an der notwendigen Kleidung fehlen. Ich würde die Kinder eher wegschicken, als anzusehen, dass sie Mangel leiden.«

Müller ordnete eine Untersuchung an, um festzustellen, ob in einem der Häuser unnötige Dinge waren, die verkauft werden konnten. Dann beteten sie gemeinsam. Um halb neun an diesem Morgen kam eine kleine Geldmünze, die in den Kasten in der Gideon-Kapelle gelegt worden war. Müller nahm sie als den Anfang größerer Dinge, die kommen sollten.

Müller verließ die Heime und suchte Craik auf, dem er sein Herz ausschüttete, indem er vor ihm die ganze Situation ausbreitete. Die beiden Männer knieten gemeinsam zum Gebet nieder. Kurz danach ging Müller wieder nach Hause. Während er in seinem Zimmer betete, kam eine Dame und brachte ihm zwei Goldmünzen (die dem Monatslohn eines Landarbeiters entsprachen) für die Kinder.

»Ich fühlte mich gedrungen dies zu bringen und habe damit schon viel zu lange gezögert«, sagte sie zu Mary.

Einige Minuten später kam Müller hinzu, und die Dame gab ihm zwei weitere Goldstücke, ohne eine Ahnung von der augenblicklichen Krise zu haben. Etwas später kam ein Abgesandter aus dem Kleinkinderheim: Müller gab ihm zwei Goldmünzen und schickte das andere Geld in das Jungen- und das Mädchenheim.

An diesem Tag verließ Craik Bristol, um einen Freund auf dem Land zu besuchen. Müller wollte seinen Freund begleiten, aber wegen der kritischen finanziellen Situation in der Wilson-Straße hatte er seine Reise zurückgestellt.

Gegen Ende der Woche kam nach einer Mitarbeiter-Gebetsversammlung einer von ihnen und brachte Müller 16 Schillinge: »Es wäre nicht ehrlich für mich, zu beten, wenn ich nicht gebe, was ich habe.«

Müller nahm diese Gabe an. In diesen Jahren der Prüfung war es nicht ungewöhnlich, dass Mitarbeiter Geld für das Werk gaben, oder dass sie unnötige persönliche Dinge verkauften, um in schwierigen Zeiten auszuhelfen. Müller meinte nicht, dass diese

Praxis ein Verlassen der Grundsätze war, nach denen die Häuser geführt werden sollten. Im Gegenteil argumentierte er, dass unter keinen Umständen erwartet werden konnte, dass das Gebet für materielle Dinge erfolgreich sein kann, wenn nicht die Bereitschaft da ist, sich von Geld oder unnötigem persönlichen Besitz zu trennen. »Eine Anstalt«, schrieb er, »wie die unter meiner Fürsorge, könnte nicht von irgendeinem reichen Gläubigen nach den Prinzipien geführt werden, nach denen wir durch die Gnade handeln können, außer dass er bereit wäre, solange er noch irgendetwas besitzt, aus seinem eigenen Reichtum für die Anstalt zu geben, wenn sie in einer wirklichen Notlage steckt.«

Früh am folgenden Dienstag sah Müller nach, wie viel Geld in der Wilson-Straße vorhanden waren. »Bruder T.« hatte 25 Schillinge zur Verfügung. Er selbst hatte fünf Schillinge. Dabei war er heute, wie an jedem anderen Tag, für das Wohlbefinden von ungefähr 100 Menschen verantwortlich, einschließlich der Mitarbeiter in den drei Heimen.

Das eine Pfund und die zehn Schillinge machten es ihnen möglich, so viel Fleisch und Brot zu kaufen, wie notwendig war, dazu etwas Tee für eins der Häuser und Milch für alle drei. Für diesen Tag wurde nichts weiter benötigt, und sie hatten ausreichend Brot für zwei Tage. Aber wie könnten sie durch den Rest der Woche kommen? Die Mittel waren erschöpft: Die Mitarbeiter hatten alles gegeben, was sie konnten. Sie trafen sich wie gewöhnlich zum Gebet, aber auch als sie davon aufstanden und an ihre übliche Tagesarbeit gingen, kam nichts ein. Nachdem sie in allen drei Heimen satt geworden waren, zog Müller sich wieder zum Gebet zurück. Es geschah immer noch nichts. Wie könnte er morgen vor die Kinder treten und ihnen ankündigen, dass kein Frühstück vorhanden war? Müller wurde »im Geist versucht«. Sieben Jahre später blickte er auf diesen Tag zurück als auf die einzige Gelegenheit, in der er sich so fühlte, »als hätte der Herr sein Gebet zum ersten Mal nicht erhört«.

Als ungefähr die Hälfte des Nachmittags vergangen war, klingelte es bei Müllers. Eine Dame stellte sich vor: »Ich bin vor vier oder fünf Tagen aus London hier angekommen. Ich wohne in dem Haus neben dem Waisenhaus für Jungen. Meine Tochter gab mir dieses Geld für Ihre Arbeit unter den Kindern.«

In dem Briefumschlag waren drei Pfund, zwei Schillinge und sechs Viertelschillinge, das reichte damals aus, um reichlich für die Bedürfnisse des nächsten Tages zu sorgen. Sobald die Dame sie verlassen hatte, brach er in laute Begeisterung aus, was sehr selten vorkam.

Sobald ich allein war, brach ich in lautes Preisen und Danken aus. Ich traf mich an diesem Abend wieder mit meinen Mitarbeitern zum Gebet und Lobpreis. Ihre Herzen waren nicht wenig getröstet. Dass das Geld einige Tage so nahe am Waisenhaus war, ohne dass es gegeben wurde, war ein deutlicher Beweis, dass es von Anfang an im Herzen Gottes war, uns zu helfen. Aber weil Er Freude an den Gebeten Seiner Kinder hat, erlaubte Er uns, so lange Zeit zu beten. Er wollte auch unseren Glauben prüfen und so die Erhörung viel wertvoller machen.

Als 1838 nach dem Herbst der Winter kam, wurden die Bedürfnisse weiterhin immer nur von Tag zu Tag befriedigt. Am 21. November waren in keinem der Häuser mehr Vorräte vorhanden. Nachdem die Kinder in allen drei Häusern ein gutes Mittagessen bekommen hatten, teilten die Häuser sich die Brotvorräte. So hatte es trotzdem den Anschein, als ob sie durch einen weiteren Tag kommen könnten. Aber es war kein Geld mehr vorhanden, weiteres Brot zu kaufen. »Wir müssen auf Hilfe warten und sehen, wie der Herr uns dieses Mal hilft«, sagte Müller.

Als er nach dem Mittagessen über den Hügel nach Kingsdown ging, wurde es ihm bitter kalt, und er entschied sich, um warm zu werden, einen längeren Weg nach Hause über den Clarence Platz zu nehmen. Nicht ganz zwanzig Meter von seinem Haus entfernt in der Paul-Straße traf er einen Freund, der mit ihm ging. Nach einer kurzen Unterhaltung gab der Freund ihm zwanzig Pfund. Müller gab den Diakonen der Bethesda-Gemeinde zehn Pfund, um die ärmeren Gemeindeglieder mit Kohlen für den Winter zu versorgen. Er gab fünf Pfund für die »Anstalt zur Ausbreitung der Schriftkenntnis« und fünf Pfund für die Heime in der Wilson-Straße.

Eine Woche später sahen die Dinge wieder schwierig aus. Am

28. November traf sich Müller um 12 Uhr mittags mit seinen Mitarbeitern zum Gebet. Jemand hatte zwar die Uhr in Nr. 1 umsonst gereinigt und sich angeboten, die Uhren in allen Heimen zu warten und zu reparieren, aber die Waisenhäuser für Kleinkinder und für Jungen hatten nicht genug Brot und Milch für das Abendessen. Während sie beteten, wurde an die Tür geklopft, und eine Mitarbeiterin verließ den Raum. Der Rest betete leise weiter. Dann standen sie von ihren Knien auf.

»Gott wird uns sicher Hilfe schicken«, sagte Müller, als er aufstand. Während er sprach, bemerkte er eine Notiz auf dem Tisch, die hereingebracht worden war, während sie beteten. Die Notiz kam von Mary und schloss einen Brief mit zehn Pfund für die Kinder ein. Am Abend zuvor hatte jemand Müller gefragt: »Wird der Überschuss dieses Mal so groß sein wie das letzte Mal, als wir die Bücher abschlossen?« »Er wird so groß sein, wie es dem Herrn gefällt«, hatte Müller geantwortet. Es war jener Mann, der die zehn Pfund geschickt hatte.

Am nächsten Tag kamen 80 Pfund aus Suffolk an und im Dezember eine Einzelspende von 100 Pfund neben vielen kleineren Gaben.

Donnerstag, 7. Februar 1839, waren die Vorräte wieder verbraucht. Bruder T. rief Müller. »Ungefähr ein Pfund und zwei Schillinge sind nötig, um Brot für die drei Heime zu kaufen und um die anderen Ausgaben zu bezahlen. Wir haben nur zwei Schillinge und 9 Viertelschillinge. Ich muss jetzt nach Clifton gehen, um Vorsorge zu treffen für die Ankunft von drei neuen Kindern.« »Bitte schauen Sie auf dem Rückweg wieder hier vorbei, um zu sehen, ob der Herr vielleicht in der Zwischenzeit etwas Geld geschickt hat«, sagte Müller.

In den Heimen war genug für das Mittagessen an diesem Tag. Nach dem Mittagessen kam eine Dame aus Thornbury und kaufte eine von Müllers *Erzählungen* und eine Kopie des letzten Jahresberichts und gab zusätzlich noch drei Schillinge. Fünf Minuten später kam der Bäcker zum Heim für Jungen. Als die Hausmutter des Mädchenheims ihn ankommen sah, ging sie sofort dorthin mit reichlich sechs Schillingen, die sie gerade erhalten hatte, um zu verhindern, dass der Bäcker weggeschickt wurde. Sie wusste, dass kein Geld im Heim für Jungen war. Mit diesem Geld und etwas, das sie noch zur Verfügung hatte, kaufte sie genug Brot für alle drei Heime. Um vier Uhr kam Bruder T. zurück von Clifton und ging zu Müller. »Der Herr hat nichts geschickt«, sagte Müller.

Ein Mitarbeiter gab fünf Schillinge von seinem eigenen Geld. Müller hatte Gott gebeten, ihm eine Bibelstelle zu zeigen, über die er am Abend in der Bethesda-Kapelle sprechen sollte, und es schien, dass er zu Matthäus 6,19-34 geführt wurde.

Vielleicht hat die Versammlung in Bethesda einen besonders ernsten Ton in der Stimme ihres jungen Pastors gespürt, als er an diesem Abend die ausgesuchte Bibelstelle mit seinem starken preußischen Akzent las: »So seid nun nicht besorgt, indem ihr sagt: Was sollen wir essen? Oder: Was sollen wir trinken? Oder: Was sollen wir anziehen? … Euer himmlischer Vater weiß, dass ihr dies alles benötigt. Trachtet aber zuerst nach dem Reich Gottes und nach seiner Gerechtigkeit, und dies alles wird euch hinzugefügt werden. So seid nun nicht besorgt um den morgigen Tag, denn der morgige Tag wird für sich selbst sorgen. Jeder Tag hat an seinem Übel genug.«

Nach der Versammlung in Bethesda ging er zu Nr. 6, um eine Zeit lang zu beten. Als er ankam, fand er einen Karton, der aus Barnstaple angekommen war. Er öffnete ihn und fand darin acht Pfund für die Kinder und zwei Pfund für die Bibelverbreitung sowie eine separate Spende von drei Pfund. Außerdem waren darin auch etwas Merinowolle, drei Paar neue Schuhe, zwei Paar neue Socken, sechs Bücher, die verkauft werden sollten, ein Fülleretui aus Gold, zwei Goldringe, zwei goldene Ohrringe, eine Halskette und ein silbernes Fülleretui.

»Wir müssen jetzt auf den Herrn schauen für die weitere Versorgung«, sagte Müller zu Bruder T. am folgenden Mittwochnachmittag, nachdem er ihm gerade das letzte Geld, das ihnen zur Verfügung stand, gegeben hatte.

An dem Nachmittag besuchten eine Dame und ein Herr die Heime in der Wilson-Straße. Im Heim für Jungen trafen sie zwei Damen, die auch zu Besuch waren. »Natürlich können Sie ohne eine ordentliche Kapitalgrundlage diese Einrichtung nicht aufrechterhalten«, sagte eine der Besucherinnen. »Sind Sie gut versorgt?«, fragte der Mann, indem er sich an die Hausmutter wandte. »Unsere Guthaben sind bei einer Bank hinterlegt, die nie Pleite gehen kann«, antwortete die Hausmutter, um zu vermeiden, das Gebot zu brechen, jemals die wirkliche finanzielle Situation zu offenbaren. Beim Abschied hinterließ der Herr fünf Pfund im Heim für Jungen.

Im März erhielt Müller einen Brief von Bruder T., der für einige Tage in Devon war, und es zeigte sich, dass sein Besuch nützlich für die Kinder war. Er hatte einem fein empfindenden Menschen einen Jahresbericht über die Arbeit in den Heimen gegeben, der, nachdem er ihn gelesen hatte, sich gedrängt fühlte, den Herrn ernstlich zu bitten, seine Schwester dahin zu führen, einige ihrer wertvollen Juwelen für den Unterhalt der Kinder zu geben. Es dauerte nicht lange, bis sein Gebet erhört worden war, und Bruder T. kam von Devon zurück mit einer schweren Goldkette, einem Ring, der mit zehn Diamanten besetzt war, einem Paar goldener Armbänder und einer Summe von 200 Pfund. Müller nahm den wertvollen Ring, bevor er ihn weggab, und kratzte sorgfältig die Worte Jehovah Jireh (»der Herr wird zur Verfügung stellen«) in eine Fensterscheibe seines Zimmers. Oft wurde hinterher sein Herz ermutigt, wenn er auf die Worte in dem Glas sah und an die außergewöhnliche Weise erinnert wurde, durch die er den Ring bekam.

Auch im Sommer und Herbst 1839 kamen die Vorräte täglich herein: selten mehr als genug für einen Tag oder zwei, aber nie zu wenig. Die Ereignisse an einem Montag im November illustrieren, was so oft geschah: Es war eben gerade genug, aber nie mehr vorhanden. Müller begann den Tag mit zehn Schillingen, die er vom Wochenende übrig behalten hatte. An dem Montagmorgen bekam er zusätzlich ein Pfund und zehn Schillinge. Kurz danach kam eine Notiz aus der Wilson-Straße, dass sie drei Pfund an diesem Tag brauchten. Während er die Notiz las, kam ein Brief aus Devon an – der ein Goldstück enthielt.

Öffentliche Veranstaltungen, um über Gottes Fürsorge für die

Kinder während des vergangenen Jahres zu sprechen, waren auf Dezember 1839 festgelegt worden. Müller und seine Mitarbeiter beteten, dass es ihnen möglich wäre, an dem Tag des Treffens sagen zu können, dass sie genug Geld vorrätig hätten. Sie versuchten bei diesen öffentlichen Treffen – den einzigen, in denen der Stand ihrer Finanzen erwähnt wurde – immer, den Eindruck zu vermeiden, dass diese nur eine Gelegenheit seien, um Geld zu betteln. Am 4. Dezember erhörte Gott ihr Gebet. 100 Pfund für die Kinder wurden von Ostindien geschickt. Jeder freute sich, dass sie bei dem öffentlichen Treffen von Gottes reicher Fürsorge nach einer Zeit der Prüfung berichten konnten.

Ende des Jahres berichtete Müller, dass seine Gesundheit und seine geistigen Kräfte besser seien als in den Jahren zuvor. Er schrieb das seiner Praxis des frühen Aufstehens und der Tatsache, dass er nach dem Aufstehen seinen Kopf in kaltes Wasser tauchte, zu.

Sie hielten das übliche Silvester-Gebetstreffen, das bis eine halbe Stunde nach Mitternacht fortgesetzt wurde. Um ungefähr ein Uhr morgens bekam Müller nach dem Treffen einen verschlossenen Umschlag mit etwas Geld für die Kinder. Er wusste, dass die Dame, von der es kam, Schulden hatte, und dass ihre Gläubiger sie wiederholt um Zahlung gebeten hatten. Deshalb gab er den Umschlag ungeöffnet zurück, weil er glaubte, dass niemand das Recht zum Geben hat, bevor seine Schulden bezahlt sind. Er tat das, obwohl er wusste, dass nicht genug Geld vorhanden war, um am Neujahrstag alle Ausgaben zu bestreiten. Aber am Morgen bekam er über zehn Pfund, die mehr als genug für die gegenwärtigen Bedürfnisse waren.

Im Laufe des Januar 1840 kamen große Summen in den Heimen an. Anfang Februar verließ Müller Bristol, um nach Deutschland zu reisen. Er verbrachte zehn Tage in Berlin, bevor er zu seinem Vater nach Hadmersleben reiste. Er fand seinen Vater sehr schwach vor. Aber während des Besuchs war dieser sehr liebevoll zu seinem Sohn, und Georg bemerkte, dass er betete und die Bibel las. Müller verließ Hadmersleben Ende Februar und sagte seinem Vater zum letzten Mal Auf Wiedersehen. Er starb im folgenden Monat.

Anfang März ging Müller in Hamburg an Bord eines der ersten Kanaldampfer, der in Richtung London fuhr. An Deck unterhielt er sich mit zwei russischen Juden, die ihm höflich zuhörten, wobei er ihnen nicht deutlich sagte, dass er glaubte, der Herr Jesus sei der Messias. Nachdem er sie verlassen hatte, beobachtete er, dass die beiden Männer sich unterhielten und überlegten, ob er entweder ein getaufter Jude oder ein Judenmissionar sei. Nach einiger Zeit kam einer herüber und sprach Müller an: »Sagen Sie mir, was denken Sie wirklich über Jesus?« – »Ich glaube, dass Er der Messias ist, der Herr und Gott.« Der Jude war beleidigt und hielt sich seit dieser Zeit von Müller fern.

Beim Abendessen am Kapitänstisch fragte ein Passagier, der Müllers lange Unterhaltung wahrgenommen hatte, ihn nach den zwei Juden. »Wie auffallend ist es doch«, antwortete Müller, »dass die Juden in allen Teilen der Welt als solche erkannt und nicht mit anderen Nationen verwechselt werden.« »Das kann nur durch die Heilige Schrift erklärt werden«, mischte sich der Kapitän ein, »und es zeigt, dass die Bibel wahr ist.« »Damit stimme ich überein«, sagte Müller. Den Rest der Überfahrt unterhielt er sich dann mit dem Kapitän, den er als »einen wahren Bruder im Herrn« bezeichnete.

SEINEN REICHTUM ANSCHAUEN

Als Müller und Craik 1832 in Bristol ankamen, fanden sie weniger als 70 regelmäßige Besucher in der Gideon-Kapelle. Sie hatten die Bethesda-Kapelle als leeres Gebäude übernommen. 1840 gaben sie die Gideon-Kapelle auf. Die Bethesda-Gemeinde zählte jetzt über 500 Glieder. Von diesen waren über 100 im Jahre 1840 dazugekommen, und 50 davon waren durch ihre Predigt gläubig geworden. In den nächsten 30 Jahren sollten sich die Zahlen noch einmal verdoppeln, sodass es in den 1870er Jahren über 1000 Glieder waren. Im Mai 1840 wurden fünf Waisenkinder getauft und in die Gemeinschaft der Bethesda-Gemeinde aufgenommen. Das brachte die Zahl der älteren Kinder aus der Wilson-Straße, die in der Gemeinschaft waren, auf 14.

1840 kam Frau Anne Evans aus London, wo sie zu einer sehr bekannten Baptistengemeinde gehört hatte, nach Bristol. Dort angekommen, ging sie mit einer Freundin zur Bethesda-Gemeinde und hörte eine Predigt über das Zweite Kommen des Herrn Jesus. Sie hat uns ein Bild von Bethesda aus jener Zeit und von der Atmosphäre in der Wilson-Straße in den frühen 1840er Jahren hinterlassen, an das sich zu erinnern lohnt:

Seine (Henry Craiks) Bibelauslegung zeigte mir ziemlich neue Gesichtspunkte über die Anbetung, und es war wirklich »Mark und Fett« (Psalm 63,5). Die Bedeutung der Bibelstelle wurde auf eine Art herausgearbeitet, die ich nie zuvor gehört hatte, und ich befand mich wirklich auf grünen Auen. Dr. Maclaren von Manchester ist der einzige Mann, den ich kenne, der mit Herrn Craik verglichen werden kann. Seine Kenntnis der Originalsprachen war viel besser als die der meisten studierten Männer und seine Einsicht in die Bedeutung der Schrift auch. Es war ein großes Vorrecht, solch einen Mann zu hören. »Ich werde wiederkommen«, sagte ich, und das tat ich auch immer aufs Neue. Während ich in Bristol war, ging ich nie irgendwo anders hin. Für mich war es wie eine neue Bekehrung. Jetzt hörte ich ein klares Evangelium, das ich verstehen konnte. Die Bibel wurde ein neues Buch für mich. Die geschwisterliche Liebe war so, wie ich es nie zuvor gesehen hatte. Das göttliche und einfache Leben selbst der reichen Leute, die sich in den höchsten Gesellschaftsschichten bewegten, war so, dass man sich in die Zeiten der Apostel zurückversetzt fühlte. Ich fühlte, dass das wirklich Christentum auf hohem Niveau war …

Am Tag, nachdem ich 21 Jahre alt geworden war, bezog ich meinen Wohnsitz im Waisenhaus Wilson-Straße 6. Es folgten fünf Jahre gesegneter Arbeit unter den Waisenkindern. Während dieser Zeit hatte ich Gelegenheit, viel von dem Privatleben der Brüder zu sehen. Deshalb kann ich wirklich Zeugnis geben von dem geistlichen Leben, das sie führten, von ihrer Hingabe an den Dienst des Herrn und davon, dass ihr tägliches privates Zeugnis echt war. Hier sah ich Männer und Frauen, die alles aufgegeben hatten und dem Herrn Jesus in großer Treue und Hingabe dienten.

Der amerikanische Bibellehrer und Autor Dr. A. T. Pierson beschrieb Bethesda später als eine von zwei Gemeinden, die er als wirkliche »Urgemeinden« kannte.

Gegen Ende Juni 1840 verließen Herr und Frau Müller Bristol, um mit acht Männern und Frauen, die mit dem Schiff aufs Missionsfeld segeln wollten, nach Liverpool zu reisen. Müller begleitete die Missionare auf ihr Schiff. Bevor sie an Bord gingen, gab einer der Männer Müller sechs Pfund und zehn Schillinge für die Waisenkinder.

»Das Geld, das wir in unserem gemeinsamen Fonds haben«, sagte er, während er Müller das Geld übergab, »ist genug für uns. (Die acht hatten zusammen ungefähr 20 Pfund.) Während der acht Monate, die wir an Bord sind, brauchen wir überhaupt kein Geld, während Sie es nötig haben. Wenn wir mehr brauchen, wird der Herr wieder für unsere Bedürfnisse sorgen. Die anderen Brüder und Schwestern haben kein eigenes Geld, und ich möchte ebenfalls keins haben. Der Herr hat mir die Waisenkinder besonders aufs Herz gelegt, und darum dürfen Sie es nicht ablehnen.«

Am Samstag, den 15. August 1840, schien es in der Wilson-Straße wieder auf einen Engpass zuzugehen. Die Spenden während der letzten Wochen waren gering. Außerdem waren die Bedürfnisse am Samstag fast doppelt so groß wie an anderen Tagen, damit auch genug für den Sonntag eingekauft werden konnte. Wenigstens drei Pfund wurden gebraucht, um die Heime täglich zu versorgen. Aber sie hatten keinen Penny.

Gegen halb zwölf kamen zwei Damen zu Müller und brachten zwei Pfund, sieben Schillinge und 6 Viertelschillinge. Müller ging damit sofort zum Waisenhaus für Jungen und fand die Kinder am Mittagstisch. Bruder B. übergab Müller eine Notiz, die er ihm gerade hatte schicken wollen:

Lieber Bruder, mit Kartoffeln vom Garten der Kinder und mit Äpfeln von den Bäumen auf dem Kinderspielplatz (die wir für Äpfel im Schlafrock gebrauchten), und vier Schillingen und sechs Viertelschillingen aus dem Verkauf von Dingen, die uns einer der Arbeiter gegeben hatte, haben wir ein warmes Essen bereiten können. Es fehlt zwar vieles. Aber der Herr hat gesorgt und wird es auch weiterhin tun.

An diesem Tag kam durch den Verkauf der Berichte ein Schilling ein. Aus dem Kasten in Nr. 6 kam auch ein Schilling und von den Handarbeiten der Kinder sechs Schillinge und sechs Viertelschillinge. Eine Schwester aus dem Waisenhaus spendete sechs Schillinge.

Im Dezember hielten sie die üblichen öffentlichen Treffen, um einen Überblick über die Entwicklung des Jahres 1840 zu geben. Müller fühlte, dass alles gut lief. Darüber war er besonders froh, und niemand der Anwesenden konnte aus seinem Gesichtsausdruck schließen, dass er nichts hatte, um für die Bedürfnisse des folgenden Tages aufzukommen. Nach dem Treffen hinterließ ihm jemand 2 1/2 Pennies.

Am nächsten Morgen hoffte Müller weiter auf den lebendigen Gott, obwohl sein ganzes Kapital 2 1/2 Pennies betrug. Zu keiner Zeit war weniger Brot in den Häusern. Nach dem Frühstück war alles bei den Jungen und im Kleinkinderheim aufgebraucht. Durch Gottes Barmherzigkeit empfing Müller morgens um ungefähr elf Uhr eine Fünfpfundnote und zwei Goldmünzen aus Barnstaple. Das zweite öffentliche Treffen fand am Abend statt.

Müller berichtete diesmal über die ersten fünf Jahre seiner Kinderheime.

Das wichtigste Ziel, für das die Anstalt gegründet wurde, ist, dass die Gemeinde Jesu als Ganzes gesegnet wird, indem sie die Hand Gottes in Stunden der Not als Antwort auf Gebet mächtig über uns ausgestreckt sieht. Unser Wunsch ist es deshalb, dass wir nicht ohne Glaubensprüfungen bleiben, aber dass es dem Herrn gefallen möge, uns in den Trübsalen beizustehen, damit wir Ihn nicht durch Unglauben entehren.

Diese Lebensweise bringt uns dem Herrn außerordentlich nahe. Es ist wirklich so: Morgen für Morgen zählt Er unsere Vorräte, damit Er uns entsprechende Hilfe senden kann. Ich habe nie eine größere und deutlichere Nähe Gottes erlebt als zu der Zeit, da wir nach dem Frühstück nichts zum Mittagessen hatten, und der Herr dann für das Mittagessen von mehr als 100 Menschen gesorgt hat. Oder als wir nach dem Mittagessen nichts zum Abendessen hatten, und doch gab der Herr das Abendessen, und das, ohne dass ein einziges menschliches Wesen über unsere Not informiert war …

Es ist mehr als einmal kritisiert worden, dass so eine Lebensweise doch die Gedanken dahin führen müsste, ständig daran zu denken, woher Essen, Kleidung usw. kommen sollten, und deshalb unfähig mache für geistliche Übungen. Zuerst antworte ich, dass unsere Gedanken sehr wenig mit den Notwendigkeiten des Lebens beschäftigt sind, weil die Sorge dafür auf unseren Vater gelegt ist, der, weil wir Seine Kinder sind, uns nicht nur erlaubt, so zu handeln, sondern es von uns erwartet. Zweitens muss erwähnt werden, dass wir durch das Spüren unserer Not in die Gegenwart unseres Vaters gebracht werden sollen, damit Er dafür sorgt. Und das ist sein Segen und kein Schaden für die Seele. Drittens erkennen unsere Seelen, dass es wegen der Ehre Gottes und zum Segen der ganzen Gemeinde ist, Ihn um neue Vorräte der Gnade zu bitten.

Es sind gerade diese Glaubensproben, die uns zu Gott bringen, um Ihn stets neu zu bitten, Seine Gnade groß zu machen, und dass wir treu in diesem Dienst bleiben.

Während der 1840er Jahre kam zu der Waisenarbeit hinzu, dass Müllers »Anstalt zur Ausbreitung der Schriftkenntnis« insgesamt sechs Tagesschulen unterstützte, in denen für über dreihundert arme Kinder gekocht wurde, außer der Unterstützung anderer

Schulen in Bristol. Müller richtete eine Abendklasse für Erwachsene ein, die nicht lesen und schreiben konnten. Seit der Eröffnung der »Anstalt zur Ausbreitung der Schriftkenntnis« im Jahr 1834 waren über 6000 Bibeln verteilt worden. Nach 1840 wurden auch andere Bücher verbreitet – einige verkauft und andere verschenkt. Auch dieser Zweig der Arbeit der Müller-Stiftung floriert noch heute. Im Jahr 1840 wurden auch 120 Pfund von dieser Einrichtung an Missionare in Übersee geschickt.

Im Frühling 1841 fühlte Müller das Bedürfnis nach Luftveränderung, obwohl er nicht ernstlich krank war. Als er eine Gabe von fünf Pfund für seine eigenen Bedürfnisse bekam, nahm er das als ein Zeichen, dass er Bristol für eine kurze Zeit verlassen sollte. So reiste er nach Nailsworth in Gloucestershire und blieb dort bei Freunden.

In diesem Frühling in Nailsworth begann er mit einer Praxis, die er während seines ganzen Lebens nicht mehr aufgab. Bis zu dieser Zeit hatte er es sich zur Gewohnheit gemacht, am Morgen unmittelbar nach dem Anziehen mit dem Beten zu beginnen. Aber während er in Nailsworth war, gelangte er zu der Ansicht, dass das Wichtigste war, sich zuerst auf das Bibellesen zu konzentrieren und über den Text nachzudenken:

… damit mein Herz so getröstet, ermutigt, gewarnt, ermahnt, gelehrt würde, und dass durch das Wort Gottes und während des Nachdenkens darüber mein Herz in eine erfahrbare Gemeinschaft mit dem Herrn kommt … Das erste was ich tat (früh am Morgen), nachdem ich den Herrn mit wenigen Worten gebeten hatte, Seinen Segen auf Sein kostbares Wort zu legen, war, mit dem Nachsinnen über das Wort Gottes zu beginnen, jeden Vers sozusagen zu untersuchen, um einen Segen daraus zu bekommen, nicht weil ich über das predigen wollte, worüber ich gerade nachgedacht hatte, sondern um Nahrung für meine eigene Seele zu bekommen. Das Ergebnis, das ich dabei fast ständig fand, war, dass meine Seele nach wenigen Minuten zum Sündenbekenntnis, zum Danken, zur Fürbitte oder zur Bitte geführt wurde. Sodass ich, obwohl ich mich sozusagen nicht dem Gebet hingegeben habe, sondern dem Nachdenken, dies doch fast unmittelbar ins Gebet führte … Damit habe ich gleichzeitig auch das Draußensein an der frischen Luft für eine oder ein-

einhalb oder zwei Stunden vor dem Frühstück kombiniert, indem ich durch die Felder wandere und im Sommer eine kurze Zeit auf einem niedrigen Zaunpfahl sitze, wenn ich nicht die ganze Zeit laufen will. Ich finde es für meine Gesundheit sehr gut, so im Nachdenken vor dem Frühstück zu wandern. Jetzt habe ich die Gewohnheit, wenn ich an der frischen Luft bin, die Zeit so zu verbringen, dass ich mein größeres Neues Testament, das ich aus diesem Grund neben der Bibel bei mir habe, mitnehme: Und ich finde, dass ich so meine Zeit an der frischen Luft nützlich verbringen kann, was vorher nicht meine Gewohnheit war … Der Unterschied zwischen meiner früheren Praxis und meiner jetzigen ist dieser: Früher begann ich nach dem Aufstehen so schnell wie möglich mit Gebet und verbrachte meine ganze Zeit vor dem Frühstück oder wenigstens fast die ganze im Gebet … Aber was kam dabei heraus? Manchmal verbrachte ich eine Viertelstunde oder eine halbe, oder selbst eine ganze auf meinen Knien, bevor ich fühlte, dass ich Trost, Ermutigung, Demütigung meiner Seele usw. fand. Oft litt ich darunter, dass meine Gedanken während der ersten zehn bis 15 Minuten abschweiften, manchmal selbst eine halbe Stunde lang. Erst danach begann ich, wirklich zu beten. Heute leide ich fast nie mehr in dieser Weise. Denn wenn mein Herz durch die Wahrheit ernährt, in erfahrbare Gemeinschaft mit dem Herrn gebracht wird, spreche ich zu meinem Vater und zu meinem Freund (in meiner Scheußlichkeit und Unwürdigkeit!) über die Dinge, die Er in Seinem kostbaren Wort für mich bereitet hat. Ich bin jetzt oft darüber erstaunt, dass ich das nicht schon längst erkannt habe.

Die Sommermonate von 1841 waren für die Heime eine Zeit, in der es ihnen beständig gut ging. Müller sagte dazu: »Sie erlebten ein beständig gleichmäßiges Rinnen des Flusses aus Gottes Fülle.« Seit drei Jahren hatte es zu keiner Zeit so viel Überfluss in der Wilson-Straße gegeben. Aber es blieb nicht so. »Sechs Monate lang, ab September 1841«, so berichtete Müller, »gefiel es dem Herrn … unseren Glauben stärker zu prüfen als zu irgendeiner anderen Zeit, seit die Arbeit begonnen hatte.« Ein langer, harter Winter lag vor ihnen.

Tatsächlich waren unsere Glaubensprüfungen mehr als sechs Monate lang (nach September 1841) so hart und die Zeiten so lang, in denen uns Tag für Tag nur die täglichen Vorräte gegeben wurden, in denen wir selbst von Mahlzeit zu Mahlzeit auf den Herrn sehen mussten, in denen wir so lange beten mussten und doch die Hilfe nicht zu kommen schien, dass es nur der besonderen Gnade Gottes zugeschrieben werden kann, dass der Glaube derer, die in der Arbeit standen, nicht völlig versagte und sie nicht völlig müde wurden, auf diese Weise mit dem Werk des Herrn fortzufahren, statt in völliger Verzweiflung über die Hilfe des Herrn zurückzugehen zu den Gewohnheiten und Grundsätzen dieser bösen Welt … Mitten in dieser Prüfung war ich völlig gewiss, dass der Herr Seine Hand zu Seiner eigenen guten Zeit leichter machen würde und sich alles nur deshalb fortsetzte, damit in einem kleinen Maß, zum Nutzen der Gemeinde Jesu im Allgemeinen, das Wort an uns erfüllt würde – »Wenn wir betrübt werden, ist es zu eurem Trost«.

Nach der Zeit der verhältnismäßigen Fülle, die im September zu Ende ging, veränderte sich die Situation nicht plötzlich. Es ist wahr, dass Georg am Morgen des 1. Oktober wieder bekennen musste, dass er keinen Penny mehr hatte. Aber die Hilfe war schon unterwegs. Am Vormittag kamen zehn Schillinge mit einer Notiz, in der stand: »Euer himmlischer Vater weiß, dass ihr diese Dinge bedürft. Vertraue auf den Herrn.« Ungefähr zehn Minuten später bekam Müller zehn Pfund von einer Dame aus Irland. Zur gleichen Zeit hörte er, dass drei Kartons mit Dingen, die für die Waisenkinder verkauft werden sollten, unterwegs waren. Zwei Stunden später waren ihm 14 kleine Spenden, die zusammen fast 30 Schillinge ausmachten, gegeben worden. Einen Monat später kamen kaum Spenden von mehr als zehn Pfund herein.

23. November. Gestern kamen fünf Schillinge für den Haushalt, die heute das Frühstück im Waisenhaus für Jungen ermöglichten. Eine Schwester schickte auch einen geräucherten Schinken und etliche Kilogramm Erbsen. Jetzt sind wir wirklich sehr arm. Einer der Arbeiter (gemeint ist ein vollzeitlicher Mitarbeiter) war in der Lage, aus seinen eigenen Mitteln für ein warmes Essen im Waisenhaus für Mädchen zu sorgen. Zur Zeit dieser großen Not kamen 17 Schillinge und sechs Viertelschillinge durch den Verkauf der Berichte ein, Geld, das schon vor einigen Monaten erwartet worden war, aber das der Herr gerade jetzt zur richtigen Zeit schickte. Außerdem kamen auch zwei Schillinge und sechs

Viertelschillinge für Handarbeiten der Kinder herein. So hatten wir auch für diesen Tag genug. Am Nachmittag gab uns der Herr einen noch weiteren Beweis für die Beständigkeit Seiner liebenden Fürsorge, jetzt, wo wir so arm waren, denn ein Karton aus Plymouth enthielt Kleidung, Schmuck usw.

Am frühen Morgen wurde einer der Artikel aus dem Karton von Plymouth für eine Summe verkauft, die ausreichte, um uns durch den Tag zu helfen.

Wegen der Dringlichkeit der Situation hielt Müller jetzt täglich Gebetsversammlungen in der Wilson-Straße. Als Müller an diesem besonderen Morgen zur Gebetsversammlung eintraf, hörte er, dass eine arme Frau zu einer Kindergärtnerin gegangen war, während die Kleinkinder ihren Morgenspaziergang machten, und ihr zwei Pennies gegeben hatte: »Es ist nur eine Kleinigkeit, aber ich muss sie Ihnen geben.« Als Müller zur Gebetsversammlung eintraf, war einer dieser Pennies schon ausgegeben, weil er an der Summe für die Brotrechnung gefehlt hatte.

Der Dezember war im Allgemeinen der Monat, an dem die öffentlichen Treffen stattfanden, in denen aus der Arbeit berichtet wurde. Aber Ende 1841 entschied Müller, dies Treffen auf einen späteren Zeitpunkt zu verlegen, weil die Zeiten so ungewöhnlich schwierig waren, damit nicht jemand argwöhnte, sie würden deshalb durchgeführt, um die Not ans Licht zu bringen. Die Veröffentlichung des Jahresberichts wurde aus dem gleichen Grund verschoben. Müller schrieb:

Welchen besseren Beweis unserer Abhängigkeit vom lebendigen Gott allein und nicht von den öffentlichen Versammlungen oder gedruckten Berichten konnten wir geben, als den, dass wir inmitten unserer tiefsten Armut, statt froh zu sein, dass die Zeit gekommen war, unsere Umstände bekanntzumachen, für einige Zeit still weitermachten, ohne irgendetwas zu sagen … Der Herr sagte uns durch diese Armut: »Ich möchte jetzt sehen, ob ihr euch wirklich auf mich stützt, ob ihr wirklich auf mich seht.«

Dieser Glaubensschritt wurde nicht sofort belohnt. Im Gegenteil. Müller schrieb einige Jahre später:

Seitdem ich anfing, auf diese Art zu leben, hat es keine Zeit gegeben, in der mein Glaube so hart geprüft wurde, wie während der vier Monate vom 12. Dezember 1841 bis zum 12. April 1842.

Während dieser Zeit wussten die Kinder weder etwas von den Schwierigkeiten, noch spürten sie etwas von Mangel an gutem Essen, Kleidung oder Wärme. Aber es gab manche Engpässe. Am 8. Februar 1842 war in allen Häusern genug Essen für die Mahlzeiten dieses Tages da, aber kein Geld, um den nötigen Brotvorrat (für die kommenden Tage) oder Milch für den nächsten Morgen zu kaufen. Zwei Häuser brauchten Kohlen. Müller dachte, dass sie noch nie ärmer waren, und schrieb, dass »Sein Name entehrt würde«, wenn Gott am nächsten Morgen bis neun Uhr nichts geschickt hätte. Am späten Nachmittag kamen drei Pflaumenkuchen, im Auftrag einer freundlichen Dame gebacken. Ermutigend – und zweifellos gutschmeckend – wie sie waren, blieb doch die Situation schlimm, als Müller an diesem Abend zu Bett ging. Er beendete die Tagebucheintragungen dieses Tages mit den Worten: »Wirklich, wir sind ärmer als je zuvor. Aber durch Gottes Gnade sehen meine Augen nicht auf die leeren Vorratskammern und das leere Portemonnaie, sondern auf die Reichtümer unseres Herrn allein.«

Am nächsten Morgen ging Müller früh zur Wilson-Straße, um zu sehen, wie Gott den Bedürfnissen begegnete, um zwischen sieben und acht Uhr zu erleben, dass sie schon befriedigt worden waren. Ein gläubiger Geschäftsmann war schon mehr als einen halben Kilometer gegangen, um an seinen Arbeitsplatz zu gelangen, als ihm der Gedanke kam, Müllers Kinder möchten in Not sein. Er entschied sich trotzdem, nicht sofort umzukehren, sondern erst am Abend etwas in die Heime zu bringen. Aber später erzählte er Müller: »Ich konnte nicht mehr weitergehen und fühlte mich gezwungen, umzukehren.«

Er gab drei Goldstücke im Heim für Jungen ab. Diese Gabe war, zusammen mit einigen anderen kleineren Summen, genug, um für die Bedürfnisse von zwei Tagen aufkommen zu können.

Im April 1842 hatten Müller und seine Helfer sechs Monate schwerer Prüfungen durchlebt, in denen Woche für Woche die Finanzen, von nur kurzen Erholungspausen unterbrochen, nicht mehr als gerade eben ausreichend waren. Immer wieder war Geld nur wenige Minuten vorher angekommen, bevor die Kinder sich zu Tisch setzten. Doch Müller schwankte nie in seiner Entschlossenheit, dass weder er noch seine Mitarbeiter je um Geld bitten sollten. Aber sein Glaube wurde zu keiner Zeit so geprüft. Wie lange würde er noch durchhalten?

Nie war die Not größer als am Dienstag, den 12. April: Seit dem letzten Samstag waren weniger als 14 Schillinge in der Wilson-Straße eingegangen. Früh am Morgen kniete Müller zum Gebet nieder: »Herr, erbarm Dich über uns! Herr, Du weißt, wir brauchen dringend etwas Haferflocken, einige Paar neue Schuhe, Geld, um alte Schuhe reparieren zu lassen und unsere Vorräte wieder aufzufüllen, und etwas Geld für neue Kinderkleidung sowie etwas Geld, das einige Mitarbeiterinnen nötig haben. Bitte schicke uns einige größere Summen.«

Später kam ein Brief aus Ostindien: Er enthielt 100 Pfund. »Es ist unmöglich«, schrieb Müller, »die wirkliche Freude in Gott zu beschreiben, die mir das gab … Ich war nicht im Geringsten überrascht oder aufgeregt, als diese Spende kam, denn ich nahm sie als eine Gebetserhörung, die ich lange erwartet hatte.«

Im Mai fand Müller es für richtig, den gewohnten Bericht von den Aktivitäten der »Anstalt zu Ausbreitung der Schriftkenntnis« und der Heime zu veröffentlichen. Er war wegen der schwierigen Zeitumstände fünf Monate lang zurückgestellt worden.

Während der vorangegangenen 17 Monate hatte die »Anstalt zur Ausbreitung der Schriftkenntnis« neben der Unterstützung der 100 Kinder in den Heimen eine Anzahl anderer Aktivitäten finanziert, einschließlich Sonntagsschulen, Schulen für Erwachsene, Tagesschulen für Kinder, der Verbreitung von Bibeln und anderen christlichen Büchern und der Unterstützung von Missionaren in Übersee. Während der 17 Monate gab es wenige Krankheitsfälle in der Wilson-Straße. Kein Kind war gestorben. Die Gesamtausgaben in den Heimen beliefen sich auf etwas über 1337 Pfund und die Gesamteinnahmen etwas über 1339 Pfund.

EINE BERECHTIGTE BESCHWERDE

Müller verbrachte von August 1843 bis Februar 1844 sechs Monate mit Mary in Stuttgart. Dort versuchte er, lehrmäßige Streitfragen in einer kleinen Baptistengemeinde zu klären. Während dieser ganzen Zeit gab es nicht die geringste finanzielle Schwierigkeit in der Wilson-Straße. Während er unterwegs war, zogen die ersten Kinder in ein viertes Heim in der Wilson-Straße ein.

Auch während des größten Teils des Sommers 1844 gab es wenig Schwierigkeiten, aber als der Herbst begann, wurde das Geld wieder knapper.

Am Mittwochmorgen, den 4. September, bestand das Bargeldvermögen in der Wilson-Straße aus einem Penny. Fast 140 Menschen – Kinder und Mitarbeiter – mussten versorgt werden. Aber als Müller seine Morgenarbeit begann, war er trotzdem nicht besorgt. Er sagte oft: »Eure Bedürfnisse sind mein Trost.« Heute, wie an so vielen anderen Tagen zuvor, würde er wieder aufs Neue staunen, wie Gott hilft. Kurz nach neun Uhr bekam er in der Paul-Straße ein Goldstück von einem ungenannten Spender. Zwischen zehn und elf Uhr kam eine Notiz aus der Wilson-Straße, dass an diesem Tag 28 Pfund benötigt würden. Als Müller diese Notiz gerade gelesen hatte, kam eine Mietkutsche und stoppte vor seinem Haus. Ein Herr aus Manchester wurde ihm vorgestellt.

»Ich glaube an den Herrn Jesus Christus und bin auf einer Geschäftsreise in Bristol«, erzählte er Müller. »Ich habe von Ihren Heimen gehört und bin überrascht, dass Sie mehr als 2000 Pfund jährlich für Ihre Arbeit bekommen – ohne ein regelmäßiges System von Kollekten und ohne persönliche Bitten an irgendjemanden.«

Sie sprachen eine Zeit lang miteinander, und der Herr gab Müller zwei Pfund. An diesem Morgen kamen auch 10 Schillinge als Erlös aus dem Verkauf einiger Damenhandtaschen. Es liefen weitere kleine Beträge an diesem Tag ein, dazu ein Karton mit Gegenständen, die verkauft werden konnten.

Als der Winter näher rückte, fing Müller an, für einige besondere Nöte zu beten: »Guter, liebender Vater, bitte gib mir die Mittel, um eine größere Menge Stoff für die Kleidung der Kinder zu beschaffen. Das Heim für Jungen muss angestrichen werden, und die Mitarbeiter brauchen etwas Extrageld, das sie für sich selbst ausgeben können.«

Am ersten Abend im Oktober wurde sein Gebet erhört: Er erhielt einen Scheck über 70 Pfund. Der Spender hatte Müller gebeten, ihn wissen zu lassen, »falls irgendetwas Besonderes mit dieser Spende verbunden ist«. Müller schrieb in sein Tagebuch: »Obwohl diese Spende zu so passender Zeit kommt, kann ich es doch dem freundlichen Geber nicht mitteilen, denn es könnte ihn veranlassen, mehr zu geben, wenn ich ihm unsere Umstände offenbarte. Dadurch bestünde die Gefahr, dass die Hand Gottes nicht sichtbar wird, die mir alles gibt, was ich für die Arbeit brauche.« Das Heim für Jungen wurde aber ordentlich angestrichen und die Mitarbeiter bekamen etwas für ihre persönlichen Bedürfnisse.

Jeder in der Wilson-Straße freute sich über ein reiches Weihnachtsfest 1844: Müller beschrieb es als »eine Zeit der reichen Fülle«. In dem bitterkalten Winter hatten die Kinder einen größeren Appetit, um mit der Kälte fertig zu werden. Wann immer möglich, besorgten die Mitarbeiter Essen in großen Mengen, z.B. wurden an einem Samstag im Februar 406 Kilogramm Reis und etliche Kilogramm Erbsen gekauft. Am 12. Februar war der kälteste Morgen des ganzen Winters: Bei seinem Morgenspaziergang, den er täglich zum Beten und Nachdenken benutzte, betete Müller: »Danke, lieber Vater, dass ich so gut mit Kohlen, gutem Essen und warmer Kleidung versorgt bin. Es kann sein, dass einige Deiner Kinder in Bristol in Not sind. Bitte gib mir die Möglichkeiten, dass ich eine Hilfe für noch mehr Menschen in Not sein kann.«

Drei Stunden später bekam er eine Gabe von zehn Pfund für seine eigenen Bedürfnisse. Es besteht kein Zweifel daran, was er mit dieser Spende machte, obwohl sein Tagebuch darüber schweigt. Es ist bekannt, dass er während seines langen Lebens mehr als 80 000 Pfund für seine eigenen Bedürfnisse bekam. Außerdem wussten viele Spender, dass Müller um die Armen im

Allgemeinen besorgt war. Manchmal gaben sie zweckgebunden dafür.

Lydia war jetzt zwölf Jahre alt und kam in eine Privatschule, der Müller eine »sehr gute Erziehung« bescheinigte. Nachdem sie sechs Monate lang dort war, bat Müller um die Rechnung, aber die Direktorin sagte ihm: »Ich habe Freude daran, sie umsonst auszubilden.« Trotzdem bestand er auf Bezahlung und erhielt endlich eine Rechnung, die er beglich. Aber die ganze Summe bekam er (wie er erst später erfuhr) von der Direktorin als anonyme Spende zurück. Lydia blieb auf dieser Schule, bis sie 18 Jahre alt war. Trotz wiederholter Versuche gelang es Müller nie mehr, eine Rechnung zu bekommen. »Ich war in der Lage«, berichtete er, »und gut in der Lage, für ihre Ausbildung zu bezahlen, und war wirklich bereit dazu: Aber der Herr gab sie umsonst. Damit zeigte Er auch, wie es Ihm Freude macht, mir reichlich zu helfen und meine Wünsche zu erfüllen.«

Am 30. Oktober 1845, einem Donnerstagmorgen, erhielt Müller einen, wie er es nannte, »höflichen und freundlichen« Brief von einem Anwohner der Wilson-Straße. Der Schreiber sagte, er und seine Nachbarn würden auf verschiedene Weise durch die Waisenhäuser in der Wilson-Straße gestört. Der Brief überließ es Müller, wie er darauf reagieren wollte.

Erst am kommenden Montag fand Müller Zeit, um einige Stunden wegen dieses neuen Problems zu beten und darüber nachzudenken. Nachdem er Gott gebeten hatte, ihn zu den rechten Entscheidungen zu führen, schrieb er die Gründe für und wider einen Umzug der Kinder aus der Wilson-Straße auf.

Als Erstes gab er zu, dass die Beschwerden der Nachbarn »weder grundlos noch ungerecht« waren. Es stimmte, dass die Kinder – besonders während der Spielzeiten – laut und »sogar wild« waren, »nur war der Lärm von einer Art, für die man die lieben Kinder nicht verantwortlich machen konnte«. Er dachte: »Ich fände es selbst eine Belastung für meinen oft schmerzenden Kopf, neben den Waisenhäusern zu wohnen … Ich sollte anderen deshalb das tun, was ich selbst getan haben möchte.« Zweitens lebten zwischen 140 und 150 Menschen in den vier Heimen in der Wilson-Straße. Es gab Zeiten, in denen der Abwasserkanal überlastet war, und sogar solche, in denen das Trinkwasser nicht ausreichte.

Auch andere Gründe sprachen für einen Umzug. Der einzige Spielplatz in der Wilson-Straße war so klein, dass nur die Kinder aus jeweils einem Heim dort spielen konnten. Müller wollte, dass die Kinder mehr Platz dafür bekämen. Er wollte auch Land in der Nähe haben, das in Gärten verwandelt werden könnte, damit die älteren Jungen darin zu arbeiten lernten. Ein anderer Vorteil eines größeren Grundstücks wäre, dass die Wäsche in den Heimen selbst gewaschen werden könnte.

Müller war auch darüber besorgt, dass die Luft in der Wilson-Straße nicht so gesund war, wie sie sein sollte. Er dachte daran, wie viele Kinder bei ihrer Ankunft in den Heimen nicht gesund waren. Und es lag ihm sehr daran, dass sie sich so schnell wie möglich erholten. Die Lehrer und Mitarbeiter, meinte er, wären ebenfalls froh, wenn sie einen Ort hätten, an dem sie sich nach ihrem Dienst entspannen oder von wo aus sie stundenlang in den Feldern spazieren gehen könnten.

Seit einigen Jahren schon hatte sich Müller nach einem Grundstück in Bristol umgesehen, welches alle diese Vorteile in sich vereinte, aber er fand keins. Gewöhnliche große Häuser, die für Privatfamilien gebaut waren, hielt er grundsätzlich für unbrauchbar, um als Heim verwendet zu werden. Man konnte dort nicht ausreichend lüften.

Je mehr Müller über die Angelegenheit nachdachte und betete, desto mehr begann er zu begreifen, dass es Gottes Wille für ihn war, sich auf ein überaus kühnes Abenteuer des Glaubens einzulassen: Er sollte ein brandneues, zweckdienliches Heim bauen!

Ich erkannte allmählich, dass Gott mich dahin führte, zu bauen, und dass Seine Absicht nicht nur ein Vorteil für die Waisen, sondern auch für die ganze Organisation der Arbeit war. Außerdem wäre es ein Zeugnis, dass Er auch für große Summen sorgen kann für alle, die sie nötig haben und Ihm vertrauen. Darüber hinaus würde sich das Werk ausweiten, wenn ich ein Haus baute, das groß genug wäre, um 300 Waisenkinder samt ihren Lehrern und anderen dafür nötigen Betreuern und Helfern unterzubringen.

Zu keiner Zeit seit Beginn der Arbeit 1836 kamen so viele Aufnahmebewerbungen – besonders für Jungen –, und Müller schmerzte es, so vielen Kindern ein Zuhause verweigern zu müssen.

Er fragte seine Mitarbeiter in Bethesda nach ihrer Meinung, und alle acht urteilten ebenfalls, man solle die Wilson-Straße verlassen. Sie konnten kein Hindernis, ein neues Heim zu bauen, erkennen. Georg und Mary beteten an jedem Morgen wegen dieser Angelegenheit. Kurz nachdem sie Klarheit hatten, dass es Gottes Wille war, begannen sie, für die notwendigen Finanzen zu beten. Müller schätzte, dass sie wenigstens 10 000 Pfund nötig hätten.

Im November kam Robert Chapman, um eine Zeit lang in Bristol zu arbeiten. Müller war froh, dass er auf diese Weise Gelegenheit hatte, mit seinem Freund über das Bauprojekt zu sprechen. »Ich glaube, es ist richtig, über dieses Projekt nachzudenken«, sagte Chapman. »Du musst Gott um Hilfe bitten, dir den Plan zu zeigen, damit alles nach Seinem Willen geschieht.«

Die letzten sieben Jahre waren nicht leicht gewesen: Lange Zeiten war das Geld äußerst knapp. Die meisten Mitarbeiter wären damit zufrieden gewesen, die umfangreiche und für sie befriedigende Arbeit in der Wilson-Straße fortzusetzen, und meinten, dass eine Ausweitung weder durchführbar noch notwendig sei. Aber Müller war nicht damit zufrieden, sein bisheriges Werk nur zu konsolidieren. Er war sich jetzt sicher, Gott wollte, dass er erweiterte und baute. Sein Gott, so sagte er oft, sei ein reicher Gott, ohne Begrenzung Seiner Hilfsmittel: »Das Silber und das Gold gehören Ihm und das Vieh auf tausend Bergen.«

Am 10. Dezember 1845 erhielt Müller eine Spende für das neue Gebäude – es waren 1000 Pfund, die größte Einzelgabe, die er bis dahin erhalten hatte. »Als ich sie empfing«, schrieb er, »war ich so ruhig, so still, als ob ich einen Schilling bekommen hätte. Denn mein Herz sah es als Gebetserhörung an.«

Marys Schwester kam von einer Reise nach London zurück. »Ich traf einen gläubigen Architekten«, sagte sie ihrem Schwager, »der vor Kurzem deine Geschichten mit großem Interesse gelesen hat. Er wollte gern mehr über die Arbeit hören. Als ich ihm von deiner Absicht erzählte, ein neues Heim zu bauen, bot er an, die Pläne kostenlos zu zeichnen und die Bauaufsicht zu übernehmen.« Müller war erfreut. Er nahm dieses Angebot und die 1000 Pfund als eine Erstlingsgabe für größere Dinge, die kommen sollten.

Er sah sich nach einem Grundstück von ungefähr 2,5 ha Größe am Stadtrand von Bristol um. Zu der Zeit wurde viel über die bauliche Entwicklung in dem ganzen Gebiet spekuliert, und geeignetes Land war sehr teuer. Müller schrieb absichtlich keine Rundbriefe mit Einzelheiten über seinen Plan, »damit die Hand Gottes noch sichtbarer würde«. Aber er sprach mit Menschen über seine Pläne, wenn das Gespräch auf dieses Thema kam. Ende Dezember erhielt er zwei weitere Gaben für das neue Gebäude – eine von 1000 Pfund und eine von 50 Pfund. So begeistert er über diese Gaben war, machte es ihm doch nicht weniger Freude, die folgenden Einträge Anfang des neuen Jahres in sein Tagebuch zu machen:

3. Januar. Ein Waisenkind gab sechs Pennies.

10. Januar. Ein Waisenkind, das zwei Schillinge und sechs Pennies von einem Vetter bekommen hatte, gab davon einen Schilling und sechs Pennies für das Waisenhaus. Eine Schwester im Herrn gab mir auch drei Schillinge, einen Ring, ein Paar goldene Ohrringe und eine Goldbrosche.

Im Januar sah sich Müller einige mögliche Grundstücke an, aber keines davon war geeignet, oder es war zu teuer. Im nächsten Monat aber erschienen diese zwei Einträge in seinem Tagebuch:

2. Februar. Heute hörte ich von einem geeigneten und preiswerten Gelände in Ashley Down.

3. Februar. Ich habe das Land gesehen. Es gefällt mir von allen, die ich angeschaut habe, am besten.

Ashley Down bot sicherlich enorme Möglichkeiten: Es lag in luftiger Höhe nördlich von Bristol mit weiter Aussicht nach Osten auf Stapleton und nach Norden auf Horfield. Trotzdem war es vom Zentrum Bristols aus leicht zu erreichen und nicht sehr weit von Bethesda entfernt.

Am nächsten Abend ging Müller zu dem Besitzer. »Er ist in seinem Büro«, wurde Müller gesagt. »Bitte, darf ich fragen, wo das ist?«, sagte Müller. Man sagte es ihm. Als er dort aber ankam, hieß es: »Er ist gerade weggegangen, aber wir erwarten, dass er heute Abend um acht Uhr wiederkommt.« Müller erkannte, es sei nicht Gottes Wille, das Treffen an diesem Abend stattfinden zu lassen, und er ging nach Kingsdown zurück.

Am nächsten Morgen klingelte Müller wieder an der Haustür des prächtigen Hauses, in dem der Besitzer von Ashley Down wohnte. Ein Diener kam und sagte: »Er ist zu Hause und wartet schon sehr darauf, Sie so bald wie möglich zu sprechen.« Der Diener führte Müller in das Zimmer des Hausherrn. Der sah müde aus.

»Ihre Bitte ist mir gestern Abend weitergegeben worden«, begann der Herr. »Sie interessieren sich für Land, um ein Waisenhaus zu bauen. Heute Morgen wachte ich um drei Uhr auf und konnte bis fünf Uhr nicht mehr einschlafen. Schließlich habe ich mich entschlossen, Ihnen, wenn Sie einverstanden sind, Ashley Down für 120 Pfund pro 4000 m^2 zu überlassen, statt der 200 Pfund, die ich vorher dafür verlangt habe.« »Wie gut ist doch der Herr!«, dachte Müller und unterschrieb einen Vertrag, mit dem er ungefähr 2,5 ha Land kaufte.

Auch auf seinen Brief, den er an den Architekten in London wegen seines Angebots für die Baupläne geschrieben hatte, bekam er Antwort.

Mein lieber Herr,

es bedeutet mir eine große Genugtuung, mehr als ich es in meinem Brief auszudrücken vermag, Ihnen bei der Liebesarbeit, die Sie tun, helfen zu können. Ich werde es für ein großes Vorrecht halten, meine Fähigkeiten als Architekt und Bauleiter beim Bau der Gebäude, die Sie für die Waisenkinder errichten wollen, einsetzen zu dürfen. Ich meine wirklich, was ich sage. Wenn Sie einverstanden sind und mit Gottes Hilfe, werde ich Ihnen gerne Pläne, Auswertungen und die Einteilung der Bauabschnitte mit allen einzelnen Arbeitsschritten erstellen, damit die Kosten genau geschätzt werden können. Ich werde Ihnen auch dabei behilflich sein und die Bauaufsicht gerne übernehmen …

In der folgenden Woche reiste der Architekt von London nach Bristol und besichtigte mit Müller das Gelände in Ashley

Down. »Dieses Gelände ist bestens geeignet«, sagte der Architekt, »was die Lage, die Abwasserentsorgung und die Wasservorräte betrifft.«

Geld für das Gebäude kam ständig herein, und Mitte Februar erhielt Müller ein Versprechen, dass ihm 500 Pfund gezahlt werden sollten.

Ende April hatte der Architekt seine Pläne fertig: Das neue Heim würde ein Heim für 300 Kinder sein, 140 Mädchen und 80 Jungen im Alter von acht Jahren und darüber sowie für 80 Säuglinge und Kleinkinder, Mädchen und Jungen, im Alter bis zu sieben Jahren, außerdem angemessene Wohnräume für Mitarbeiter und Lehrer. Mit der Arbeit sollte nicht angefangen werden, bis alle notwendigen Gelder vorhanden waren. Das Land und das Gebäude sollten in die Hand einer Stiftung gegeben werden.

Im Juli erhielt Müller die größte Spende, die er bisher für die Arbeit erhalten hatte: 2050 Pfund, von denen 2000 für den Baufonds bestimmt waren. Er schrieb:

Es ist unmöglich, meine Freude in Gott zu beschreiben, als ich diese Spende empfing. Ich war weder aufgeregt noch überrascht; denn ich erwarte Antworten auf meine Gebete. Ich glaube, dass Gott mich hört. Trotzdem war mein Herz so voller Freude, dass ich wie David in 2. Samuel 7 nur vor Gott sitzen und Ihn bewundern konnte. Zuletzt fiel ich auf mein Angesicht nieder und übergab Ihm neu mein Herz, um Ihm im Segen dienen zu dürfen.

Am 19. November stand Müller um fünf Uhr auf, um zu beten: »Lieber Vater im Himmel, Du weißt, dass es vor Kurzem öffentlich bekannt wurde, dass die Anwohner in der Wilson-Straße sich über die Unbequemlichkeiten beschwert haben, die ihnen durch die Waisenkinder entstehen. Bitte gib uns die finanziellen Mittel, damit wir zu bauen anfangen können. Du weißt, Herr, dass wir viele Aufnahmebewerbungen für die Heime haben, und ich mag keine Kinder wegschicken. In Deiner Gnade, erhöre mein Gebet.«

Müller öffnete seine Bibel und las die Worte des Herrn Jesus in Markus 11,24: »Darum sage ich euch: Alles, um was ihr auch betet und bittet, glaubt, dass ihr es empfangen habt, und es wird euch werden.« »Herr«, betete er, »ich glaube, dass Du mir alles geben wirst, was ich für die Arbeit brauche. Ich bin sicher, dass ich alles haben werde, weil ich glaube, dass ich es als Antwort auf mein Gebet bekommen habe.«

Nach dem Frühstück nahm er sich wieder Zeit zum Gebet. Ungefähr fünf Minuten, nachdem er von seinen Knien aufgestanden war, wurde ihm ein Einschreibebrief ausgehändigt. Er enthielt einen Scheck über 300 Pfund, von denen 250 Pfund für den Baufonds waren. Das brachte diesen auf über 6000 Pfund.

Im Dezember erhielt er wieder eine Gabe von 1000 Pfund, und im Januar 1847 eine Spende von 2000 Pfund. So betrug der Gesamtfonds jetzt über 9000 Pfund.

Im Winter 1846/47 war es nicht immer leicht, die täglichen Bedürfnisse in der Wilson-Straße zu befriedigen. Im Jahr 1846 gab es eine katastrophale Missernte, sowohl beim Weizen als auch bei den Kartoffeln. Die amerikanische Baumwollernte war auch viel schlechter als erwartet ausgefallen. Das trieb die Preise in die Höhe. Die britische Wirtschaft erlitt eine Vertrauenskrise, wodurch auch viele Eisenbahngesellschaften in Mitleidenschaft gezogen wurden. In finanzieller Hinsicht bestanden die größten Unsicherheiten. So schrieb Müller im Mai 1847: »Noch niemals seit Beginn der Arbeit waren Vorräte nur annähernd so teuer wie jetzt. Das Brot kostet fast doppelt so viel wie vor 18 Monaten, Haferflocken fast dreimal so viel wie bisher, Reis ist mehr als doppelt so teuer, und Kartoffeln können wir uns nicht leisten, weil sie unbezahlbar sind. »Aber«, fuhr er fort, »den Kindern hat nichts gefehlt ... Mein Herz ist im Frieden, in großem Frieden.«

Im Juni erhielt er wieder 1000 Pfund für den Baufonds und schätzte jetzt, dass das ganze Projekt, einschließlich Inneneinrichtung, annähernd 14 500 Pfund kosten würde. Zusätzliche Ausgaben für Heizung, Gasinstallation, weitere Möbel, drei große Spielplätze und eine kleine Straße würden erst nach Beginn der Bauzeit anfallen. Deshalb entschied er sich, anzufangen. Die ersten Arbeiter kamen am 5. Juli in Ashley Down an. Am 19. August wurde der Grundstein für das neue Gebäude gelegt.

Eine Gabe von 100 Pfund im Februar 1848 machte es Müller

möglich, neue Kleidung für jeden Jungen in der Wilson-Straße zu kaufen. Dafür hatte er einige Wochen gebetet.

Während des Winters wurde bei gutem Wetter die Arbeit am neuen Gebäude fortgesetzt. Im Mai war der Rohbau fast fertig. Aber bevor die ersten Kinder in Ashley Down einzogen, kam es in einer traurigen, schon seit Langem gärenden Angelegenheit zum Eklat, der für die gesamte Brüderbewegung und auch für Müller weitreichende Folgen hatte.

STÄRKER DURCH TUMULT

Schon lange vorher, im Oktober 1832, hatte John Nelson Darby in den Bethesda- und Gideon-Kapellen in Bristol gepredigt und Bemerkungen über das »bemerkenswerte Werk«, das »die lieben Brüder Müller und Craik« taten, gemacht. Darby war einer der einflussreichsten Männer der frühen Brüderbewegung. Als Patenkind des berühmten Admirals, von dem er seinen zweiten Vornamen bekam, war er an der Westminster School und am Trinity College in Dublin ausgebildet worden, wo seine akademischen Leistungen mit einer Goldmedaille dekoriert wurden.

Darby war eine vielschichtige Persönlichkeit. Auf der einen Seite konnte er hartnäckig und unhöflich sein, wenn es um eine der vielen Kontroversen in seinem Leben ging, auf der anderen Seite konnte er sich äußerst sympathisch und warmherzig zeigen. Wenn er reiste, wohnte er oft lieber bei armen Familien als bei reichen, und die Geschichte der Brüderbewegung, sowohl die geschriebene als auch die mündlich überlieferte, ist voller Anekdoten, die zeigen, dass er Kinder gerne mochte – und daraufhin von ihnen bewundert wurde.

Zu seinen natürlichen Fähigkeiten kam eine enorme Energie: Bis zu seinem Tod entstanden durch seinen Dienst ungefähr 1500 Gemeinden in vielen Ländern. Seine Schriften umfassen mehr als 40 Bücher, einschließlich der Kommentare zu den meisten Büchern der Bibel. Er übersetzte die Bibel in drei Sprachen und schrieb viele tiefgründige und schöne geistliche Lieder.

Darby sagte, dass das, was ihn aus der etablierten Kirche herausgeführt hätte, »die Einheit des Leibes war. Wo sie nicht besteht oder man nicht entsprechend handelt, kann ich nicht sein.« Seine frühen Jahre in der neuen Bewegung waren von untadeligen, nicht-sektiererischen Prinzipien gekennzeichnet. »Das ist das wahre Geheimnis einer wohlgeordneten Gemeinde«, schrieb er, »vollkommene Weite des Herzens, soweit sie dem

Herrn Jesus eigen ist … sich unendlich fern von allem Sektierertum halten … Du bist nichts, niemand ist etwas, als nur ein Christ.«

Obwohl er in den frühen 1830er Jahren von Müllers und Craiks Arbeit in Bethesda beeindruckt war, bemerkte er eines Tages doch: »Ich wünschte etwas mehr das Prinzip der Weite in dieser Gemeinschaft.« Das war eine eigenartige Bemerkung, wenn man bedenkt, dass Craik häufig für Geistliche predigte, die mit der Hochkirche nicht zurechtkamen, und freundschaftliche Beziehungen zu Geistlichen und Gelehrten der etablierten Kirchen unterhielt, einschließlich Dekan Alford, Erzbischof Trench und Dekan Ellicott. Darüber hinaus luden Müller und Craik manchmal bekannte Kirchenmänner, die außerhalb der Brüderbewegung standen, ein, um in Bethesda zu predigen.

Anfang des Jahres 1835 aber ging die ursprüngliche Weite Darbys durch ein anderes Prinzip verloren. In diesem Jahr besuchte Anthony Norris Groves (Müllers Schwager, der eine Zeit lang in Indien lebte) Plymouth und meinte, dass die »Brüder« dort unter Darbys Einfluss exklusiv und sektiererisch geworden seien. Statt durch die Wahrheit in Jesus verbunden zu sein, tendierten sie dazu, ein einheitliches Zeugnis gegen alle, die anders waren als sie, aufzurichten.

Im Blick auf Darbys wachsenden Einfluss auf so viele neu gegründete Brüderversammlungen hatte Groves ihm geschrieben. Dabei nahm er Bezug auf Darbys »weite und großzügige Ansichten, die ihn (Groves) einst so überzeugt und erweckt hatten«. Er teilte Darby offen mit: »Sie haben sich von diesen Prinzipien getrennt … und kehren im Prinzip zu der Stadt zurück, von der Sie ausgegangen sind.«

Schon in der Mitte der 1830er Jahre zeigte die Brüderbewegung auseinanderstrebende Tendenzen in ihren Reihen. Auf der einen Seite kämpften Brüder wie Groves, Müller, Craik und Chapman um die ursprünglichen, nicht-sektiererischen Prinzipien, alle anzunehmen, »die Christus angenommen hatte«; auf der anderen Seite planten Darby und eine wachsende Anzahl von Gemeinden unter seinem Einfluss den Aufbau eines korporativen weltweiten

Zeugnisses von der Einheit des Leibes Jesu und betonten die Trennung vom Bösen als Gottes Prinzip für diese Einheit.

Andere Spannungen taten sich auf.

Nachdem sie sich 1839 für 14 Tage zurückgezogen hatten, um einige in Bethesda entstandene Fragen der Gemeindeordnung zu durchdenken, wurde Müller und Craik ganz deutlich, dass die Gemeinde anerkannte Älteste und eine Verwaltungsordnung brauchte. Im Gegensatz dazu lehnte Darby jede formale Anerkennung der Gaben der Predigt und der Lehre ab, weil er fürchtete, dies könnte zur Bildung einer besonderen Gruppe von Geistlichen führen. Er sah die Ernennung von Ältesten als eine Beschränkung des freien Wirkens des Heiligen Geistes an und machte eine Unterscheidung zwischen dem Vorbereiteten und Äußerlichen (»vom Menschen«) und dem Spontanen und Innerlichen (»vom Heiligen Geist«).

In den 1840er Jahren spielte noch eine andere Person eine Rolle. Benjamin Wills Newton hatte in Oxford als Bester abgeschlossen und wurde auch von der Universität in Exeter ausgezeichnet. Eine Zeit lang hatte er einen äußerst großen Einfluss auf die Brüderversammlungen in England. Er gehörte zu der Gemeinde in der Ebrington-Straße in Plymouth, von der die »Brüder« ihren irreführenden Namen hatten. Zwischen 1200 und 1400 Menschen kamen regelmäßig aus verschiedenen Gemeinden im Umkreis, um ihn predigen zu hören.

Newton schlug Alarm gegen das seiner Meinung nach eigenartige System der Lehre von den »Haushaltungen«, das Darby entwickelt hatte, um eine neue Lehre über das Zweite Kommen des Herrn Jesus zu verteidigen. Nach dieser Lehre, bekannt als »Geheime Entrückung«, wird das Zweite Kommen des Herrn Jesus in zwei Phasen stattfinden: Zuerst wird die »Entrückung der Gläubigen« sein, bei der der Herr Jesus wiederkommt, um alle wirklichen Christen von der Erde wegzunehmen. Erst dann wird der Antichrist aufstehen und die Zeit der »Trübsal« beginnen. Die Herrschaft des Antichristen wird beendet durch die zweite Phase des Kommens – die öffentliche »Erscheinung« des Herrn Jesus in Herrlichkeit. Newton aber – und damit stand er nicht allein –

widersprach ihm. Wenn die Gemeinde vor dem Beginn der Trübsalszeit entrückt sein sollte, so fragte er, wer sind die Gläubigen, die nach den Buch der Offenbarung dann leiden werden? Newton hielt die Differenzen zwischen ihm und Darby nicht für unwesentlich, weil er meinte, Darbys Theorie gerate mit einer zentralen Glaubenslehre in Konflikt. Für Newton umschloss die Kirche alle durch Christus Erlösten. Der leidende »gläubige Überrest« müsse also durch einen anderen göttlichen Akt erlöst worden sein als durch die Erlösung durch Christus, wenn er doch von der Gemeinde durch die erste Entrückung getrennt würde.

Darby behauptete, dass beachtliche Teile des Neuen Testaments sich nicht auf die Gemeinde bezögen, sondern auf eine zukünftige »Haushaltung« des wiederhergestellten jüdischen Überrestes.

»Indem Sie diesen Unterschied machen«, sagte Newton ihm, »geben Sie praktisch das Christentum auf.«

Aber der Einfluss von Darbys Persönlichkeit führte dazu, dass seine Sicht des »jederzeit möglichen« Zweiten Kommens von vielen übernommen wurde, nicht nur innerhalb der Brüderbewegung. Im Laufe der Jahre haben viele evangelikale Anglikaner und eine große Anzahl Fundamentalisten in Großbritannien und Amerika diese Sicht angenommen. Der Prozess wurde gefördert, weil Scofield in seiner bekannten Studienbibel diese Theorie auf Darbys sorgfältig ausgearbeiteter, haushaltungsgemäßer Basis weithin verbreitete.

Newton stand nicht allein in seiner Ablehnung der neuen Sicht als einer irrigen Neuerung. Vor allem hielten Müller, Craik, Chapman und S. P. Tregelles fest an der Sicht, dass bestimmte Ereignisse geschehen müssen, bevor der Herr Jesus wiederkommt – aber auch daran, dass die Wiederkunft (nicht der Tod) für sie die große Hoffnung für die Gemeinde war. Unter den Anglikanern, die die bisherige Auffassung vertraten, waren Erzbischof Trench, Dekan Alford und die Bischöfe Ellicott und Ryle.

Bedauerlicherweise beunruhigten diese aufsteigenden Spannungen zwischen den frühen »Brüdern«, und besonders zwischen Darby und Newton, die Versammlung in der Ebrington-Straße sehr. Kurz nachdem Darby 1845 von einer längeren Reise auf das Festland zurückgekehrt war, zerbrach aufgrund eines katastrophalen Streits zwischen ihm und Newton der Frieden in der Gemeinde, sodass die Fortsetzung des Werkes beinahe unmöglich gewesen wäre.

Darby begann mit eigenen Lehrveranstaltungen und damit, sowohl Newtons Lehren wie auch Newton als Menschen anzugreifen. Er verkündete, er zöge sich von der Gemeinschaft in der Ebrington-Straße zurück. Das war, wie er später zugab, ein voreiliger Schritt.

1847 wechselte der Schwerpunkt des Konfliktes zu einer neuen Lehrmeinung, die die Person und das Leiden des Herrn Jesus betrafen. Es war natürlich nicht der erste Streitpunkt in der Kirchengeschichte, und leider auch nicht der letzte, der dadurch entstand, dass endliche Gedanken (von Menschen) versuchten, die Menschlichkeit und die Göttlichkeit des Herrn Jesus in den Griff zu bekommen. Darby verurteilte einige Ansichten, die Newton in einer Broschüre veröffentlicht hatte, als »gotteslästerliche Lehren«, und auch Müller, der mit Newton im Blick auf das Zweite Kommen des Herrn übereinstimmte, schien es, als ob die Ansichten in Newtons neuester Broschüre darauf hinausliefen, »dass Christus selbst einen Erretter brauchte«. Craik vermutete, dass Newtons Irrungen »nur die eines übereilten spekulativen Intellektuellen waren, der im Herzen noch gesund ist und danach trachtet, Christus zu ehren«. Noch im gleichen Jahr erkannte Newton seinen Denkfehler und veröffentlichte eine Erklärung, in der er bereitwillig zugab, dass er in seiner Broschüre einen Irrtum verbreitet hatte. Seine Erklärung endete: »Ich vertraue darauf, dass der Herr nicht nur vergibt, sondern auch in Seiner Gnade alle bösen Auswirkungen, die dadurch entstanden sein mögen, zunichtemachen wird.«

Es ist eine Tragödie, dass die Angelegenheit nicht an diesem Punkt endet. Darby versuchte deutlich zu machen, dass Newton seinen Irrtum nicht wirklich zurückgenommen hat, obwohl Newtons rückhaltloses Bekenntnis das Gegenteil zeigte. Darauf brach die Gemeinde in der Ebrington-Straße tatsächlich auseinander, und Newtons Verbindung mit der Brüderbewegung hörte auf. Er lebte bis 1899, zurückgezogen in dem kleinen Kreis einer eigenen Gemeinde. Er schrieb immer noch Artikel und Kleinschriften, die Müller später als »gesund und biblisch« bezeichnete und die er und seine Frau »mit tiefstem Interesse und mit Gewinn« lasen.

Ende April 1848 ging Darby nach Bristol und besuchte, wie es seine Gewohnheit war, Müller. Dieser lud ihn ein, am folgenden Sonntag in Bethesda zu predigen. Darby aber sagte, er sei schon andere Verpflichtungen eingegangen.

Im Mai kamen zwei Glieder der Ebrington-Gemeinde nach Bristol und wollten in Bethesda in die Gemeinschaft aufgenommen werden. Einer der beiden war während der Schwierigkeiten in Plymouth im Ausland gewesen. Deshalb wurde er aufgenommen. Der andere Bewerber musste sich erst bewähren. Einige von denen, die in Bethesda die Haltung Darbys teilten, äußerten Bedenken. Craik schlug darum vor, dass die drei, die die stärksten Bedenken gegen die Aufnahme dieses Bewerbers hatten, ihn besuchen sollten. Sie taten es und erklärten, dass beide Männer frei waren von der durch Newton hervorgebrachten Irrlehre.

Bei einer Versammlung in Exeter erklärte Darby danach öffentlich, dass er nie wieder nach Bethesda gehen würde, weil die Gemeinde »Newton-Nachfolger« aufgenommen habe. Er bestätigte das dann noch in einem Brief an Müller. Später behauptete er, dass Newtons Nachfolger dessen Schriften in der Bethesda-Gemeinde verbreiteten. Darbys Nachfolger in Bethesda bestanden jetzt darauf, dass die Gemeinde die Lehren Newtons (die schon längst vom Autor verurteilt und zurückgezogen worden waren) förmlich untersuchen sollte.

Im Juni trennte sich einer der Nachfolger Darbys, George Alexander, von Bethesda. Die Ältesten waren gezwungen, eine Gemeindeversammlung einzuberufen. Bei dieser Versammlung wurde eine Erklärung, die von zehn der Ältesten unterschrieben war (dazu gehörten natürlich auch Müller und Craik) vorgelesen und von der Mehrheit der Gemeinde bestätigt. Die Darby-Sympathisanten aber zogen sich daraufhin sofort aus der Gemeinschaft zurück. (Der Brief der Zehn.)

Die Erklärung beschrieb die Sicht, die Bethesda über das

Menschsein des Herrn Jesus hatte, und setzte fest, dass während Jesus Christus »äußerlich die Trübsale erduldete, die mit Seinem Menschsein und als Israelit verbunden waren – während sowohl Seine Empfindungen und Erfahrungen, wie auch Sein von den Menschen erfahrbarer Charakter vollkommen ›abgesondert von den Sündern‹ waren«.

Die Erklärung gab weiter neun Gründe an, warum die Ältesten nicht in George Alexanders Bitte einwilligen konnten, die Irrtümer Newtons förmlich zu untersuchen und darüber zu richten. Ihr neunter Grund brachte ein wenig Humor in die Situation: »Wir empfinden, dass, wenn wir Herrn Alexanders Bitte nachkommen, dies ein schlimmer Präzedenzfall wäre. Wenn ein Bruder das Recht hat, uns dazu zu zwingen, ein Werk von 50 Seiten zu prüfen, kann er später verlangen, dass wir eine Sache von viel größerem Umfang auf Irrtümer untersuchen müssen. Damit könnte unsere ganze Zeit mit der Fehlersuche bei anderen Menschen verschwendet werden, statt für wichtige Dienste angewendet zu werden.«

Darby sah das aber anders. Bei einem Besuch in Yorkshire fand er, dass die Brüderversammlungen dort mit Bethesda sympathisierten. Deshalb verbreitete er am 26. August von Leeds aus einen Rundbrief, dass Bethesda »en bloc« aus der Gemeinschaft ausgeschlossen sei, weil sie, wie er behauptete, Gläubige mit der Sicht Newtons in ihre Gemeinde aufnähme. Und er drängte alle Brüderversammlungen, die »Bethesdafrage zu beurteilen«.

Müller und Craik zeigten keine Anzeichen von Panik und reagierten nicht sofort darauf. Einer von Darbys Nachfolgern schrieb einen Bericht, in dem er zu zeigen versuchte, dass eine von Craiks Veröffentlichungen ungesund sei. Aber Darby wusste genau, dass der fähige und erfahrene Craik lehrmäßig richtig stand. Von Darby wird berichtet, er habe ein Schriftstück eines seiner Parteigänger ins Feuer geworfen.

Am 31. Oktober entschloss sich Müller zum Handeln. Er gab öffentlich seine persönliche Verurteilung von Newtons Lehren bekannt und machte in einer Reihe von Gemeindeversammlungen deutlich, dass niemand, der die Sicht Newtons (die schon widerrufen war) verteidigte, festhielt oder unterstützte, in die Gemeinschaft von Bethesda aufgenommen würde.

Von der Zeit an wurden Brüdergemeinden, die sich weigerten, Darbys Verordnung gegen Bethesda anzunehmen, bekannt als »Offene Brüder« (ihre Nachfolger im späten 20. Jahrhundert bevorzugen in England den Namen »Christliche Brüder«), und diejenigen, die Darby folgten, wurden bekannt als »Exklusive Brüder«. Anthony Norris Groves Sohn Henry pflegte zu sagen, dass in Bethesda mehr getan wurde, um Newtons Ansichten zu verurteilen und abzulehnen, als in irgendeiner Gemeinde, die unter Darbys Einfluss stand. Die Gemeinden, die mit Darby verbunden waren, glaubten allen Ernstes, Bethesda sei ausgeschlossen, weil man dort Newtons Ansichten folgte, obwohl Newton selbst seine Fehler zurückgezogen und die Gemeinde von Bethesda sie keinen Augenblick angenommen hatte.

Bethesda und die »Offenen Brüderversammlungen«, die auf ihrer Seite standen, hielten standhaft an der Unabhängigkeit jeder örtlichen Gemeinde fest, entscheiden zu können, wen sie in die Gemeinschaft aufnahmen, während die Exklusiven argumentieren, dass das nicht »die praktische Einheit des Leibes« sei.

Frau Anne Evans blieb während dieser traurigen und turbulenten Zeit ein Glied der Bethesda-Gemeinde. Sie beschrieb sie als eine »Zeit der Seelenangst, der tiefgreifenden Sorgen und des Umbruchs«. Bethesda war, schrieb sie, »eine Zeit lang geschüttelt von einem Ende bis zum anderen. Freundschaften zerbrachen; Familien wurden zerrissen – Ehemann von Ehefrau, Kinder von Eltern, Geschäftsverbindungen lösten sich auf, die Gesundheit und sogar der gesunde Menschenverstand litten darunter. Wir (in Bethesda) hatten traurigerweise Demütigung nötig. Wir hatten angefangen, zu hoch von uns selbst zu denken. Wir waren rapide gewachsen, sowohl in der Anzahl als auch in weltlichen Maßstäben, denn viele aus der oberen Klasse waren zu uns gekommen. Unsere führenden Brüder waren auch ohne jede Seelenprüfung … Dies alles war mehr, als Fleisch und Blut ertragen konnte. So wurde es Satan erlaubt, auf uns niederzufahren und unseren Stolz bis in den Staub zu demütigen.«

Aber es war nicht alles verloren. Anne Evans fährt fort: »Während dieser Zeit der Sorge war Herr Müller ein großer Halt für uns. Er hatte seinen Kopf nicht verloren. Er hielt die Zügel fest in der Hand. Und als Bethesda endlich aus dem Tumult herauskam, war es stärker und freier als je zuvor. Wir waren an Mitgliedern gewachsen (Mitte der 1850er Jahre gab es fast 700 Glieder). Die Waisenarbeit, die zunichtegemacht werden sollte, war zu einem ›Weltwunder‹ geworden.«

Als die große Erweckung begann, gaben sich die »Offenen Brüder« mit ganzem Herzen und ganzer Seele hinein. – Weil zwei junge Männer Georg Müllers Buch gelesen hatten. Aber das ist eine Geschichte für ein späteres Kapitel.

MÜLLERS VERBORGENER SCHATZ

Zu der Zeit, als Darby seinen Rundbrief gegen Bethesda verbreitete, hatten die Arbeiter am Waisenhaus das Dach fertig und einen Teil des Verputzens im Inneren. Mehr als 11 000 Pfund waren eingekommen, aber mehr als 3000 Pfund wurden noch benötigt, um die Arbeit und Einrichtung zu vollenden.

Im Februar 1849 verbrachte Müller viel Zeit, um die letzten Vorbereitungen für die Aufnahme der ersten Kinder zu treffen, und betete, dass die Gesamtkosten bald beglichen werden könnten. Weitere 1500 Pfund kamen herein, hauptsächlich durch zwei größere Gaben.

»Ein Besucher möchte Sie sprechen«, wurde ihm am 11. Februar morgens gesagt. »Ich wollte«, begann der Besucher nach der Vorstellung, »Ihrer Anstalt Geld in meinem Testament vermachen, aber ich habe mich jetzt entschlossen, das Geld zu meinen Lebzeiten zu geben. Es geht mir sehr darum, dass mein Name geheim gehalten wird. Deshalb habe ich keinen Scheck ausgeschrieben, damit auch meine Bank nichts von meiner Spende weiß. Hier ist das Geld in bar.« Der Besucher gab Müller 2000 Pfund in Bargeld.

»Es ist unmöglich«, schrieb Müller, »die wirkliche Freude in Gott zu beschreiben, die ich hatte, als ich diese Summe empfing. Ich war ruhig, nicht im Geringsten aufgeregt, fähig, unmittelbar danach mit anderen Arbeiten weiterzumachen, die ich zu tun hatte … Aber unbeschreiblich war meine Freude in Gott, der so die volle Antwort auf meine vielen Tausend Gebete während dieser 1195 Tage gegeben hatte.« Die Spende ermöglichte Müller, alle Ausgaben für das neue Heim zu bestreiten. Etwa 60 Pfund blieben sogar übrig. Zusammen erhielt er fast 16 000 Pfund für das neue Heim, einschließlich der fast 70 Pfund für den Verkauf von Gras und Torf von den Feldern, auf denen das Heim gebaut wurde, und der 750 Pfund Zinsen: Müller war der Ansicht, »als Verwalter der großen, mir anvertrauten Summen muss ich das Geld Zinsen tragen lassen, bis es wirklich gebraucht wird«.

Montag, 18. Juni 1849 – große Aufregung in der Wilson-Straße: Die ersten Kinder waren fertig, um nach Ashley Down umzuziehen. Wie sehr verschlug ihnen der Blick auf dieses große neue Gebäude den Atem! Wie sehr freuten sie sich über das Singen der Vögel, über die grasenden Kühe auf den Feldern und über den Blick durch das Tal bis nach Stapleton! Als sie drinnen waren, merkten sie, dass sogar die frische Farbe und das neu polierte Holzwerk gut roch. Die ganze Anlage war hell, und überall war gute Luft. Am Donnerstag waren alle, einschließlich Lehrer und Mitarbeiter, eingezogen: 140 Menschen unter einem Dach! Am Samstag konnte Müller berichten, dass »durch Gottes Hilfe schon so viel Ordnung in dem Haus eingekehrt war, dass die Dinge jetzt nach dem Minutenzeiger getan werden können«.

In der ersten Woche zeigte Müller einem Besucher das neue Heim. »Diese Kinder müssen große Mengen an Lebensmitteln verbrauchen.« Während der Gast sprach, nahm er aus seiner Tasche eine Rolle Banknoten, insgesamt 100 Pfund. Am gleichen Abend kam ein großes Fass Sirup im Heim an mit sechs Zuckerbroten. Ein Küfer machte umsonst zwei große neue Fässer für Sirup. Am nächsten Tag wurden mehr als 500 Kilogramm Reis abgegeben. »Nach all den vielen und lang anhaltenden Zeiten der Glaubensprüfung während dieser 13 Jahre und zwei Monate, die die Waisenkinder in der Wilson-Straße waren«, sagte Müller, »befreite uns der Herr davon und gab uns verhältnismäßigen Überfluss. Sein heiliger Name sei dafür gepriesen!«

Einen Monat später sagte eine Helferin zu Müller: »Herr J. N. Darby wartet im Untergeschoss auf Sie.« Was wirklich bei der anschließenden Begegnung geschah, ist seitdem heiß diskutiert worden: Das Folgende basiert auf Müllers Bericht. Um zehn vor eins betrat Müller den Raum, in dem Darby war, und schüttelte ihm die Hand.

»Mit ihrer Beurteilung der Newtonschen Broschüre«, sagte Darby, »gibt es nun keinen Grund mehr, weshalb wir nicht vereint sein sollten.« »Ich habe jetzt nur zehn Minuten Zeit«, antwortete Müller, »weil ich um ein Uhr eine Verabredung habe. Deshalb kann ich jetzt nicht auf dieses Thema eingehen. Sie haben so schlecht in dieser ganzen Angelegenheit gehandelt, dass viele Dinge betrachtet werden müssten, bevor wir wieder eins sein könnten.«

Daraufhin stand Darby auf und ging. Die zwei Männer haben sich nie wieder gesehen. Darby (der 1882 starb) leugnete später, dass Müllers Wiedergabe dieser Begegnung korrekt war, aber es gibt, soviel wir wissen, keine Darbysche Version dieses Ereignisses. Professor F. F. Bruce, einer der führenden Männer unter den heutigen »Offenen Brüdern«, hat bemerkt, dass »eine freundlichere Antwort (von Müller) vielleicht eine nie mehr zu wiederholende Gelegenheit geboten hätte. Wie Müller hatte Darby die Qualitäten seiner Nationalität, und seine Impulsivität hätte zu einer weniger schwerwiegenden Haltung gelenkt werden können.«

Jede Woche nahm Müller jetzt fünf bis acht neue Kinder auf. Im Mai 1850 saßen mehr als 300 Menschen bei den täglichen Mahlzeiten in Ashley Down, einschließlich eines Mitarbeiterstabes von mehr als 30 Personen. Jeden Mittwochnachmittag gab es Besucherführungen, bei denen man das Neue Waisenhaus, wie es jetzt genannt wurde, zeigte.

Ein Besucher erinnert sich: »Wir trafen uns kurz nach zwei Uhr an der Tür, als eine ziemlich große, bunt gemischte Gruppe darauf wartete, hereingelassen zu werden. Als die Türen geöffnet wurden, fanden wir uns in einer kleinen Halle wieder, von der aus eine Steintreppe zu einem weiten Raum des Hauptgebäudes hinaufführt. Dort warteten wir auf unseren Führer. Dieser Raum bildete ein vollkommenes Quadrat, in dessen vier Ecken große Fenster waren, von denen man auf weite, teilweise überdachte Spielplätze sah, die die Kinder bei nassem Wetter benutzen konnten. Einer davon war bestimmt für Kleinkinder beiderlei Geschlechts, von denen eine Anzahl unter der Aufsicht zweier oder dreier älterer Mädchen herumkrabbelten. Ein anderer Spielplatz war für Mädchen, ein dritter für Jungen, während das vierte Fenster einen Überblick über den Teil des Gartens gab, durch den die Besucher gekommen waren.

»Unser Führer kam herein und übernahm die Leitung. Wir waren jetzt 40 oder 50 Besucher … Unser Weg führte zunächst in den Tagesraum für Säuglinge und Kleinkinder, wo wir eine Gruppe von Kleinen unter der Aufsicht einer Kinderschwester fanden. Auf der einen Seite des Raumes standen eine Anzahl kleiner Korbbetten für die Jüngsten. Dorthin wurden sie gelegt, wenn sie vom Spielen müde waren.

Dann kamen wir in ein Zimmer, wo ungefähr ein Dutzend Jungen unter der Aufsicht einer Frau ruhig und fleißig mit der nützlichen Tätigkeit des Strümpfestopfens beschäftigt waren, was besonders die weiblichen Besucher sehr sympathisch fanden. Eine Dame, schon fortgeschrittenen Lebensalters, konnte sich nicht enthalten auszurufen: ›Ein Faden nach oben und ein Faden nach unten, das ist die ganze Kunst des Stopfens.‹ Einige dieser Jungen werden vielleicht später bei der Marine dienen, andere nach Amerika auswandern, und wir können unter solchen Umständen den Wert dieser schlichten, aber notwendigen Kunst kaum hoch genug schätzen. Aber auch, wenn sie ganz normale Lehrlinge hier in England werden, wird sie sich als großer Vorteil für sie erweisen. Auf jeden Fall bewunderten wir die praktische Weisheit, die darin bestand, das Strümpfestopfen richtig und gut zu lehren. In der Abteilung für jüngere Kinder gibt es Schränke mit kleinen Fächern, wohin sie ihr Spielzeug legen können, wenn es nicht mehr gebraucht wird. Die ganze Abteilung war gut und mit fast allen Gegenständen, die ein Warenhaus zur Verfügung stellen könnte, ausgestattet.

Wir stellten fest, dass die Waschräume mit Bädern ausgestattet waren. An den Wänden hingen kleine numerierte Beutel mit Kamm und Haarbürste für jedes Kind. Alle Sorgfalt wird aufgewendet, um die Sauberkeit sowohl der Menschen als auch der Wäsche zu gewährleisten und auch, um der Ausbreitung von ansteckenden Kinderkrankheiten durch persönlichen Kontakt vorzubeugen.

Das für uns Erstaunlichste bei der Besichtigung dieser höchst interessanten Einrichtung war das völlige Fehlen des Eindrucks von Armut in der Kleidung oder der Erscheinung der Kinder. Das Haar der Mädchen war wunderbar sorgfältig gekämmt, so wie nach unserer Vorstellung Mutterliebe es getan hätte. Alle sahen uns froh und frei an, und ein herzliches Lächeln lag auf den jungen Gesichtern. Dadurch wird unbestreitbar bewiesen, dass sowohl beim Leiter als auch bei den Helfern die Quelle des Handelns die Liebe und der alles beherrschende Geist in der ganzen Einrichtung die Freundlichkeit ist. Tatsächlich ist es unmöglich, nicht völlig davon überzeugt zu werden, dass alles aufs Beste in jeder Abteilung geregelt ist und alle Mitarbeiter bewundernswert tüchtig sind und eine herzliche, selbstlose Liebe zu der Arbeit um ihrer selbst willen haben.«

Obwohl Müller jetzt für 300 Kinder sorgte, führte er eine lange und schnell wachsende Liste von Kindern, die um Aufnahme baten: Im Dezember 1850 stieg die Liste auf 80 Namen (1856 war sie auf fast 850 Namen gewachsen). Dabei fand er es schrecklich, auch nur ein Kind zurückweisen zu müssen.

Es gab immer noch kein anderes Heim in ganz England mit einer vergleichbar radikalen Aufnahmepraxis. In den meisten Waisenhäusern war die Aufnahme wirklich bedürftiger Kinder, also von Kindern, die beide Eltern verloren hatten, schwierig, wenn nicht aussichtslos. Die Aufnahme durch Abstimmung von Sponsoren schloss die wirklich armen Kinder von vornherein aus, weil sie normalerweise nicht die nötige Zeit oder das Geld hatten, um die notwendigen Stimmen zu bekommen. Bei Müllers Heim war nichts nötig, außer der Bewerbung an Müller – kein Geld, keine Sponsoren, keine Abstimmung. Die ärmsten Menschen, ohne Einfluss, ohne Freunde, ohne Geld, wo auch immer sie in England lebten, von welcher Denomination sie auch waren, auch wenn sie niemanden hatten, der für sie um Aufnahme bat, alle wurden aufgenommen, vorausgesetzt, dass es freie Plätze gab. Weder die britische Regierung noch die örtlichen Behörden sorgten ordentlich für Waisenkinder. Ein offizieller Bericht, 1845 veröffentlicht, sagte, dass es 6000 Waisenkinder in englischen Gefängnissen gab. »Durch Gottes Hilfe«, schrieb Müller, »werde ich tun, was ich kann, um arme Waisenkinder vor dem Gefängnis zu bewahren.«

Müller begann, zu überlegen, ob er ein weiteres Heim bauen könnte, groß genug, um 700 Kinder unterzubringen, damit er insgesamt für 1000 sorgen konnte. Er wurde besonders erschüttert von dem, was er über die Zustände in Arbeitshäusern hörte. »Ich habe wiederholt aus sicherer Quelle gehört, dass Kinder in die Arbeitshäuser gesteckt und dort von Landstreicherkindern sowie anderen schlechten jungen Menschen, die an solchen Orten sind, verdorben wurden. Daher können viele arme Verwandte von Waisenkindern, obwohl selbst nicht in der Lage, für sie zu sorgen, den Gedanken nicht ertragen, sie dorthin zu bringen, weil sie dort nicht verdorben werden sollen.«

Im Januar 1851 erhielt Müller die größte Spende für seine Arbeit, die er bis dahin erhalten hatte: 3000 Pfund. »Diese Gabe ist … wie eine Stimme vom Himmel, die zu mir über eine ganz wichtige Angelegenheit spricht, für die ich die Führung Gottes suche, das Bauen eines weiteren Waisenhauses.« Fünf Monate lang dachte er weiter über die Sache nach. Er schrieb acht Gründe gegen die Ausweitung der Arbeit auf, plus einer Antwort zu jedem Bedenken und danach acht Gründe für den Bau eines neuen Heimes für 700 Kinder.

Im April erhielt er eine Spende, zu der ein Vikar, ein Erzdiakon und einer der Kapläne der Königin beigetragen hatten.

Im Mai 1851 entschied er endgültig, mit den Plänen für die Ausweitung der Arbeit fortzufahren, und fing an, Gott um die notwendigen Mittel zu bitten – ungefähr 35 000 Pfund nach seiner Schätzung. »Die Größe der Summe, die benötigt wird, bringt mir eine Art geheimer Freude; denn je größer die Schwierigkeit, die überwunden werden muss, desto mehr wird zur Ehre Gottes gesehen werden, wie viel durch Gebet und Glauben getan werden kann.«

Im August erhielt Müller einen Scheck über 500 Pfund. Aber in den ersten Monaten des neuen Abenteuers bekamen sie wenige große Summen. Im Sommer 1851 machte das Gerücht monatelang die Runde, es seien schon 30 000 Pfund für den Baufonds vorhanden. Das stimmte aber nicht. Die tatsächliche Summe betrug weniger als 1200 Pfund. Müller lehnte es aus Prinzip ab, das falsche Gerücht zu berichtigen (er sprach nie über den Stand der Finanzen).

Er betete: »Herr, Du weißt, wie wenig Geld Dein Knecht hat im Vergleich zu dem, was benötigt wird. Aber Du weißt, dass

Dein Knecht nicht übereilt gehandelt hat oder aus Begeisterung für die Angelegenheit, sondern dass er sechs Monate auf Dich im Geheimen gewartet hat, bevor er über seine Absichten sprach. Jetzt, Herr, in Deiner Gnade, stärke den Glauben und die Geduld Deines Knechtes und, wenn es Dir gefällt, erquicke sein Herz schnell durch das Senden großer Summen, die er benötigt und vertrauensvoll erwartet.«

Es gab keine unmittelbare Antwort auf dieses Gebet. Einige Monate schien es so, als beeinflusse das anhaltende Gerücht über die sehr großen Summen, die er schon in der Hand hatte, das Spendenaufkommen. Im März 1852 waren die Finanzen für die täglichen Ausgaben so niedrig, dass am 16. tatsächlich überhaupt kein Geld zur Verfügung stand, außer dem Überschuss im Baufonds.

Müller war in seinem Haus in der Paulstraße und wartete darauf, dass ein Mitarbeiter von Ashley Down kam, um mehr Geld zu holen. »Lieber Himmlischer Vater«, betete er, »schenke es, dass ich kein Geld vom Baufonds für die täglichen Bedürfnisse nehmen muss.« Kurz bevor der Helfer ankam, erhielt er »von einer edlen Dame« 15 Pfund, die er für die unmittelbaren dringenden Bedürfnisse weitergab.

Am nächsten Tag erhielt Müller eine Spende von etwas weniger als 1000 Pfund, von denen er 200 Pfund für die laufenden Bedürfnisse nahm, 600 Pfund für den Baufonds und den Rest für Schulen, Bibeln, Traktate und Ausgaben für Missionare.

Auch im Hinblick auf Krankheiten war dies eine der schlimmsten Zeiten in der Geschichte der Heime. In einer Zeitspanne von fast fünf Monaten erkrankten mehr als 100 Kinder in dem neuen Heim ernsthaft an Scharlach und fünf starben daran.

Spenden kamen oft von weit her. Ein australischer Hirte, der Müllers *Erzählungen der Taten Gottes* beim Schafehüten gelesen hatte, sandte eine Gabe. Ein kleines Mädchen in Neuseeland verkaufte die Eier einer bestimmten Henne für die Waisenkinder. Andere Spenden kamen aus Ost- und Westindien, aus den Vereinigten Staaten, aus Neu-Schottland, Tahiti, Kanada, Indien, Ceylon, Afrika, vom Kap der Guten Hoffnung, aus der Türkei, aus Frankreich, der Schweiz, aus Deutschland und Italien.

Gegen Ende 1852 betete Müller besonders ernstlich, Gott möge ihm größere Summen senden. Endlich, im Januar 1853, erhielt er das Versprechen einer gemeinsamen Gabe mehrerer Christen über den Betrag von 8100 Pfund. »Täglich, neun Monate lang«, schrieb er, »hatte ich ausgeschaut nach einer größeren Hilfe, als ich sie bisher erfahren habe. Ich war voll davon überzeugt, dass Gott mir durch größere Summen helfen würde, aber die Verzögerung dauerte lang. Sieh, wie kostbar es ist, auf Gott zu warten! Sieh, wie diejenigen, die es tun, nicht enttäuscht werden! ... Habe ich mich deshalb umsonst in Gott gerühmt? Ist es nicht offensichtlich, dass es höchst köstlich in jeder Beziehung ist, von Gott abhängig zu sein?«

Am Montag, den 13. Juni, war das »Betriebskapital« auf 12 Pfund zusammengeschmolzen, und es wurden noch verschiedene Dinge gebraucht, einschließlich Mehl – zu der Zeit wurden zehn Säcke pro Woche gekauft –, dazu 1905 Kilogramm Haferflocken und 203 Kilogramm Seife. Auch gab es einige Dinge, die im Haus repariert werden mussten, womit eine Reihe von Handwerkern beschäftigt war, außerdem entstanden laufende Ausgaben von ungefähr 70 Pfund in der Woche. Darüber hinaus hatte Müller am Samstag zuvor einen Fehler im Heizsystem entdeckt, dessen Reparatur ungefähr 25 Pfund kosten würde.

An dem Morgen betete Müller während des Gehens, als er den Hügel von der Paulstraße nach Ashley Down hinaufschritt: »Herr, es ist ein Montag, an dem im Allgemeinen wenig hereinkommt. Aber, wenn es Dein Wille ist, kannst Du uns schicken, was wir brauchen.« Bei der Ankunft im Neuen Waisenhaus fand er in seinem Zimmer einen Scheck von über 300 Pfund vor.

Die Freude, die ich hatte, kann nicht beschrieben werden. Lange Zeit ging ich in meinem Zimmer auf und ab, Tränen der Freude und Dankbarkeit dem Herrn gegenüber rannen reichlich von meinen Wangen. Ich pries und erhob den Herrn für Seine Güte und übergab mich Ihm aufs Neue, von ganzem Herzen, zu Seinem gesegneten Dienst. Selten hatte ich die Freundlichkeit des Herrn und Seine Hilfe stärker empfunden.

Anfang Januar 1854 wurde Müller eine weitere große Spende versprochen, dieses Mal über 5000 Pfund. Ein Jahr später sagten ihm eine Anzahl christlicher Freunde fast 6000 Pfund zu. Diese großen Summen brachten ihn dem Augenblick näher, in dem er mit dem Bau eines zweiten Gebäudes beginnen konnte.

Seit einiger Zeit hatte Müller daran gedacht, dass es besser sei, statt wie ursprünglich geplant ein riesiges Gebäude für 700 Kinder zu bauen, zwei Häuser hinzustellen, eins für 400 und eins für 300 Bewohner. Er maß deshalb das Gelände auf jeder Seite von »Nr. 1« und kam zu dem Schluss, dass die Idee durchführbar sei. Er rief einen Architekten, um das Grundstück anzusehen und vorläufige Pläne für zwei Häuser anzufertigen. Das Projekt erwies sich als durchführbar.

Deshalb entschied Müller, sofort mit dem Bau eines zweiten Heimes im Süden von Nr. 1 zu beginnen. Dort sollten 400 Mädchen wohnen. Im Mai gruben Arbeiter auf dem Gelände vier Brunnen, und die Bauarbeiten begannen. Die Liste der Kinder, die in den Heimen aufgenommen werden wollten, hatte jetzt 600 Namen.

Im Februar 1856 erhielt Müller eine andere große Spende von 3000 Pfund, und im März kamen weitere 4000 Pfund an.

Die Leute hatten alle möglichen einfallsreichen Erklärungen für Müllers bemerkenswerten Erfolg beim Zusammenbringen dieser großen Summen, ohne jemals um Geld zu bitten. Einige sagten, es käme daher, weil er ein Ausländer sei. Andere schrieben es der Neuartigkeit der Sache zu. Einige meinten, Müller müsse Zugang zu geheimen Schätzen haben. Die populärste Erklärung aber war, alles käme von den Jahresberichten, die Müller herausgab. Er antwortete auf dies alles sehr gelassen und überlegen.

Dass ich ein Ausländer bin, wäre, vernünftig betrachtet, viel eher ein Hindernis für das Anvertrauen so großer Summen, als dass es Spender zum Geben bewegen könnte. Was die Neuartigkeit betrifft, die das Geld hereinbringen soll, ist dessen Zeit längst vorüber. Es ist jetzt Juni 1856, und die Arbeit begann im März 1834. An dem geheimen Schatz, zu dem ich Zugang habe, ist mehr dran, als den Beobachtern bewusst ist, denn Gottes Schatz ist tatsächlich unausschöpfbar. Diesen Schatz habe ich (sonst allerdings keinen), und ich habe seit Beginn der Arbeit 113 000 Pfund daraus geschöpft, einfach durch Gebet und Glauben.

Auf die Annahme, die Jahresberichte seien das Mittel, wodurch all das Geld zusammenkam, antwortete Müller wie folgt:

Im Schreiben von Rechenschaftsberichten liegt nichts Außergewöhnliches. Das wird im Allgemeinen auch von öffentlichen Institutionen getan, aber die ständige Beschwerde lautet, dass diese Berichte nicht gelesen werden. Unsere Berichte sind, was die Kraft der Sprache oder das Ansprechen von Gefühlen betrifft, nicht außergewöhnlich. Sie sind ganz einfach Tatsachenberichte. Den Berichten werden keine persönlichen Bitten um Mittel beigefügt. Sie werden einfach an Spender geschickt oder an irgendwelche Einzelpersonen, die sie kaufen möchten. Wenn sie Resultate erzielen, was Berichte normalerweise nicht tun, kann ich das allein Gott zuschreiben.

… Wir bezweifeln nicht, dass der Herr immer wieder die Berichte als Werkzeuge gebraucht hat, um Menschen dazu zu führen, uns Mittel zur Verfügung zu stellen. Denn, weil wir beständig beachtliche Summen brauchen, und weil selbst 100 Pfund nur für eine kurze Zeit ausreichen, bitte ich den Herrn Tag für Tag inständig, mir die Mittel zu geben, indem Er zu den Herzen Seiner Kinder spricht und sie durch die Liebe Christi dringt, mir mit den Mitteln zu helfen, die Er ihnen anvertraut hat. Und so geschieht es, daran zweifle ich nicht, dass der Herr immer wieder durch Seinen Geist in den Herzen derer wirkt, die die Berichte gelesen oder gehört haben. Aber ob wir Mittel durch die Berichte oder ohne sie bekommen …, in jedem Fall ist es Gott, der für uns wirkt …

Der folgende Brief kam an Müllers Haustür an:

11. Oktober 1856

Lieber Herr,

in Bewunderung des Dienstes, den Sie an armen Waisenkindern und der Menschheit im Allgemeinen getan haben, denke ich, dass es richtig ist, etwas Fürsorge für Sie selbst zu treffen. Ich meine, es sei gut, Ihnen als Anfang 100 Pfund zu schicken (wobei ich hoffe, dass viele gute Christen etwas hinzufügen werden), um einen Fonds für Ihren Unterhalt und den Ihrer Familie zu bilden, und ich hoffe, dass Sie dies als Grundstock entsprechend anlegen werden. Möge Gott Sie und Ihre Arbeit segnen, wie Er es bisher in allem, was Ihre Institution betrifft, getan hat.

Ihr …

Müller sah diesen Brief als eine Versuchung, sein Vertrauen auf etwas anderes als auf Gott selbst zu setzen, und antwortete wie folgt:

Paulstraße 21, Kingsdown, Bristol
12. Oktober 1856

Mein lieber Herr,

ich zögere, Ihnen für Ihre freundliche Mitteilung zu danken, doch möchte ich Ihnen mitteilen, dass Ihr Scheck über 100 Pfund sicher in meine Hände gelangt ist.

Ich habe keinerlei Besitz, meine liebe Frau auch nicht. Ich hatte in den letzten 26 Jahren auch keinen einzigen Schilling als regelmäßiges Einkommen als Diener am Evangelium, auch nicht als Direktor des Waisenhauses und anderer Abteilungen der »Anstalt zur Ausbreitung der Schriftkenntnis« für England und das Ausland. Wenn ich irgendetwas nötig habe, falle ich auf meine Knie und bitte Gott, dass Er mir bitte das gibt, was ich brauche. Und Er legt es dann jemandem aufs Herz, mir zu helfen. So sind alle meine Wünsche in den letzten 26 Jahren großzügig erfüllt worden, und ich kann zur Ehre Gottes sagen, dass ich nichts vermisst habe. Meine liebe Frau und mein einziges Kind, eine Tochter, die jetzt 24 Jahre alt ist, denken wie ich. Keiner von uns ist in dieser gesegneten Lebensweise müde geworden, stattdessen werden wir Tag für Tag von ihrem Segen überzeugt.

Ich habe es nie für richtig gehalten, Vorsorge für mich selbst zu treffen, auch nicht für meine liebe Frau und meine Tochter, außer auf die Art, dass, wenn ich einen Notfall gesehen habe, eine alte Witwe, einen kranken Menschen, einen hilflosen Säugling, ich die Mittel, die Gott mir geschenkt hat, frei weggegeben habe. Ich glaube, dass, wenn entweder ich oder meine liebe Frau oder meine Tochter zu irgendeiner Zeit etwas nötig hätten, Gott reichlich zurückzahlen würde, was den Armen gegeben wurde, daran gedenkend, dass es Ihm selbst geliehen wurde.

Unter diesen Umständen ist es mir nicht möglich, Ihre freundliche Gabe von 100 Pfund anzunehmen, um einen Fonds für mich und meine Familie anzulegen, denn so habe ich Ihren Brief verstanden. Für alles, was mir ohne mein Bitten von solchen gegeben wird, die es in ihrem Herzen haben, meine persönlichen Ausgaben und die meiner Familie zu bezahlen, bin ich sehr dankbar. Auch jede Gabe für die Arbeit des Herrn, mit der ich beschäftigt bin, nehme ich als ein Vormund der Waisenkinder dankbar an. Ihre freundliche Gabe scheint mir aber speziell gegeben worden zu sein, um Vorsorge für mich selbst zu treffen. Ich glaube, dass es meinem Himmlischen Vater nicht gefallen würde, der mir bis jetzt mein tägliches Brot so reich gegeben hat. Sollte ich aber die Bedeutung Ihres Briefes missverstanden haben, bitte lassen Sie es mich wissen. Ich behalte den Scheck, bis ich wieder von Ihnen höre.

Völlig unabhängig von dem, was Sie mir schreiben werden, hat mich Ihre Freundlichkeit tief bewegt, und ich bitte Gott täglich, es möge Ihm gefallen, Ihnen alles, sowohl zeitlich wie auch geistlich, zu vergelten.

Ich bin, lieber Herr,
Ihr sehr dankbarer
Georg Müller

Zwei Tage später erhielt Müller eine Antwort, in welcher der Spender ihn bat, die 100 Pfund für die Unterstützung der Waisenkinder zu gebrauchen. Wenige Tage später erhielt er von demselben Spender weitere 200 Pfund für die Waisenkinder.

Im November 1857 war Müller in der Lage, Heim »Nr. 2« (wie es genannt wurde) in Ashley Down zu eröffnen: Es lag direkt südlich von Nr. 1, im rechten Winkel dazu. Es hatte Platz für 400 Mädchen – 200 Kleinkinder und 200 Mädchen von acht Jahren und darüber, und die ersten begeisterten Kinder zogen Mitte November ein.

Skeptiker bezweifelten, ob Müller in der Lage wäre, für 700 Kinder und den großen Mitarbeiterstab, den er jetzt beschäftigte, zu sorgen. Diese Zweifel wurden widerlegt; denn in den nächsten Jahren sollte Müller die Welt in Erstaunen setzen, indem er die Größe seines Werkes verdreifachte.

ALS DER SÜDWIND BLIES

Beide Waisenhäuser hatten Zentralheizung. Gegen Ende November 1857 brachte ein Helfer Müller eine schlechte Nachricht: »Der Heizkessel in Nr. 1 hat ein ziemliches Loch. Wir werden nicht durch den Winter kommen, wenn wir nichts dagegen unternehmen.«

Der Heizkessel war ganz von einer Backsteinmauer umgeben, und man konnte das Loch nicht finden, ohne diese Backsteinmauer abzubrechen, eine Arbeit, die wahrscheinlich den Heizkessel weiter beschädigen würde. Acht Winter lang hatte es keine Probleme gegeben, und dieser Fehler kam ganz unerwartet. Müller war überzeugt, dass, wenn er nichts täte, sondern einfach sagte, »ich vertraue hierin auf Gott«, dies Nachlässigkeit und Vermessenheit wäre, aber nicht Glauben an Gott. »Es wäre so«, sagte er, »das Gegenteil von Glauben.« Deshalb musste etwas getan werden, und zwar bald.

»Es geht mir sehr darum, dass die Kinder – besonders die jüngsten – nicht unter der Kälte leiden müssen«, sagte Müller zu seinem Helfer. »Es würde viele Wochen dauern, einen neuen Heizkessel zu installieren. Könnte der jetzige repariert werden?« »Wir wissen es nicht«, antwortete der Helfer, »aber auf jeden Fall wird es mehrere Tage dauern, das Mauerwerk zu entfernen und den Fehler herauszufinden. – »Könnten wir vorübergehend Gasherde gebrauchen?« – »Das Gas für das Beleuchtungssystem reicht nicht für eine so große Anzahl von Herden, wie nötig wären.« – »Könnten wir ›Arnott-Herde‹ benutzen?« – »Sie wären nicht geeignet, weil sie lange Schornsteine brauchen, um den Rauch abzuleiten.« – »Wie es auch werden mag«, sagte Müller, »Geld darf hier keine Rolle spielen. Ich will lieber Hunderte von Pfunden ausgeben, als die Kinder unter der Kälte leiden zu lassen.«

Müller entschied, dass die Backsteinummantelung des Heizkessels geöffnet würde, um das Ausmaß des Schadens zu sehen, und ob es möglich wäre, ihn zu reparieren, damit sie durch den Winter kämen. Er verabredete mit den Handwerkern, dass sie am folgenden Mittwoch kommen und alle notwendigen Vorkehrungen treffen sollten. Er wusste, dass das Feuer im Heizkessel gelöscht werden musste, wenn die Handwerker arbeiten sollten. Am Tag, nachdem Müller die Verabredung getroffen hatte, setzte das erste wirklich kalte Winterwetter ein, und ein rauer Nordwind blies. Es war Anfang Dezember. Müller kniete nieder, um zu beten: »Herr, Du weißt, dass ich die Reparatur nicht zurückstellen kann. Lieber Vater, ich bitte Dich um zwei Dinge. Bitte ändere den Nordwind in einen Südwind und gib den Handwerkern ›Mut zur Arbeit‹, wie Du es getan hast, als Nehemia die Mauern von Jerusalem in 52 Tagen aufbaute, weil ›die Menschen Mut zur Arbeit hatten‹.«

Am Dienstagabend, bevor die Handwerker ankommen sollten, blies der Nordwind immer noch, aber am Mittwoch gab es Südwind, so wie er es erbeten hatte. Das Wetter war so mild, dass kein Feuer gebraucht wurde. Die Handwerker kamen alle gleichzeitig, entfernten das Mauerwerk, fanden das Loch im Siedekessel und begannen, es zu reparieren.

Als Müller um ungefähr halb acht abends nach Hause gehen wollte, wurde er am Gartenhäuschen am Eingang zu den Ashley-Down-Heimen aufgehalten. »Der Leiter der Firma«, erzählte der Pförtner, »die den Heizkessel hergestellt hat, ist angekommen, um zu sehen, wie die Arbeit vorangeht und ob er die Dinge beschleunigen kann.«

Müller kehrte sofort nach Nr. 1 zurück und ging in den Keller, um den Chef und auch den Fortgang der Arbeiten zu sehen. »Die Männer werden heute Abend lange arbeiten«, sagte der Chef, »und morgen früh wiederkommen.« »Wir würden lieber die Nacht durcharbeiten«, sagte der Vorarbeiter.

Müller erinnerte sich an den zweiten Teil seines Gebetes. Gott hatte diesen Männern wirklich einen »Mut zur Arbeit« gegeben. Am Morgen wurden die Männer mit der Reparatur fertig. Sie stopften das Loch – wenn auch mit großen Schwierigkeiten – und bauten innerhalb von 30 Stunden das Mauerwerk wieder auf. Zum Schluss entzündeten sie das Feuer im Heizkessel. – Und die ganze Zeit über blies der warme Südwind.

Spenden für das 3. Heim kamen immer noch herein: Anfang 1858 erhielt Müller eine Gabe von 3000 Pfund und zwei weitere von 800 Pfund und 700 Pfund. Diese und ähnliche Gaben bedeuteten, dass Müller jetzt genug Geld hatte, um mit der Arbeit an Nr. 3 zu beginnen. Im September kaufte er knapp fünf Hektar Land auf der anderen Straßenseite von Nr. 1 und 2. Weil das Baugelände groß war, entschied er, Nr. 3 geräumig genug zu bauen, um 450 Kinder unterzubringen. Das würde bedeuten, dass er für 1150 Kinder zu sorgen hätte. Er würde jetzt noch einige Tausend Pfund mehr nötig haben. Im Dezember erklärte ihm ein Glasfabrikant, er wolle alles Glas für die 350 Fenster in Nr. 3 umsonst liefern. Anfang Januar 1859 bekam Müller 7000 Pfund, von denen er 4000 für den Baufonds beiseite legte.

Im Laufe der Jahre 1859 und 1860 kamen regelmäßig Gaben herein, darunter war eine Anzahl sehr wertvoller Spenden für den Bau. Noch während des Baus von Nr. 3 und lange vor der Eröffnung dieses Hauses bewegte Müller in seinen Gedanken eine noch weit dramatischere Ausweitung der Arbeit. Nach einer langen Zeit des täglichen Gebets und der Selbstprüfung entschied er, zwei weitere große Heime in Ashley Down für 850 Kinder zu bauen, sodass er schließlich für mehr als 2000 Kinder zu sorgen hatte. Was waren seine Gründe für eine so gewagte Ausweitung, und war sie wirklich notwendig?

Was die Notwendigkeit betraf, wuchs die Zahl der Aufnahmebewerbungen in den frühen 1860er Jahren ständig. Neue Bewerber kamen fast täglich an, manchmal drei oder vier an einem Tag. Außerdem hatte sich Müller bis dahin mehr darauf konzentriert, Heime für Mädchen zur Verfügung zu stellen als für Jungen. »Mädchen«, sagte er, »sind das schwächere Geschlecht und sind stärker dem völligen Untergang ausgeliefert als Jungen, wenn sie ohne Hilfe bleiben werden, und wir können sie leicht behalten bis sie 18 oder 19 Jahre alt sind. Aber jetzt«, setzte Müller fort, »kam mir immer häufiger der Gedanke, ob nicht auch mehr für die Jungen getan werden müsste, um, wenn möglich, zu verhindern, dass die Jungen einer Familie abgewiesen werden, während Mädchen hier bleiben können.«

Die Unterbringung in anderen englischen Waisenhäusern war immer noch unzureichend und ihre Aufnahmebedingungen höchst wählerisch. »Selbst wenn bei ihnen Raum vorhanden gewesen wäre«, sagte Müller, »was nicht der Fall ist, würden doch die bestehenden Aufnahmemodalitäten der meisten Häuser es gerade für die Ärmsten der Armen schwierig, wenn nicht unmöglich, machen, aufgenommen zu werden … Vor einiger Zeit bekam ich eine Bewerbung von einigen Waisenkindern, deren Mutter, eine Witwe, von ihren Versuchen, Befürworter für ihre vaterlosen Kinder zu bekommen, so erschöpft war, dass sie eines Tages nach Hause kam, sich hinsetzte und starb.« Die einzige andere Alternative für diese armen Kinder blieben also weiter die Arbeitshäuser.

Viele der Kinder – selbst Teenager –, die Müller seit Beginn seiner Arbeit aufgenommen hatte, konnten überhaupt nicht lesen, wenn sie in den Heimen ankamen. Müller berichtete, dass sie »die Freude hatten, Hunderte auszubilden, die sonst keine geistige Erziehung erhalten hätten. Außerdem lernten sie viele andere Dinge, die für dieses Leben von Vorteil sind, um sie zu nützlichen Mitgliedern der Gesellschaft zu machen«. »Aber«, fuhr er fort, »aller körperlicher und geistiger Fortschritt könnte uns nie befriedigen. Alles bliebe unserer Meinung nach völlig unwichtig, wenn sie nicht geistlich gesegnet würden … Und dieser Segen wurde uns geschenkt, nicht nur für 20 oder 50 Waisenkinder, sondern für Hunderte von ihnen.«

Beim Rückblick auf seine 30-jährige Wirksamkeit in Bristol erkannte Müller nur allzu deutlich, dass er das Werk noch weiter vergrößern musste. Erweiterte Verwaltungsarbeit wäre dabei nur ein kleines Problem. Anfang der 1860er Jahre hatte Müller schon drei vollzeitliche persönliche Sekretärinnen eingestellt, die ihm viel von der Korrespondenz, dazu die Buchführung und Ähnliches abnahmen. Er könnte seinen Mitarbeiterstab, wenn nötig, erweitern. Aber die Kosten, für 2000 Kinder plus Mitarbeiter, wären gewaltig. Zwei neue Heime mit dem notwendigen Grundstück kosteten allein schon ungefähr 50 000 Pfund.

»Und wie«, sagten Menschen, »werden Sie in der Lage sein, die

Arbeit fortzusetzen, vorausgesetzt, Sie können die Gebäude vollenden, weil dann die laufenden allgemeinen Kosten ungefähr 35 000 Pfund im Jahr betragen werden?«

»Ich fühle die Last der Verantwortung«, antwortete Müller, »wenn ich sie auf natürliche Weise betrachte. Ich bin kein Fanatiker oder Enthusiast, sondern wie es allen, die mich kennen, sehr bewusst ist, ein ruhiger, kühler, stiller, berechnender Geschäftsmann, darum wäre ich restlos entmutigt, wenn ich die Sache weltlich betrachtete. Aber wie die ganze Arbeit begonnen und immer fortgesetzt wurde, im Glauben auf den Lebendigen Gott und Ihm allein vertrauend, so geht es auch im Blick auf die geplante Ausweitung. Ich erwarte allein von dem Herrn Mitarbeiter, Land, Mittel und alles andere, das gebraucht wird. Ich habe monatelang über die Schwierigkeiten nachgedacht und jede einzelne ordentlich besehen, aber der Glaube an Gott hat eine nach der anderen beseitigt.«

Müller hatte seine Kinderarbeit begonnen, um zu zeigen, was durch Glauben erreicht werden könnte.

Mein Hauptziel war die Ehre Gottes. Ich wollte praktisch beweisen und zeigen, was durch das einfache Hilfsmittel des Gebetes und des Glaubens erreicht werden kann, damit dadurch die Gemeinde Jesu in ihrer Gesamtheit gesegnet und eine gleichgültige Welt dazu geführt würde, die Realität der Dinge Gottes zu erkennen. Ihnen sollte durch diese Arbeit gezeigt werden, dass der Lebendige Gott noch wie vor 4000 Jahren eben dieser Lebendige Gott ist. Dieses Ziel ist in überströmendem Maße erreicht worden. Scharen von Sündern sind dadurch bekehrt, Scharen von Kindern Gottes in aller Welt sind durch diese Arbeit gesegnet worden, so wie ich es vorausgeahnt habe. Aber je größer das Werk gewachsen ist, umso größer wurde der Segen, genau wie ich den Segen erwartet hatte. Denn die Aufmerksamkeit von Hunderttausenden ist durch dieses Werk erregt worden, und viele Zehntausende sind gekommen, um es zu sehen. All dies führt zu dem Verlangen, immer mehr auf diese Art zu arbeiten, um noch mehr Ehre auf den Namen des Herrn zu bringen … Dass alle sehen können, wie viel ein armer Mann, einfach durch Gottvertrauen und durch Gebet zustande bringt: Dadurch sollen andere Kinder Gottes dazu geleitet werden, zunehmend Ihm in ihren individuellen

Lagen und Umständen zu vertrauen. Das also ist der Grund für die weitere Vergrößerung des Werkes.

Ende Mai 1861 gab Müller seine Absicht zur Erweiterung seiner Arbeit bekannt. Es sollte für 2000 Kinder Platz geschaffen werden. Am Ende des Jahres waren von den 50 000 für den Bau der Häuser Nr. 4 und Nr. 5 benötigten Pfund noch nicht einmal 1000 Pfund eingegangen. Müller schätzte, dass es bei dieser Rate 25 Jahre dauern würde, bis alles für den Baufonds Nötige hereinkam. Aber er war nicht entmutigt. Er vertraute weiter.

Am Abend des 11. Januar verbrachte Müller mehrere Stunden in Ashley Down, um für die verschiedenen Aspekte der Arbeiten, die er leitete, und für Geld, das für den Baufonds hereinkommen sollte, zu beten. Als er nach Hause in die Paulstraße kam, fand er einen Scheck über 2000 Pfund mit dieser Notiz:

Ich lege einen Scheck im Wert von 2000 Pfund bei, den Sie als Ausdruck meiner Liebe und herzlichen Dankbarkeit annehmen können. Ich danke Gott für das Vorrecht, bei der Fürsorge für die Waisenkinder mithelfen zu können. Ich möchte, dass es für den Bau, den Sie, so Gott will, errichten möchten, verwendet wird. Ich hatte gedacht, 1000 Pfund für jedes Gebäude zu nehmen, aber Sie haben die Freiheit, alles für das erste zu verbrauchen, wenn Sie es für nötig halten. Insofern es für den Herrn getan wird, weiß ich, dass es gut angelegt ist.

Drei Tage später erhielt er weitere 2000 Pfund und 14 Tage später weitere 2500 Pfund. Es schien nicht auf eine Wartezeit von 25 Jahren bis zum Bau von Nr. 4 und Nr. 5 hinauszulaufen!

Im Frühsommer 1861 zog die Familie Townsend nach Bristol. Müller und John Townsend, der Georg Müller in der Sonntagsschularbeit in Bristol half, wurden Freunde. Townsends Tochter Abigail war noch nicht drei Jahre alt, als die Familie in Bristol ankam, aber sie war ganz vernarrt in Müller und verbrachte viel Zeit in Ashley Down und bei Georg und Mary in der Paulstraße. Sie konnte von ihren Eltern nicht genug hören, wie Gott für Müller und dessen Waisenkinder sorgte.

»Ich möchte wie Georg Müller werden«, sagte sie oft. Einmal sagte sie in der Paulstraße: »Ich wünschte, Gott würde meine Gebete so erhören wie Ihre, Georg Müller.« – »Er wird es, Schätzchen.«

Indem er Abigail auf seine Knie nahm, wiederholte er das Versprechen des Herrn Jesus: »Alles, um was ihr auch betet und bittet, glaubt, dass ihr es empfangen habt, und es wird euch werden« (Markus 11,24).

»Nun Abbie«, fragte er, »was ist dein Wunsch, um den du Gott bitten möchtest?« – »Etwas Wolle.« – Ihre Hände zusammenlegend sagte Müller: »Wiederhole jetzt, was ich sage: ›Bitte, Gott, schicke Abbie etwas Wolle.‹« – »Bitte, Gott, schicke Abbie etwas Wolle.«

Sie hüpfte herunter und rannte in den Garten, um zu spielen, ganz sicher, dass die Wolle kommen würde. Dann erinnerte sie sich daran, dass Gott nicht wusste, was für Wolle sie wollte. So rannte sie zurück zu Müller. »Ich möchte noch einmal beten.« – »Nicht jetzt, meine Liebe, ich bin beschäftigt.« – »Aber ich vergaß, Gott zu erzählen, welche Farbe ich haben möchte.« – Sie wieder auf seine Knie nehmend, sagte Müller: »Das ist richtig, sei immer sehr bestimmt, mein Kind, erzähle Gott jetzt, was du haben möchtest.« – »Bitte, Gott, sende es vielfarbig«, sagte Abigail, die für ihr Alter schon ein umfangreiches Vokabular besaß.

Am nächsten Morgen kam ein Päckchen für Abigail an, das eine Menge vielfarbiger Wolle enthielt. Ihre Sonntagsschullehrerin hatte sich erinnert, dass Abigail bald Geburtstag hatte, nur wusste sie das genaue Datum nicht. Weil das Kind gern strickte, schickte sie ihr die Wolle. Es war nicht ihr Geburtstag – aber es war der richtige Tag, um ihr zu ihrer Freude zu demonstrieren, dass Gott Gebete hört und erhört.

Eine der beliebtesten Anekdoten über Müller handelt ebenfalls von Abigail Townsend. Die Geschichte steht nicht in Müllers Tagebuch, sondern ist in einer Kurzbiografie aufgezeichnet – *Die Abenteuer von Schwester Abigail*: An einem frühen Morgen spielte Abigail im Garten in Ashley Down, als Müller herauskam und sie an der Hand nahm. »Komm und sieh, was unser Vater tun will.«

Er führte sie in den langen Speisesaal mit den Tellern, Tassen und Schalen, mit denen der Tisch gedeckt war. Nach den Berichten (die vielleicht etwas übertrieben wurden, bevor sie aufgeschrieben wurden) war nichts auf dem Tisch als nur das leere

Geschirr. Die Kinder standen und warteten auf das Frühstück. »Kinder, ihr wisst, dass ihr pünktlich in der Schule sein müsst«, sagte Müller. Seine Hände aufhebend betete er: »Lieber Vater, wir danken Dir für das, was Du uns zu essen geben wirst.«

Dann hörten es alle an der Tür klopfen. Der Bäcker stand da: »Herr Müller, ich konnte letzte Nacht nicht schlafen. Irgendwie fühlte ich, dass Sie kein Brot zum Frühstück hatten und der Herr wollte, dass ich Ihnen etwas schicke. So bin ich um zwei Uhr aufgestanden und habe einiges frisches Brot gebacken und es gebracht.« Müller dankte dem Bäcker und pries Gott für Seine Fürsorge. »Kinder«, sagte er, »wir haben nicht nur Brot, sondern sogar frisches.«

Fast unmittelbar danach hörten sie zum zweiten Mal ein Türklopfen. Jetzt war es der Milchmann: »Herr Müller, mein Milchwagen ist draußen vor dem Waisenhaus zusammengebrochen. Ich möchte den Kindern die Kannen mit frischer Milch geben, damit ich den Wagen leeren und reparieren kann.« Müller dankte dem Milchmann, und die Kinder freuten sich über ihr Frühstück.

Nach einigen Verzögerungen beim Bau wurde das 3. Waisenhaus in Ashley Down am 2. März 1862 eröffnet. Als größtes der Gebäude, die Müller in Ashley Down aufgebaut hat, war die Anlage von Nr. 3 gleichzeitig die prominenteste und wurde (und ist immer noch) ein bekanntes Wahrzeichen von Bristol. Ein Mann, der in Horfield lebte und Ashley Down täglich sehen konnte, sagte, dass »immer, wenn er Zweifel an dem lebendigen Gott in seinen Gedanken aufsteigen fühlte, aufstand und in der Nacht auf die vielen erleuchteten Fenster von Ashley Down sah, die durch die Dunkelheit schienen wie Sterne am Himmel.«

Aber mit einer Warteliste von jetzt fast 1000 Kindern ging es Müller darum, dass noch mehr Sterne in Ashley Down scheinen sollten. Im Oktober 1864 brachte eine Spende von 5000 Pfund den Baufonds auf über 27 000 Pfund, und Müller wollte Land kaufen, um das 4. Heim zu bauen. Seit einigen Jahren hatte er mit einem wunderbaren Gelände geliebäugelt, das auf der gleichen Seite der Ashley-Down-Straße lag wie Nr. 1 und 2, Nr. 3 gegenüber. Das Gelände war ungefähr 7,2 ha groß und an seinem Ende stand ein kleines Haus mit Nebengebäude, ganz in der Nähe der Stelle, wo der Sefton-Park-Weg (damals ein enger Pfad) auf die Ashley-Down-Straße trifft. Müller hatte Hunderte Male gebetet, er möge in die Lage kommen, zwei große Häuser auf diesem Gelände zu bauen.

Jetzt, da er genug Geld hatte, um das 4. Haus zu bauen, traf Müller den Anwalt, der den Eigentümer des Landes vertrat, und fragte ihn, ob das Land zum Verkauf stand. »Allerdings«, antwortete der Anwalt, »aber es ist bis zum 25. März 1867 verpachtet.«

Müller war bei dieser Nachricht nicht entmutigt. Er erwartete, durch Gebet mit dem Pächter einig zu werden, und ihn zu überreden, für eine faire Abfindung früher wegzugehen. Aber jetzt entstanden noch zwei andere Schwierigkeiten: Erstens, dass der Eigentümer des Geländes 7000 Pfund dafür haben wollte, was Müller für viel zu teuer hielt, und zweitens las er, dass die Stadtwerke von Bristol planten, ein zusätzliches Wasserreservoir auf diesem Gelände zu bauen, und dabei waren, dafür eine Regierungsverfügung zu bekommen.

Mehrmals täglich betete Müller jetzt für diese drei Probleme. Er ging dann, um die Direktion der Stadtwerke von Bristol nach ihrem Wasserreservoir zu fragen. »Nur sehr wenig Land wird für das Reservoir benötigt«, sagte der Vorstand ihm, »nicht genug, um Ihren Plänen im Wege zu stehen. Wenn möglich, werden wir uns bemühen, dieses Land überhaupt nicht zu nehmen, sofern ein anderes zur Verfügung steht.«

Erleichtert besuchte Müller danach den Pächter, erzählte ihm von seinen Plänen für das Gelände und hoffte, dass es möglich wäre, es lange vor März 1867, dem Ende des Pachtvertrages, zu kaufen. »Ich hoffe sehr«, fügte Müller hinzu, »dass wir diese Angelegenheit auf eine angenehme und freundliche Weise erledigen können.« »Bitte geben Sie mir einige Tage Zeit, um über die Dinge nachzudenken«, antwortete der Pächter.

Während der Pächter nachdachte, betete Müller. Nach einer Woche besuchte er den Pächter wieder. »Ich möchte nicht im Wege stehen, wenn das Gelände für einen so wertvollen Zweck gebraucht werden soll«, antwortete der Pächter. »Aber weil ich in das Haus viel Geld gesteckt habe, erwarte ich einen fairen Ausgleich dafür, dass ich früher weggehe.« »Darauf bin ich vorbereitet und will es gerne tun«, sagte Müller.

So weit, so gut. Aber jetzt musste Müller das letzte und schwierigste Problem anpacken: das des Preises, den der Eigentümer für das Gelände haben wollte. Typisch für ihn, kombinierte er inbrünstiges Gebet mit einem ausgewogenen Geschäftssinn – wir sehen Müller als zähen Verhandlungsführer. Er wusste sehr wohl, wie viel das Gelände für seine Institution wert war; aber er wusste ebenfalls, dass sein Wert für die Waisenhäuser nicht derselbe wie der Marktwert war.

»Lieber Himmlischer Vater«, betete er, »willst Du den Eigentümer des Geländes dahin bringen, dass er eine bedeutend geringere Summe akzeptiert, als er jetzt fordert?«

Er besuchte den Eigentümer, und freundlich, aber fest erzählte er ihm, warum er nicht glaubte, dass das Land das wert war, was er verlangte. Sie sprachen eine Weile miteinander, und der Eigentümer war einige Minuten still. »Ich werde 5000 Pfund für das Gelände akzeptieren statt der 7000 Pfund, die ich ursprünglich verlangte.«

Müller war damit einverstanden und stimmte zu. Er wusste, dass er, weil das Gelände eben war, Geld beim Legen der Fundamente für die zwei neuen Heime sparen konnte. Ein neues Abwassersystem, das vor wenigen Monaten fertig wurde, würde den Heimen sehr nützen. Er könnte weiter Gas aus Bristol beziehen, und schließlich erkannte er den großen Vorteil für sich: Die Nähe des Gebäudes zu den anderen Heimen bedeutete, dass die ganze Institution von dort aus leicht gelenkt werden konnte. Kein anderes Gelände brachte die gleichen Vorteile. Obwohl er es sich nicht anmerken ließ, hatte Müller ein Schnäppchen gemacht. »Der Herr hat es uns freundlicherweise gegeben«, dachte er.

Ein Missionar, der trotz seiner Jugend einen großen Eindruck auf Müller machte, besuchte Ashley Down im August 1865: James Hudson Taylor. Von den ersten Tagen seines christlichen Lebens an war Taylor von Müllers Vorbild inspiriert worden; und jetzt – im Alter von 33 Jahren, aber schon mit sechs Jahren Erfahrung in China – hatte er seine eigene Missionsgesellschaft auf ähnliche Prinzipien gegründet wie Müllers Heime. Er schätzte den Mann Gottes mit seinen Gebeten, Urteilen und Ratschlägen hoch ein.

Am 22. August kam er in Ashley Down mit einer Gruppe junger Mitglieder der neuen China-Inland-Mission an und schrieb in sein Tagebuch:

Hatte eine Stunde mit Müller. Er sprach sehr deutlich über den Ruf und Geist eines Missionars, über das fortlaufende Lesen der Schrift, über Gebet und Glauben an Gott, über Hindernisse und Dornenhecken.

Am nächsten Tag berichtete Taylor:

Müller sprach darüber, dass Gemeinschaft mit Gott Arbeit für Gott ist, und über die Notwendigkeit, nicht zu handeln, bevor man ganz sicher ist, im Blick auf den freien Umgang mit Menschen und darauf, das Englischsprechen unter uns zu beschränken (in der Gegenwart von Chinesen, die es nicht verstehen konnten), und zum Schluss versprach er, für die Gruppe zu beten.

Während Müller die jungen Missionare in den drei Heimen herumführte und sie die fröhlichen, gesunden und wohlgekleideten Kinder sahen, fingen sie an zu ahnen, welchen Wert Müllers Versprechen für sie hatte. Während der nächsten 20 Jahre war Müllers praktische Unterstützung entscheidend für die Entwicklung der China-Inland-Mission.

UNBESCHREIBLICHES GLÜCK

»Vor einigen Tagen ging ich den Ashley Hügel empor«, sagte ein Bauer, »als ich Herrn Müller traf, der in die Stadt ging. Wenn ich ihn nicht gekannt hätte, hätte ich gedacht, dass es ein Herr war, der es sich wohl sein ließ und der keine Sorgen hatte. So ruhig wanderte er, so friedevoll und so stattlich war sein Auftreten. Der 23. Psalm schien über sein ganzes Gesicht geschrieben zu sein.«

Müller war 1865 in seinem 60. Lebensjahr; aber er hatte sich fast nicht verändert. Seine Gesundheit war viel besser als in seinen 20er und frühen 30er Jahren. Arthur Tappan Pierson, der amerikanische Bibellehrer und Biograf, der Müller gut kannte, schrieb:

Seine Figur war groß und schlank, immer ordentlich gekleidet, aufrecht gehend und mit festen und starken Schritten. Sein Gesichtsausdruck mochte streng aussehen, wenn er sich ausruhte, aber das Lächeln, das so gewohnheitsmäßig seine Augen erhellte und über sein Gesicht spielte, hinterließ einen Eindruck auf den Fältchen seines Gesichts. Sein Benehmen war von einfacher Höflichkeit und nicht angelernter Würde. Niemand fühlte sich in seiner Gegenwart als ein nutzloser Niemand. Er war umgeben von einer bestimmten unbeschreiblichen Autorität und Majestät, die an einen geborenen Prinzen erinnern. Aber mit diesem allen war eine große Schlichtheit verbunden, so kindlich, dass selbst Kinder sich bei ihm wohl fühlten. In seiner Sprache verlor er nie ganz seinen besonderen, fremden Akzent. Er artikulierte immer langsam und gemessen, als stände eine Doppelwache an den Türen seiner Lippen …

Diejenigen, die ihn nur wenig kannten und ihn nur mit ernstem Gesicht sahen, mögen gedacht haben, dass es ihm an dieser besonderen menschlichen Qualität, dem Humor, mangelte. Aber er war weder ein Asket, noch fehlte ihm das Element der harmlosen Freude am Lustigen und die Begeisterung über eine gute Geschichte, die ihn ganz vereinnahmen konnte. Gewöhnlich war er sachlich, aber er freute sich über einen Witz, der nichts

Unreines an sich hatte und der sich nicht über andere lustig machte oder sie beleidigte.

Müller war gern in Ilfracombe: Er liebte es, rund um den durch den Capstone-Hügel vor den Seewinden geschützten Hafen zu wandern, oder die alte Stadt zu durchstreifen, die oben auf den Klippen gebaut war. Dann nahm er, wenn das Wetter gut war, seine Familie mit, um auf die bewaldeten Höhen zu steigen, die einen Halbkreis um die Stadt bilden.

Im September 1865 besuchte er Ilfracombe, »um Luftveränderung zu bekommen«. Am 4. kletterte er morgens mit Mary und Lydia auf den Capstone-Hügel. Während sie von der Höhe wieder herabstiegen, kamen zwei Männer auf sie zu.

»Entschuldigen Sie bitte«, sagte einer von ihnen, »sind Sie nicht Herr Müller?« – »Das bin ich.« – »Ich möchte Ihnen etwas Geld für die Waisenkinder geben.« – »Warum setzen Sie sich nicht mit mir kurz auf diese Bank, damit wir weitererzählen können?«, sagte Müller.

»Ich wohne in der Nachbarschaft von M. Ich bin ein Geschäftsmann, und zwar was man einen hart arbeitenden Geschäftsmann nennt. Vor einiger Zeit fiel einer Ihrer Berichte in meine Hände. Aber ich muss ehrlich sagen, dass ich es nicht glauben konnte, dass Sie Ihr Geld einfach als Antwort auf Gebete bekommen; ich bezweifelte, dass das wahr ist. Aber die Sache ging mir immer wieder durch den Kopf.

Während ich so überlegte, ob Gott wirklich mit Ihnen war und ob Sie wirklich einfach durch Glauben und als Antwort auf Gebete diese großen Geldsummen erhielten, hörte ich von einem bestimmten Gelände, das verkauft werden sollte und ich gerne kaufen wollte, wenn es günstig abgegeben würde. Ich besah es und ließ seinen Wert von einem kompetenten Geschäftsmann schätzen. Er sagte mir, wie viel es wert war. Ich sagte dann zu mir selbst in meiner skeptischen Art: ›Ich will jetzt sehen, ob Gott mit Herrn Müller ist oder nicht. Wenn ich das Grundstück für einen bestimmten (d.h. für einen niedrigeren) Preis bekomme, will ich Herrn Müller 100 Pfund geben.‹

Ich beauftragte dann jemanden damit, für mich bei der Versteigerung des Grundstücks zu bieten. Das war an einem weit entfernten Ort. Aber meine Neugier, zu sehen, ob sich Gott wirklich für Sie in dieser Angelegenheit einsetzte, war so groß, dass ich den nächsten Zug nahm und selbst an den Ort fuhr, wo die Versteigerung stattfand, damit ich so früh wie möglich erfahren konnte, wie die Sache auslief.

Ich erfuhr zu meiner Überraschung, dass ich dieses wertvolle Grundstück wirklich genau zu dem niedrigen Preis bekam, den ich festgesetzt hatte. Ich war erstaunt. Aber ich fing an, mehr über die Prinzipien nachzudenken, nach denen Sie handeln, und ich wunderte mich, dass ich oder jemand anders als Christ infrage stellen könnte, was Sie über Antworten auf Gebet sagen. Je mehr ich über die Angelegenheit nachdenke und je mehr ich Ihre Berichte lese, desto mehr sehe ich, dass es richtig und angebracht ist, zu Gott mit all unseren Nöten zu kommen und Ihm für alles zu vertrauen.

Nachdem das Grundstück übertragen und alles geregelt war, fand ich es richtig, mein Versprechen einzulösen. So machten sich mein Freund, den Sie gerade mit mir gesehen haben, und ich auf zu einer Tour durch Devonshire. Wir waren dann gestern auf unserem Rückweg bei Ihnen, aber Sie waren nicht zu Hause. Wir übernachteten in Bristol, und nachdem wir dort Ihre Adresse erhalten hatten, kamen wir heute hier nach Ilfracombe, denn ich wollte Sie persönlich kennenlernen.«

»Gut«, sagte Müller, »ich bin überhaupt nicht überrascht, dass Gott so für mich arbeitet, weil ich Tag für Tag Seine Hilfe suche und so, als Antwort auf Gebet, von den ungewöhnlichsten Menschen und von völlig Fremden Spenden für die Arbeit bekomme. Zum Beispiel bekam ich vor Kurzem einen Brief von einem Rechtsanwalt in M., wo Sie herkommen, in dem er mich bat, ihm die richtigen Formulare zu schicken, wie jemand sein Testament zugunsten der Waisenkinder machen kann. Einer seiner Klienten wünschte, den Waisenkindern 1000 Pfund zu vererben. Nun, soweit ich weiß, bin ich nicht persönlich bekannt mit einem einzigen Menschen in M., noch weiß ich den Namen dessen, der uns die 1000 Pfund hinterlassen möchte.«

»Was das Testament betrifft«, antwortete der Fremde, »darüber kann ich Ihnen etwas sagen. Nachdem ich das Gelände bekommen hatte, sah ich, wie falsch es war, skeptisch auf Ihr Werk zu blicken, als ob das Gebet keine Realität wäre. Ich entschied, Ihnen weiter zu helfen. Ich dachte bei mir, obwohl ich gesund bin und erst in den mittleren Jahren, dass es gut wäre, mein Testament zu machen und Ihnen 1000 Pfund für die Waisenkinder zu vererben.«

So lernte Müller den Menschen kennen, in dessen Auftrag der Rechtsanwalt ihm geschrieben hatte. Eine Stunde später kam dieser ehemalige Skeptiker mit einem Scheck über 100 Pfund in Müllers Unterkunft.

Schon im Jahre 1859 sagte der Arzt zu Müllers Freund und Mitarbeiter, Henry Craik, er habe ein schwaches Herz. Im Sommer 1865 trat seine Krankheit immer stärker in Erscheinung. Er war jetzt, wie sein Freund Müller, 60 Jahre alt. Im Januar 1866 lag Craik im Sterben, der Mann, der zweimal einen Ehrendoktortitel abgelehnt hatte, den ihm die St.-Andrews-Universität in Anerkennung seiner theologischen Schriften verleihen wollte. Unter den Briefen, die Craik im Januar erhielt, war ein liebevoller von J. N. Darby, der ihn einen »lieben Bruder« nannte und traurig über ihre »gemeindliche Trennung« war.

Müller war oft am Bett seines Freundes. Bei einem Besuch küsste er ihn. Craik war sehr elend. Müller wollte schon gehen, als Craik, zu schwach, sich noch zu unterhalten, andeutete: »Bitte, setz dich.« Auch Craiks Frau setzte sich so, dass er sie beide sehen konnte. Niemand sprach. Nachdem Müller dort für eine Weile still gesessen hatte, ging er.

Am nächsten Tag bekam Müller eine Erkältung und musste einige Tage zu Hause bleiben. Während dieser Zeit starb Craik. Beide, Müller und Craik, waren seit etwas mehr als 40 Jahren Christen. Müller sagte: »Mein geliebter Bruder und Freund hat jetzt seinen Lauf vollendet. Ich habe das Vorrecht und die Ehre, weiter für den Herrn arbeiten zu dürfen, und muss das jetzt ohne ihn und ohne seine Ratschläge tun.« Die gewaltige Volksmenge, die sich in Bethesda zu Craiks Beerdigung versammelte, war ein

Zeugnis dafür, wie sehr die christliche Gemeinschaft den Verlust betrauerte.

Im Mai 1866 begannen die Bauarbeiten am 4. Waisenhaus, und im Januar 1867, als weitere 7000 Pfund gekommen waren, wurde mit Nr. 5 begonnen. Die Bauaufträge für beide Häuser verschlangen über 41 000 Pfund. Dabei wurde alles Glas für die 700 Fenster freundlicherweise von einer Baufirma spendiert. An einem Feiertag (Guy Fawkes Day) im Jahr 1868 wurde das 4. Haus eröffnet, und am 6. Januar 1870 weihte Müller feierlich das letzte der großen Gebäude in Ashley Down ein: das Waisenhaus Nr. 5.

Müllers großes Erweiterungsprogramm in Ashley Down war vollendet. 25 Jahre waren vergangen, seitdem er den Plan, seine eigenen Waisenhäuser zu bauen, zum ersten Mal bekanntgegeben hatte. Aber er konnte sich deshalb nicht auf seinen Lorbeeren ausruhen. Jeden Morgen stand er um halb sieben auf, und um viertel vor acht, nach seiner üblichen Zeit für Gebet und Bibelstudium, begann er mit seiner Arbeit. Zusätzlich hatte er mit der Korrespondenz zu tun. (Bis zu den 1850er Jahren hatte er seine Korrespondenz von ungefähr 3000 Briefen im Jahr ohne eine Sekretärin erledigt.) Dann – so berichtete die *Times* einige Jahre später, »kamen um zehn Uhr neun Assistenten zu ihm, denen er seine Anweisungen gab«.

Und so ging es fort. Die Ausgaben für die Kinder betrugen jetzt 30 000 Pfund im Jahr. 2000 Kinder mussten ernährt und gekleidet werden. Ihre Kleidung war zu waschen und auszubessern. Weit über 2000 Paar Schuhe mussten gekauft und instand gehalten werden. Jedes Jahr kamen Hunderte neuer Kinder und brauchten Kleidung und Schuhe. Hunderte von Jungen und Mädchen gingen hinaus als Lehrjungen oder Hausmädchen und erhielten Anzüge usw. auf Kosten der Heime. Für jeden Jungen, der das Heim als Lehrling verließ, wurde seinem Lehrherrn ein Lehrgeld bezahlt, das ungefähr dem Lebensunterhalt für ein Jahr entsprach. Wann immer ein Kind wegging, erhielt es vom Heim seine Reisekosten erstattet.

Die Instandhaltung der fünf riesigen Gebäude mit ihren 1700 großen Fenstern und über 500 Räumen kostete viel Geld. Ferner mussten Tausende von Möbelstücken stets in Ordnung gehalten oder ersetzt werden.

Wenn die Kinder krank wurden oder starben, entstanden Extrakosten. Zu dem großen Mitarbeiterstab in Ashley Down gehörten: ein Schulinspektor, die Hausmütter, Lehrer, Ärzte, Kinderschwestern und Müllers Sekretärinnen. Sie alle bekamen ihre Gehälter von dem Geld, das durch Gebet hereinkam. Müller sagte dazu: »Wir können das leicht bewerkstelligen, vielleicht leichter als die reichsten Herren, indem wir einfach in unserer Armut auf den unendlich reichen Gott sehen.«

Mary Müller war die ideale Ehefrau für den Direktor der fünf großen Kinderheime. »Mein Schatz«, sagte Müller oft zu ihr, »Gott selbst hat dich für mich ausgesucht. Du bist die geeignetste Ehefrau, die ich mir hätte wünschen können.«

Während der Prüfungsjahre von 1838 bis 1846, als Müller manchmal sein eigenes Geld nehmen musste, um die Ausgaben in den Heimen zu bestreiten, hat Mary ihm das nie übel genommen, sondern vereinigte sich mit ihm im Gebet, damit Gott helfen möge. Wenn es dann soweit war – und Gott half jedesmal, weinten sie oft zusammen vor Freude.

Mary hatte nicht nur eine gute Allgemeinbildung. Sie war auch geschickt in Handarbeiten und hatte ein Auge für die passenden Stoffe und solche Qualitäten, die für Kleidung und Bettwäsche in Ashley Down infrage kamen. Es lag in ihrer Verantwortung, Hunderttausende von Metern jeder Art Stoff zu bestellen. Sie beurteilte das Material, wenn es ankam, und schickte es zurück, wenn es nicht gut war. Jeden Monat kontrollierte sie die ganze Buchführung und prüfte Hunderte von Rechnungen der Hausmütter. In Ashley Down hieß es, dass, wenn je ein Händler oder eine Hausmutter auch nur den kleinsten Fehler machte, Mary ihn sicher entdeckte. Sie war fast jeden Tag in Ashley Down und kümmerte sich besonders um kranke Kinder.

Über seine Ehe mit Mary sagte Müller:

Jedes Jahr wurde unser Glück größer und größer. Nie habe ich meine geliebte Frau irgendwo in Bristol unerwartet getroffen, ohne mich darüber zu freuen, dass ich sie sah. Auch in den Waisenhäusern sah ich sie nie, ohne dass mein Herz glücklich darüber war. Täglich, wenn wir uns in unserem Ankleidezimmer im Waisenhaus trafen, um unsere Hände vor dem Mittag- oder Abendessen zu waschen, freute ich mich, sie zu sehen, und ihr ging es genauso. Tausende Male sagte ich ihr – »Mein Schatz, solange du meine Frau bist, habe ich mich immer gefreut, bei dir zu sein.«

Außerdem verbrachte ich, wenn immer es möglich war, nach dem Mittagessen 20 Minuten oder eine halbe Stunde mit ihr in ihrem Zimmer im Waisenhaus. Wir saßen auf der Couch, die uns die Liebe eines christlichen Bruders zusammen mit einem bequemen Sessel hatte zukommen lassen … Ich wusste, dass es für sie gut war, wenn ihr kostbarer und aktiver Verstand und ihre Hände Ruhe bekamen, und ich wusste gut, dass nichts daraus würde, wenn ihr Ehemann nicht an ihrer Seite war … Ich genoss diese kostbaren Augenblicke mit meiner geliebten Frau. Dort saßen wir dicht nebeneinander, ihre Hand lag stets in meiner, und wir tauschten einige liebe Worte oder schwiegen. Immer aber waren wir sehr glücklich im Herrn und miteinander, einerlei, ob wir sprachen oder still waren … Unser Glücklichsein in Gott oder miteinander war unbeschreiblich … Wir hatten nicht nur einige glückliche Tage in jedem Jahr, nicht einen glücklichen Monat, sondern wir hatten zwölf Monate des Glücks im Jahr, und das jahrein, jahraus. Sehr, sehr oft sagte ich: »Mein Schatz, glaubst du, dass es ein Ehepaar in Bristol oder sogar in der ganzen Welt gibt, das glücklicher ist als wir?«

Müller glaubte, dass eins der größten Geheimnisse ihres Eheglücks darin lag, dass sie neben ihren persönlichen Gebeten und den Gebeten in der Familie oft gemeinsam die Hände falteten.

Viele Jahre lang hatten meine wunderbare Frau und ich sofort nach dem Familiengebet am Morgen eine kurze Gebetszeit zusammen, wobei die wichtigsten Gebetsanliegen für diesen Tag vor Gott gebracht wurden. Wenn starke Prüfungen länger bestanden oder wenn irgendeine Not besonders groß war, beteten wir nach dem Mittagessen wieder zusammen, wenn ich in ihr Zimmer kam … und in Zeiten ganz außergewöhnlicher Schwierigkeiten oder Nöte wurde das manchmal noch ein- oder zweimal am Nachmittag wiederholt …

Und am Abend, während der letzten Stunde unseres Aufenthaltes im Waisenhaus, empfanden wir es als selbstverständlich, dass diese

Stunde dem Gebet gehörte, obwohl wir beide sehr viel Arbeit hatten. Meine geliebte Frau kam dann in mein Zimmer und Bitten und Fürbitten, gemischt mit Danksagung, dauerten im Allgemeinen 40 Minuten, 50 Minuten und manchmal die ganze Stunde. Während dieser Zeiten brachten wir wohl 50 oder mehr verschiedene Dinge, Menschen oder Umstände vor Gott.

Mary Müller war 1870 72 Jahre alt. Seit ein oder zwei Jahren konnte man sehen, dass ihre Gesundheit sich verschlechterte: Sie nahm ab und ermüdete schnell. Müller versuchte ohne Erfolg, sie zu überreden, weniger zu arbeiten und mehr zu essen. Häufig lag Mary nachts zwei oder mehr Stunden wach, dann drückte Müller ihr gegenüber seine Besorgnis aus. »Mein Lieber«, sagt sie dann, »ich werde alt, und alte Menschen brauchen nicht so viel Schlaf.«

Zwei Jahre vorher hatte sie ihm gesagt: »Mein Schatz, ich denke, dass der Herr mir erlauben wird, die neuen Waisenhäuser Nr. 4 und 5 möbliert und eröffnet zu sehen, und dass ich dann vielleicht heimgehe. Aber vor allem wünschte ich, dass der Herr Jesus wiederkommt und dass wir zusammen gehen.«

Und wirklich erlaubte der Herr ihr, sowohl Nr. 4 als auch Nr. 5 eröffnet zu sehen, und noch 1869 verbrachte sie fast jeden Tag bei der Arbeit in den fünf Häusern. Leider hatte sie zu viel gearbeitet.

»KEIN ORT SCHIEN JE SO KOSTBAR«

»Ich habe nie erlebt, dass meine Mutter mich gestreichelt, mich zur Kirche mitgenommen oder mich ein Kindergebet gelehrt hätte.« Das waren die Worte von William Ready, der in einem Arbeitshaus in London am 23. Januar 1860 geboren wurde. Sein Vater, ein Alkoholiker, war unfähig, seine Frau und Williams neun Brüder und Schwestern zu ernähren. 1865 waren beide Eltern gestorben, und die zehn Kinder blieben als Waisen zurück.

William begann das Leben eines Obdachlosen. Er schlief in Mülltonnen oder in den dunklen Ecken der Eisenbahnunterführungen. »Manchmal«, sagte er später, »habe ich ein Stück Apfelsinenschale mit solchem Vergnügen aufgelesen, als hätte ich einen Sixpence gefunden, und oft habe ich an Zigarettenstummeln gekaut, um die Schmerzen des Hungers zu lindern. Manchmal bin ich in die Kneipen gegangen, um dort die Zoten zu singen, die wir auf der Straße lernten, was im Allgemeinen gut bezahlt wurde … Sonntagmorgens um vier Uhr pflegte ich die Marktwaren zum Covent Garden Market zu tragen, und meine Hände und Füße hatten oft Frostbeulen.«

Aus diesem Zustand wurde William Ready im Alter von zwölf Jahren 1872 von James Walk, einem Londoner Stadtmissionar, gerettet. Walk konnte es endlich für Ready arrangieren, nach Ashley Down zu kommen. »Ich war nicht glücklich, kann ich Ihnen versichern«, erinnert sich Ready, »als ich mich innerhalb des Häuserblockes mit den großen Eisentüren befand, die sich hinter mir schlossen. Ich sah die Menschen, die mir meine Straßenfreiheit genommen hatten, nicht als Freunde an. Als sich die Türen gerade erst geschlossen hatten, fühlte ich mich wie in Gefangenschaft, und großes Heimweh überfiel mich. Ich sehnte mich nach den Straßen der Hauptstadt und nach den Lichtern von London. Ich war wie ein Vogel im Käfig, und wenn jemand zu mir gesagt hätte: ›Du kannst zurückgehen‹, hätte ich gesagt, ›danke, mein Herr, Sie sind mein Freund.‹«

Die Mitarbeiter von Ashley Down badeten William und kleideten ihn in seine Schuluniform – Kordhosen, eine blaue Weste, eine Jacke und einen weißen Kragen. Er vergaß nie den Tag, an dem er zum ersten Mal in den Esssaal geführt wurde. Alle Jungen versammelten sich um ihn und fingen an, ihn zu kneifen und an den Haaren zu ziehen. Die Glocke läutete, und die Jungen setzten sich an ihre Plätze am Tisch. Zum ersten Mal in seinem Leben hatte er keinen Hunger! O, könnte er in seine alten Schlupfwinkel zurückkriechen, aus Taxis und Bussen springen! Sie legten zwei Stücke Brot und etwas Sirup auf den Blechteller, der vor ihm stand, aber er konnte nichts essen.

»Möchtest du dein Abendbrot nicht?«, sagte ein Junge zu ihm. – »Nein!« – Die Jungen, die rechts und links neben ihm saßen, aßen seinen Teil mit auf.

An dem Abend ärgerten ihn die anderen Jungen, bis sein irisches Blut zu wallen begann. Er kämpfte mit einem Jungen, und dann kam ein richtig strammer Bursche, Curly Oliver dazu, der sich allzu gern eingemischt hätte. William zog seine Jacke und Weste aus und griff Curly entschlossen an. Als ihm gerade die Sache Spass zu machen begann, kam ein Lehrer mit seinem Spazierstock in das Zimmer und führte William in seinen Schlafsaal: »Dein Bett ist Nr. 22.«

Am nächsten Morgen läutete die Glocke um sechs Uhr, um die Jungen zu wecken. Um acht Uhr gingen sie zum Frühstück. Die Tische waren mit Tellern voll Haferbrei gedeckt. Diesmal gab William den Jungen keine Chance, sein Frühstück zu ergattern. Sein Appetit war zurückgekehrt. Bei diesem Frühstück hörte William zum ersten Mal, dass etwas aus der Bibel gelesen wurde.

Die erste Unterrichtsstunde an diesem Morgen war Lesen: Williams Lehrer entdeckte, dass er die Buchstaben des Alphabets nicht kannte. Doch lernte er in den nächsten Monaten das Lesen sehr gut. Die Lehrer erzählten ihm von Gott, von Jesus Christus und von der Errettung. Er lernte Teile der Bibel auswendig. Er wurde schnell bei den anderen Jungen beliebt. Eine Zeit lang unterrichtete er eine »Geheimklasse«, in der er begierigen Schülern die Tricks und Akrobatenstücke der Londoner Straßenjungen beibrachte. Ein Lehrer bemerkte, dass er von den anderen Jungen eine Einpenny-Briefmarke pro Woche als Lehrgeld verlangt hatte. Aber als er herausfand, dass die Jungen freiwillig, ohne Druck, bezahlt hatten, wurde nichts mehr darüber gesagt.

Bei einer Gelegenheit führte William eine Bande von Jungen im Dunkeln in den Esssaal der Lehrer, um die Überreste ihres Abendessens zu stehlen. Er wurde ertappt und bekam Prügel zusammen »mit dem üblichen Maß an Vorhaltungen«, doch plötzlich hatte der Lehrer Erbarmen mit ihm und gab ihm einige Süßigkeiten.

»Das«, sagte Ready, »wirkte mehr, um das Schlechte aus mir zu vertreiben, als all das Prügeln und Predigen. Zum Schluss brachte mich die Freundlichkeit mehr als die Bestrafung zu Verstand und zur Ordnung.«

1876 wurde William eines Morgens aus der Schule zu Herrn French gerufen, dem Mann, der für die Jungen verantwortlich war, die eine Lehrstelle antreten sollten: »Was hältst du davon, das Müllerhandwerk zu lernen, Ready?« »Ja, ich möchte es, mein Herr«, antwortete William. Er hatte jedoch keine Ahnung, was die Arbeit beinhaltete.

Es dauerte nicht lange, bis ihm auf Kosten der Anstalt, wie es üblich war, drei Anzüge angemessen und gegeben wurden. Dann kam das letzte Gespräch mit Müller. Der empfing ihn freundlich in seinem Gebetsraum im Waisenhaus Nr. 3. Er legte eine Münze im Wert von zwei Schillingen und sechs Pennies in seine linke und eine Bibel in seine rechte Hand.

»Du kannst doch sicher mit deiner rechten Hand etwas fester zufassen als mit deiner linken, nicht wahr?«, sagte Müller mit einem Zwinkern in seinen Augen. – »Ja, mein Herr.« – »Gut, halte dich an die Lehren dieses Buches, und du wirst immer etwas haben, das deine linke Hand halten kann. Nun, mein Junge, knie nieder.«

Indem er seine Hand auf Williams Kopf legte, befahl er ihn Gottes Fürsorge an. Während er ihm wieder auf die Füße half, sagte er: »Vertraue auf den Herrn und tue Gutes; so wirst du im Land bleiben und satt werden (Psalm 37,3). Auf Wiedersehen, mein Junge, auf Wiedersehen!«

Als er Ashley Down verließ, erinnert sich William Ready, »war mein Besitz meine Bibel, meine Kleidung und zwei Schillinge und sechs Pennies, und als Bestes von allem der unschätzbar wertvolle Segen durch Georg Müllers Gebet«.

Ready stieg in einen Zug, der nach Newton Abbot in Devon fuhr. Ein fröhlich aussehender Mann mit einem langen Bart und einem Strohhut war am Bahnhof, um ihn abzuholen: »Bist du William Ready?« – »Ja, mein Herr!« – »Gut, ich bin dein Lehrherr oder dein Vater, wenn dir das besser gefällt. Steig in die Pferdekutsche, mein Sohn!«

Ready vergaß nie die ungefähr 30 Kilometer lange Fahrt durch die wunderschöne Landschaft von Devonshire zu William Perrymans Haus in Chagford: Williams neuer Vater gewann sein Herz durch seine gütige und freundliche Unterhaltung. Perryman war ein hingegebener Christ, und es dauerte nicht lange, bis sich Ready, noch als Lehrling, zu Jesus Christus bekehrte. Einige Jahre später war er ein Pastor einer freien Gemeinde und, nachdem er nach Neuseeland ausgewandert war, wurde er einer der bekanntesten Prediger dieses Landes.

Auf seine Jahre in Ashley Down zurückblickend, schrieb er: »Ich kann jetzt sehen, dass es genau der richtige Ort für mich war und welch ein Segen darauf ruhte, dass ich dorthin geschickt wurde. Wenn meine eigenen Kinder als Waisen zurückblieben, könnte ich ihnen nichts Besseres wünschen, als dass sie in Müllers Waisenhäusern ausgebildet und versorgt würden.«

Heute bringt man schon seit geraumer Zeit und den modernen Erziehungsmethoden entsprechend die Kinder in kleinen Hausgruppen unter, damit sich ihr Leben so weit wie möglich in einer häuslichen Atmosphäre abspielt. Aber gemessen an den Gewohnheiten und Maßstäben des 19. Jahrhunderts muss Georg Müller als radikaler Erneuerer eingeschätzt werden. Er allein bot Tausenden von Kindern moderne Heime an, die sonst entweder heimatlos gewesen oder in Arbeitshäuser bzw. Schuldgefängnisse gesteckt worden wären oder denen man widerwillig eine Ecke in dem überfüllten Haus eines Verwandten angeboten hätte. Und es gab bei ihm keine Aufnahmebeschränkungen wegen Armut, Klasse oder Bekenntnis.

In Anbetracht dessen, dass die Aufnahme in andere Waisenhäuser im 18. oder frühen 19. Jahrhundert normalerweise nicht durch die Bedürftigkeit eines Kindes, sondern durch die Mehrheitsbeschlüsse eines dazu berufenen Gremiums bestimmt wurde, das von Zeit zu Zeit zusammentrat, hat Kathleen Heasman beschrieben, wie bahnbrechend Müllers Wirken war:

Den Bedürfnissen eines Kindes wurde erste Priorität zuerkannt … Die Abstimmungen durch Sponsoren fielen weg, und die Namen und Summen, die bestimmte Spender gegeben haben, wurden nicht bekannt gemacht. Dies bedeutete, dass die Kinder normalerweise ihrer Not entsprechend ausgewählt wurden oder alle, die sich bewarben, Aufnahme fanden. Seither wurde das System der Abstimmung in evangelikalen Kinderheimen kaum angewendet, und Müllers Beispiel führte dazu, dass später das Abstimmungssystem überhaupt abgeschafft wurde.

Müllers große Heime hatten einige Vorteile, die kleinere nicht bieten können. Das Leben mag auch dort gemeistert, alles Notwendige getan worden sein, aber die gemeinsame Freude so vieler junger Menschen, die zusammenlebten und aufwuchsen, bedeutete, dass es oft fröhlich zuging. Es gab außerdem eine Stabilität und Sicherheit, die in kleineren Heimen fehlte. Ein Waisenkind, das sein Leben in einem kleinen Waisenhaus in London begann, und erst in Nr. 4 ankam, als es zehn Jahre alt war, bemerkte den Unterschied: In London wechselten die Mitarbeiter und die Kinder ständig. Aber in Ashley Down »fing ein Lehrer, der 25 Dienstjahre hatte, gerade erst an«. Einige Ex-Ashley-Down-Kinder kamen tatsächlich mit ihren Enkelkindern nach Ashley Down und fanden, dass ihre alten Lehrer immer noch da waren! Gleichermaßen boten kleinere Heime Kindern eine begrenzte Anzahl von Freunden an, während Kinder in Ashley Down immer neue Freunde fanden, wenn sie sich mit anderen gestritten hatten.

Ein früheres Waisenmädchen schrieb über ihre Jahre in Ashley Down wie folgt: »Ich freue mich, dass viele Waisenkinder sich an das liebe alte Heim erinnern, in welchem sie ihre glücklichsten Tage verbrachten, denn tatsächlich gab es keine froheren für mich als die, die ich im Waisenhaus Nr. 3 verbrachte. Wie glücklich waren wir in unserer eigenen kleinen Welt, wo wir in solch einer heiligen Atmosphäre aufwuchsen.«

Ein anderer schrieb: »Wenn ich auf meine Schulzeit zurückblicke, die gerade hinter mir liegt, denke ich, dass es die vergnügtesten Jahre meines Lebens waren.« Und wieder ein anderer erinnert sich: »Ich war damals nur ein kleines Kind, und ich bin immer noch ein Kind, wenn ich an Ashley Down denke. Es war ein wunderbarer, herrlicher Ort … und keiner schien mir je so kostbar.«

Für bildsame Teenagerherzen war die Erfahrung eines Lebens unter der Fürsorge von Menschen, die einen so tiefen persönlichen Glauben an den Herrn Jesus hatten, und die Freude, über zahlreiche Altersgenossen, die zum gleichen Glauben kamen, unvergesslich. Die vielen Hunderte, die in dieser frommen Atmosphäre Christen wurden, fühlten Ashley Down gegenüber eine große Dankesschuld. Ein gläubiges Mädchen schrieb diesen Brief an Müller, kurz nachdem sie angefangen hatte, als Hausmädchen zu arbeiten:

Geliebter und verehrter Herr! Ich kann nicht dankbar genug sein für all die Freundlichkeit, die ich empfangen habe, während ich unter Ihrer väterlichen Fürsorge im lieben Waisenhaus war. Von den Jahren, die ich dort verbrachte, kann ich wirklich sagen, dass sie die glücklichsten meines Lebens waren; denn es wurde nicht nur für unsere irdischen Bedürfnisse gesorgt, sondern auch für unsere geistlichen. Ich bin dem Herrn sehr dankbar, dass ich damals dort aufgenommen wurde, und dass Er mich so schnell dazu gebracht hat, Ihn selbst zu erkennen. Es ist meines Herzens ernster Wunsch, Ihn immer besser kennenzulernen, denn Er ist wirklich der Schönste unter Zehntausenden und ganz lieblich … Ich muss Ihnen danken für die angenehme Stellung, zu welcher Sie mir jetzt verholfen haben. Meine Herrin ist sehr freundlich zu mir, und ich hoffe, dass ich sie zufriedenstellen kann … Mögen Sie immer der Freund und Beschützer der Waisen bleiben; und möge der Herr Ihnen noch überschwänglichere Antworten auf Ihre vielen Gebete für die Errettung der lieben, noch unbekehrten Waisenkinder geben … Ich verbleibe, lieber Herr, Ihre sehr dankbare und ergebene …

Nancy Garton hat von den Uniformen geschrieben, die die Kinder zu Müllers Zeiten trugen. Sie gaben »den Waisenkindern ein hübsches und würdiges Erscheinungsbild, und auch als sie altmodisch wurden, brachten sie ihnen allseitige Zuneigung ein, was der modernen Kleidung, die 1936 mit knielangen Röcken und breitkrempigen Hüten eingeführt wurde, völlig abgeht«. Sie schrieb:

Die älteren Jungen trugen ein marineblaues Jackett und eine ärmellose Weste, an die ein weißer gestärkter Kragen angeknöpft war, beides war aus schweren Stoff; dazu braune Kordhosen. Sie hatte Kappen mit einem blanken Schirm und, bei schlechtem Wetter, kurze Umhänge. Jeder Junge besaß drei Anzüge.

Die kleinen Jungen bis zum Alter von ungefähr acht oder neun Jahren trugen alltags einen Kittel, der manchen Leuten sehr unpraktisch vorkam. Es war ein gerade geschnittener Kinderkittel ohne Kragen aus weißer ungebleichter Baumwolle. Allerdings konnte er, weil er ungefärbt war, schnell gekocht werden und seine ursprüngliche Sauberkeit wiedererhalten, aber diejenigen, die Jungen kennen, können sich sicher vorstellen, dass er die meiste Zeit alles andere als weiß aussah. Blaue Stoffhosen, Socken und geschnürte Schuhe vervollständigten die Ausstattung. Zu besonderen Anlässen legten die kleinen Jungen ihren Kinderkittel ab und trugen Norfolk-Anzüge mit breitem Eton-Kragen, in denen sie sehr attraktiv aussahen. Ihre Kappen waren die gleichen wie die der größeren Jungen.

Die Ausgehkleidung der Mädchen bestand bei kaltem Wetter aus einem langen Umhang aus grünem und blauem schottischen Wollstoff. Bei mildem Wetter nahm ein schottischer Hirtenwollstoffschal den Platz des Umhangs ein. Bei heißem Wetter trugen sie feiertags ein dünnes Kleid aus dunkellila Baumwolle, zu dem ein kleines Cape oder eine Schärpe vom gleichen Material gehörte, dazu eine kleine Halskrause. Während des ganzen Jahres trugen die Mädchen Hüte aus naturfarbenem Stroh. Um jeden Hut war ein langer Stoffstreifen mit einem grünweißen Muster angenäht, der ein hinten gekreuztes Band bildete, mit dem der Hut festgebunden werden konnte.

Die Alltagskleider der Mädchen aller Altersgruppen waren aus marineblauer Baumwolle mit kleinen weißen Punkten, dem beim

Ausgehen eine weiße Schärpe zugefügt wurde, wenn das Wetter zu warm für Mantel oder Schal war. Drinnen trugen die Mädchen bis 14 Jahren blaugescheckte Schürzen aus billigem Baumwollstoff, die am Hals hochgeschlossen waren und hinten geknöpft wurden. Die älteren Mädchen, die schon die Schule verlassen hatten, wurden »Hausmädchen« genannt. Sie trugen Schürzen mit Bändern, um sie von den jüngeren zu unterscheiden. Die ältesten der Mädchen, die die Heime in den nächsten Monaten verlassen sollten, hießen »Haubenmädchen« und trugen Hauben, Schürzen bis zur Taille und weiße Kragen. Jedes Mädchen hatte fünf Kleider in Verwahrung.

Alle Strümpfe waren von den Mädchen handgestrickt aus schwarzer Schafwolle für den Winter und aus weißer Baumwolle für den Sommer. Ein Paar dieser weißen Strümpfe ist noch im Museum des Müller-Hauses zu sehen. Meistens trugen sie Spangenschuhe.

Mit der alten Uniform hatten die Mädchen keine wasserdichte Kleidung, und bei unsicherem Wetter hatten immer zwei Kinder zusammen einen Baumwollschirm. Keiner riss sich darum, den Schirm zu tragen. Die Spaziergänge bei nassem Wetter waren oft ein stiller Kampf, wenn die Dickköpfigere in jedem Paar des langen Zuges versuchte, den Schirm in die unwillige Hand ihrer Partnerin zu drücken.

Nancy Garton hat uns auch die Haartracht der Kinder beschrieben:

Die Frisur der Mädchen war sehr praktisch, wenn man daran denkt, dass Hunderte von Köpfen jeden Tag irgendwie frisiert werden mussten. Die kleinen Mädchen trugen ihr Haar fast so kurz wie die Jungen, aber wundervoll glänzend und gut gebürstet. Die Mädchen von ungefähr acht bis elf Jahren hatten einen holländischen Haarknoten mit Mittelscheitel und Pony, sodass sie sich ohne Hilfe selbst kämmen konnten. Die älteren Mädchen, die alles selbst machten, hatten die Erlaubnis, ihr Haar schulterlang oder länger wachsen zu lassen. Sie hielten es mit einem Samtband zurück. Die ältesten der Mädchen trugen ihr Haar hochgesteckt.

Frühere Ashley-Down-Kinder erzählten mir, dass Kinder, die

mit ihren Eltern kamen, um die Heime zu besuchen, manchmal neidisch auf die hübsche Haartracht der Bewohnerinnen waren.

Müller verdient es auch, durch seine Erziehungspraxis als radikaler Neuerer angesehen zu werden. Er wurde tatsächlich kritisiert, weil er die Kinder »über ihre gesellschaftliche Stellung hinaus« erzog. Erst einige Jahrzehnte zuvor hatte Dr. Andrew Bell in seinem Buch *Ein Experiment in Erziehung* geschrieben:

Es ist nicht vorgesehen, die Kinder der Armen auf teure Weise auszubilden oder sie sogar schreiben und rechnen zu lehren … Es besteht die Gefahr der Gleichmacherei durch eine unterschiedslose Erziehung. Auch wird der Verstand derjenigen, deren Schicksal die tägliche Arbeit eines Packesels ist, über ihre Bestimmung hinaus gebildet, und sie werden dadurch unglücklich und mit ihrem Los unzufrieden. Es mag ausreichen, sie alltägliche Dinge zu lehren und sie zu befähigen in bescheidenem Rahmen ihre Bibel zu lesen und die Lehren unserer heiligen Religion verstehen zu können.

Müller war damit nicht einverstanden. Neben der biblischen Unterweisung sah er darauf, dass seine Kinder Lesen, Schreiben, Rechnen, das Abfassen von Diktaten und Aufsätzen, Grammatik, Erdkunde, Englisch und Weltgeschichte, Singen, Handarbeit und – für die Mädchen – Hauswirtschaft lernten. Die Jungen machten ihre Betten selbst, putzten ihre Schuhe, schrubbten ihre Zimmer, wurden zu Botengängen gesandt und gruben, pflanzten und jäteten in den Gärten. Die Hauswirtschaft beschäftigte die Mädchen mit mancherlei Arbeiten in den Küchen, Spülküchen, Waschhäusern und Bügelstuben der fünf Häuser. Lewis Court behauptete, dass selbst in Müllers Tagen eine höhere Schulbildung für einen Beruf möglich gemacht wurde, wenn sich dafür eine Begabung zeigte, aber das scheint selten vorgekommen zu sein.

Müller stellte einen Schulinspektor an, um den Ausbildungsstandard in der Schule seiner eigenen Kinder in Ashley Down und für die Schulen, die von der »Anstalt zur Ausbreitung der Schriftkenntnis« finanziert und geleitet wurden, aufrechtzuhalten. »Das jährliche Examen der Kinder fand im Februar oder März statt«, schrieb der seinerzeitige Inspektor, Herr Horne, 1885. »Die Kinder wurden in vielen Fächern geprüft und in die 2., 3., 4., 5., 6.

usw. Klasse eingestuft, entsprechend dem von der Regierung vorgeschriebenen Standard. Jedes Kind wurde einzeln im Lesen geprüft. Jedes Kind zeigte sein Aufgabenheft, um eine Note im Schreiben zu bekommen. Zehn Fragen wurden in jedem der folgenden Fächer gestellt: Bibel, Erdkunde, Geschichte und Grammatik. Die Antworten wurden schriftlich gegeben. Sechs Rechenaufgaben wurden gestellt. Die Antworten wurden ebenfalls aufgeschrieben. Der durchschnittliche Prozentsatz aller richtigen Antworten der Kinder während dieser Prüfungen betrug 91,1%.«

»Für alle, die mit solchen Dingen vertraut sind«, kommentierte Müller mit einigem Stolz, »wird der letzte Satz zeigen, mit welchem Erfolg die Kinder ausgebildet wurden.«

Weil er seinen Zöglingen eine so lange Ausbildungszeit gewährte, wurde Müller beschuldigt, den Fabriken, Mühlen und Bergwerken Arbeiter zu rauben. Er ließ sich nicht abschrecken. Im Allgemeinen blieben Mädchen unter seiner Fürsorge, bis sie 17 Jahre alt waren, manchmal länger. Sie wurden dann meistens in eine geeignete Haushaltsstelle vermittelt und auf Kosten der Heime mit allem Nötigen ausgestattet. Einige wurden auch Kinderschwestern. Im Allgemeinen wurden Jungen Lehrlinge, wenn sie 14 oder 15 Jahre alt waren. Aber Müller vermied absichtlich feste Gesetze und behielt sich eine flexible Praxis vor, damit er die Bedürfnisse eines jeden Einzelnen berücksichtigen konnte. Theoretisch erlaubte Müller jedem Jungen, das Handwerk zu lernen, das er wollte, obwohl der Auswahlprozess in der Praxis ohne Zweifel oft ähnlich verlief wie in William Readys Fall, den wir oben erwähnten.

Die Heime statteten jeden Jungen mit drei Anzügen aus und bezahlten alle Ausgaben, die mit seiner Lehrzeit zusammenhingen. Einige Jungen verließen die Heime, um Postbeamte oder Telegrafenangestellte oder Büroangestellte zu werden. Andere, besonders intelligente, sollten weiterlernen, um Lehrer zu werden, vielleicht in den Heimen selbst – in solchem Fall wurden sie in einer Schule in Purton, in Gloucestershire ausgebildet, die von der »Anstalt zur Ausbreitung der Schriftkenntnis« finanziert und geleitet wurde.

Die Disziplin in den Heimen hat Nancy Garton passend zusammengefasst als »streng, aber nicht hart«. Eine Gruppe früherer Ashley-Down-Kinder (die nicht lange nach Müllers Tod dort waren) erzählten mir: »Wenn wir bestraft wurden, hatten wir es verdient.« Sehr selten musste Müller ein Kind wegschicken, das einen nicht mehr tragbaren schlechten Einfluss auf andere Kinder ausübte. Aber die Ausweisung – d.h., ein Kind an einen Verwandten oder Aufseher zurückzugeben – war immer das letzte Mittel nach wiederholten Warnungen und Versuchen, das Kind zu bessern. Nachdem ein Missetäter weggegangen war, folgten Müller und seine Mitarbeiter ihm mit ihren Gebeten.

Müller erinnert an den Fall eines Jungen, der im Oktober 1849 nach Ashley Down kam.

Er war damals noch nicht acht Jahre alt. Aber obwohl er noch so jung war, fand man schnell heraus, dass er »ein alter Sünder« war, denn er war ein gewohnheitsmäßiger Lügner und Dieb. Er rühmte sich dessen unter den anderen Jungen und erzählte ihnen, er habe zu einer jugendlichen Diebesbande gehört, bevor er ins Waisenhaus aufgenommen wurde, und habe oft von den Schiffen Eisen, Messing usw. gestohlen und es dann verkauft. Wir dachten zuerst, er erzählte das nur zum Angeben, aber er bewies nur allzu schnell, dass alles stimmte. Zweimal rannte er von den Waisenhäusern mit Dingen weg, die anderen Kindern gehörten. Außerdem konnte er Schlösser aufbrechen. Zweimal war er weggerannt, und zweimal haben wir ihn wieder aufgenommen. Immer hofften wir, ihn durch Geduld und durch die Anwendung der verschiedensten Mittel zurückgewinnen zu können; aber es war alles umsonst. Zum Schluss, nachdem man ihn fünf Jahre und vier Monate ertragen und alles versucht hatte, wurde er ernst und unter Gebet vor der gesamten Anstalt ausgewiesen, damit, wenn irgend möglich, diese schmerzhafte Erfahrung für ihn zum Segen werden könnte. Trotzdem begleiten wir selbst diesen armen Sünder mit unseren Gebeten und hoffen, dass der Herr ihm seine bösen Wege deutlich macht und wir uns noch über ihn freuen können, wie wir es zuvor in einem ähnlichen Fall erlebten.

Einmal sollte ein Junge vor der ganzen Heimgemeinschaft wegen lang anhaltenden, schlechten Betragens entlassen werden. Müller legte seine Hand auf seinen Kopf und betete für ihn. Um zu zeigen, wie unverfroren und unbewegt er war, wandte der Junge sein Gesicht mit offenen Augen Müller zu. Zu seinem Erstaunen rannen Tränen über Müllers Gesicht. Dem Bericht zufolge bekehrte sich der Junge auf der Stelle zu Jesus Christus, und sein Leben nahm eine dramatische Wendung. Noch ein anderer Junge beschrieb nach vielen Jahren seine Ausweisung durch Müller und Müllers letzte Worte, die er mit Tränen in den Augen sprach: »Es tut mir leid! Gott segne dich!«

Die *Times* berichtete, dass zu denen, die Müllers Heime besuchten und ihre Bewunderung über das Management und die Arbeit ausgedrückt haben, der Graf von Derby, Lord Salisbury, Lord Hampton und viele andere, die an sozialer Fürsorge interessiert waren, gehörten.

Charles Dickens besuchte einmal Ashley Down. Er hatte gerüchteweise gehört, die Kinder würden schlecht behandelt und müssten manchmal hungern. Er wollte das selbst untersuchen. Müller empfing ihn höflich, rief einen Assistenten und händigte ihm einen Schlüsselbund aus. »Bitte, zeigen Sie Herrn Dickens alles in den fünf Häusern, was er sehen möchte.« Das geschah, und es wird berichtet, dass Dickens völlig beruhigt wegging.

Frühere Bewohner von Ashley Down, deren Erinnerungen fast bis zu Müllers Zeiten zurückgehen, berichten, dass sie montags, donnerstags und freitags regelmäßig Fleisch hatten, während sie mittwochs und samstags Suppe bekamen mit Fleisch darin. Dienstags und sonntags (wenn viele Mitarbeiter zum Morgengottesdienst in Bethesda waren), gab es gewöhnlich ein Gericht aus Reis mit Rosinen. Oft war das Fleisch australisches Hammelfleisch, bekannt bei den Kindern als »og«, viel beliebter aber war Corned Beef. Brot nannten die Kinder gern »Zeichen«, das war abgeleitet von dem häufig gebrauchten Tischgebet in Ashley Down: »Wir danken Dir, Herr, für die ›Zeichen‹ Deiner Liebe.« Weil Bristol eine Hafenstadt war, bekamen die Kinder nicht selten frisches Obst, besonders Bananen und Apfelsinen. Gelegentlich, in Zeiten des Überflusses, wurden große Mengen Obst umsonst nach Ashley Down abgeliefert, um es vor dem Verfaulen zu bewahren. Eier gab es regelmäßig, aber zum Teil auch saisonbedingt: An seinem Geburtstag bekam jedes Kind zwei Eier, eins für sich selbst und eins für seinen besten Freund. Die normalen Getränke waren Milch und Wasser.

Wenn die Speisepläne auch festgelegt waren und die Routine der Ereignisse dazu verführte, dass es in Ashley Down etwas monoton zuging, gab es doch einige jährliche Ereignisse, die das Einerlei unterbrachen und dem Leben der Kinder Glanzlichter aufsetzten, auf die sie sich freuen konnten und die ihnen in glücklicher Erinnerung blieben (zusätzlich zu ihren Geburtstagen).

Da war zunächst der jährliche Sommerausflug zu den Pur-Dünen, an dem die Kinder entweder mit einem rosa oder einem blauen Baumwollbeutel bewaffnet losgingen. Er war mit Bonbons und süßen Plätzchen gefüllt, die auf der Reise gegessen werden konnten. An diesem Tag konnten sich die Kinder aus den fünf Häusern nach eigenem Wunsch mit anderen zusammentun, wenn sie draußen auf den Feldern waren. Das Mittagessen (Brot und Käse) und das Abendbrot (Brot, Butter und Kuchen) wurde in großen Tragkörben zu den Pur-Dünen transportiert. Eine Gruppe früherer Ashley-Down-Kinder, jetzt schon ältere Menschen, konnte sich nicht daran erinnern, dass es jemals auf den Pur-Dünen geregnet hatte. Sie zeigten mir stolz eine alte Eiche, unter der sie vor vielen Jahren an diesem großen Tag zu spielen pflegten. Der Ausflug endete damit, dass fünf Luftballons gestartet wurden, einer für jedes Haus.

Wahrscheinlich war das von den Kindern mit der größten Aufregung erwartete Ereignis das Weihnachtsfest. Lange vor der Zeit begannen sie, sich auf die Feiern vorzubereiten – sie lernten Weihnachtslieder und andere Lieder aus dem Ashley-Down-Liederbuch (meistens ohne musikalische Begleitung), schmückten die Räume, lernten Gedichte, Sketche und Spiele, die bei den Weihnachtsfeiern vorgeführt werden sollten.

In jedem Dezember hatte Müllers Tagebuch einen jahreszeitlich bedingten Klang:

23. Dezember 1878. Wir erhielten von Clifton für die Kinder eine Anzahl Puppen, einige Wundertüten, Alben, Spiele, Bälle, Kreisel und eine große Anzahl anderer Spielsachen. – Von Durdham Downs als

Weihnachtsgeschenke für die Kinder angezogene Puppen, Schachteln und Pakete mit Schokolade und Bonbons, einige Trommeln, Kreisel, Bälle, Murmeln, Peitschen und Gewehre, Kartons mit Spielzeug, Bücher, lustige Karten, bemalte Dosen, durchsichtige Tafeln, Taschentücher, wollene Krawatten und Halskrausen, Körbe und Dosen, Bleistifte, Trompeten und andere Dinge zum Spielen … Von einem Warenhaus in Bristol 15 Kartons mit Obst, zehn Kartons mit Apfelsinen, zehn Kartons mit Feigen und einen Sack Nüsse für die Waisenkinder als Festschmaus für Weihnachten.

16. Dezember 1884. Von einem Großhandel in Bristol bekamen wir acht Fässer Mehl, ein Fass Rosinen, und 16 Kartons mit Valencia-Orangen für den Weihnachtspudding der Kinder.

Einmal wurden zu Weihnachten 150 Fasane von einem Spender aus Cornwall nach Ashley Down geschickt.

Ein früheres Waisenkind erinnerte sich: »Ich denke noch gern an die glücklichen Weihnachten, die ich in Nr. 4 verbrachte. Es begann mit der Vorbereitung der Dekorationen; dann kam der große mächtige Weihnachtsbaum, an dem noch nichts hing, aber ich wusste, dass er vor Weihnachten mit Spielzeug und Geschenken behängt würde; und irgendwo unter den vielen würde eines für mich sein!« Und ein anderes ehemaliges Waisenkind schrieb zu Weihnachten an die Heime: »Ich nehme an, dass es noch genauso aufregend ist wie damals, als ich dort war. Ich kann mir vorstellen, dass der Schmuck jetzt vorbereitet wird, und dazu das Geheimnisvolle und dann das Lernen der schönen Choräle und der ›Weihnachtsmarkt‹! Ich würde gern Mäuschen spielen und sehen, ob noch alles so ist, wie es war. Dass es noch besser sein könnte, kann ich mir nicht vorstellen!« Der Weihnachtsmarkt bestand aus kleinen Geschäften, die in den Flügeln der Häuser von den Lehrern vorbereitet wurden, in denen sie in Bristols großen Bonbonfabriken billig erworbene Süßigkeiten verkauften. Diese Geschäfte waren manchmal auch zu anderen Jahreszeiten geöffnet.

Nach dem Tod des Gründers, und auch vielleicht schon zu seinen Lebenszeiten, war ein anderer Höhepunkt Müllers Geburtstag am 27. September. Dann bekamen die Kinder eine

Woche Schulferien. Ein älteres, früheres Waisenmädchen erinnert sich: »Wir waren die meisten Tage draußen, um Brombeeren zu pflücken. Wie viel Freude hatten wir alle daran!« Zu dem Geburtstag gehörte immer eine besondere Portion vom »Müller-Kuchen«, der mit Rosinen gebacken war, und ein riesengroßer Apfel im Schlafrock für jedes Kind.

Wir dürfen natürlich nicht den Eindruck erwecken, als hätten sich alle Kinder in Ashley Down wohlgefühlt. Es gab einige, bei denen es ganz und gar anders war. Das betraf vor allem solche Kinder, die eine Zeit lang die Liebe ihrer eigenen Eltern und ein normales Leben gekannt hatten. Für diese Kinder – die vielleicht erst im Alter von elf, zwölf oder mehr Jahren in Ashley Down ankamen – erschienen die fünf großen Gebäude natürlicherweise besonders kasernenartig und wenig einladend. Und zweifellos wurden Fehler bei der Anstellung von Mitarbeitern gemacht, mit dem Ergebnis, dass Freundlichkeit und Verständnis manchmal zu kurz kamen. Als ein Pionier auf seinem Gebiet wurde Müller gezwungen, aus seinen Fehlern zu lernen: Und Fehler gab es. Ziemlich sicher ist, dass das Leben der Kinder in Ashley Down zu behütet, zu abgelegen von den Realitäten der Außenwelt war. Heute gehen die Kinder aus den Heimen in normale öffentliche Schulen und mischen sich unter die anderen Jungen und Mädchen. Aber in den Tagen des Gründers gab es in Bristol für 2000 Kinder noch keine freie Ausbildung in öffentlichen Schulen, und es ist müßig, darüber nachzudenken, welche Alternativen für ihn bestanden hätten.

Aber die Kinder bekamen unter damaligen Verhältnissen eine solide Ausbildung, die sie kaum irgendwo anders hätten erwerben können. Sie erhielten auch einen Schatz von unaussprechlichem Wert: Unterricht, der sie fähig machte, »weise zur Errettung« zu werden, und der denen, die ihn annehmen wollten, »Leben in Fülle« bot.

SICHER IN DIE HERRLICHKEIT

Nur wenige Tage nach der Eröffnung von Nr. 5 im Januar 1870 bekam Mary Müller – jetzt in ihrem 73. Jahr – eine starke Erkältung, von der sie einen lästigen Husten zurückbehielt.

»Mein Schatz, du musst Dr. Pritchard erlauben, dich zu untersuchen«, sagte Müller. Mary war zögernd damit einverstanden. »Ich fürchte, Sie dürfen nicht mehr von der Paulstraße nach Ashley Down hinauflaufen«, sagte der Arzt. »Nehmen Sie von jetzt an eine Droschke. Und Sie müssen sich Zeit nehmen für einen täglichen Mittagsschlaf.«

Nachts fühlte Müller oft Marys Puls und fand ihn schwach und unregelmäßig. Aber Mary gab nicht zu, dass ihr etwas Schlimmes fehlte. Gegen Ende Januar fühlte sie einen Schmerz im unteren Teil ihres Rückens und in ihrem rechten Arm. Obwohl die Schmerzen zunahmen, ging Mary mit Lydia nach Ashley Down und leitete wie gewöhnlich die Dinge im Heim. Zur Zeit des Abendessens fuhr sie mit ihrer Schwester, Fräulein Groves, und mit Lydia zurück zur Paulstraße. Müller ging zur Gebetsstunde in die Salem-Kapelle. Als er wieder nach Hause kam, hörte er, dass ihr Arzt, Josiah Pritchard, Mary Bettruhe verordnet hatte: »Sie muss im Bett bleiben, und ihr Schlafzimmer muss geheizt werden. Sie hat ein rheumatisches Fieber.«

Müller befürchtete das Schlimmste. Aber er sagte: »Obwohl mein Herz wegen der Tiefe meiner Liebe fast brach, sagte ich mir selbst: Der Herr ist gut, und Er tut Gutes. Alles wird entsprechend Seinem eigenen, gesegneten Wesen geschehen. Nichts außer dem, was so gut ist wie Er selbst, kann von Ihm kommen. Wenn es Ihm gefällt, meine Frau zu nehmen, wird es so gut sein, wie Er selbst ist. Was ich zu tun habe als Sein Kind, ist, zufrieden zu sein mit dem, was mein Vater tut, und dass ich Ihn ehre.«

Am nächsten Tag, einem Donnerstag, saß Müller morgens allein im Zimmer seiner Frau in Haus Nr. 3. Mary war zum ersten Mal seit neun Jahren zu Hause im Bett geblieben. An der Wand hing ein Tageskalender *Der Stille Tröster*. Müller sah auf den Text für diesen Tag: Psalm 119,75: »Ich habe erkannt, HERR, dass deine Gerichte Gerechtigkeit sind und dass du mich in Treue gedemütigt hast.« Müller las die Worte immer wieder.

»Ja, Herr«, sagte er leise: »Deine Gerichte sind gerecht, ich bin mit ihnen einverstanden. Du kennst die Tiefe der Liebe Deines armen Kindes zu seiner geliebten Frau, trotzdem bin ich einverstanden mit Deinen Gerichten; und meine innerste Seele sagt, dass Du mich in Treue gedemütigt hast. Alles geschieht Deiner Liebe gemäß, mit der Du mich in Christus Jesus geliebt hast, und was immer geschehen mag, es wird gut sein.«

Unter diesem Text hatte *Der Stille Tröster* die Worte: »In deiner Hand sind meine Zeiten« (Psalm 31,16). »Ja, mein Vater«, dachte Müller, »die Zeit meiner geliebten Frau ist in Deinen Händen. Du wirst das Beste für sie und für mich tun, sei es Leben oder Tod. Wenn möglich, lass meine kostbare Frau wieder gesund werden. Du bist in der Lage, das zu tun, obwohl sie so krank ist. Aber wie Du auch handelst, hilf mir nur, dass ich weiterhin mit Deinem heiligen Willen völlig zufrieden bin.« In dieser Woche kamen Müller immer wieder die Worte des Chorals *Einer ist mir mehr als alles* in den Sinn:

Er gibt uns nichts als lauter Segen.
Nichts als nur Gnad' auf allen Wegen.
Bringt sicher uns zur Himmelsstadt,
Weil er uns so geliebet hat!

»Mein Herz«, sagte er, »wiederholt nur immer wieder: Er gibt uns nichts als lauter Segen. Nichts als nur Gnad' auf allen Wegen.«

Am Mittwoch fühlte Mary weniger Schmerzen, und bevor er nach Ashley Down ging, saß Mary in ihrem Bett, und er las einen Vers aus Psalm 84: »Denn Gott, der HERR, ist Sonne und Schild. Gnade und Herrlichkeit wird der HERR geben, kein Gutes vorenthalten denen, die in Lauterkeit wandeln.«

»Mein Schatz«, sagte Müller zu Mary, »wir haben beide Gnade empfangen, und deshalb werden wir auch die Herrlichkeit bekommen, und wenn wir durch Gottes Gnade in Lauterkeit wandeln, wird Er uns nichts vorenthalten, was gut für uns ist.«

Einige Zeit später sagte Mary ihrer Tochter Lydia den Vers, den Georg ihr gelesen hatte und wie sie dadurch getröstet wurde. Als Müller seine Arbeit in Ashley Down tat, sagte er sich selbst wieder und wieder: »Ich wandle in Lauterkeit, und deshalb wird mein Vater mir nichts vorenthalten, was gut für mich ist. Wenn deshalb die Wiederherstellung von Mary gut für mich ist, wird sie sicherlich geschehen, wenn nicht, habe ich danach zu trachten, Gott durch die völlige Übergabe an Seinen heiligen Willen zu verherrlichen.«

An diesem Abend sagte Dr. Pritchard zu Müller: »Während der ganzen Nacht möchte ich, dass Sie Ihrer Frau alle zwei Stunden eine kleine Menge Fleischbrühe oder einen Teelöffel Wein in einem Esslöffel Wasser geben.« Müller tat es, und jedes Mal betete er mit Mary.

»Es wäre mir sehr lieb«, sagte Dr. Pritchard zu Müller, »wenn mein Kollege Dr. Black Mary auch besuchte, denn ich muss Ihnen sagen, dass die Situation jetzt sehr ernst ist.« »Ich bin vollkommen zufrieden mit Ihrer Behandlung«, antwortete Müller, »aber wenn es Ihnen eine Hilfe ist, treffen Sie bitte die Verabredung.«

Am Samstagmorgen blieb Müller bei Mary zu Hause. Nach dem Mittagessen sagte er: »Mein Schatz, es tut mir leid, dass ich dich verlassen muss, aber ich komme so schnell wie ich kann zurück.« »Du lässt mich mit dem Herrn Jesus zurück«, sagte Mary.

In dieser Nacht wurden ihre Schmerzen schlimmer. Müller verbrachte die Nacht damit, es ihr so bequem wie möglich zu machen. Mary konnte jetzt kein Glied mehr bewegen.

Am Morgen kamen Dr. Black und Dr. Pritchard. »Wir haben alle Hoffnung auf eine Wiederherstellung aufgegeben«, sagte Dr. Black zu Müller. »Der Herr Jesus kommt, um dich zu holen«, sagte Müller zu Mary. »Er wird bald kommen!«, sagte Mary.

Um halb zwei gab Müller seiner Frau ihre Medizin und einen Esslöffel Wein in Wasser. Mary konnte ihn kaum schlucken, und ihre Sprache wurde unverständlich. Georg saß still neben ihr. Dann sah er, dass »ihre lieben hellen Augen gebrochen waren«. Er verließ das Zimmer für einen Augenblick. »Mary stirbt«, sagte er leise zu Lydia und zu Marys Schwester.

Die zwei Frauen setzten sich mit Müller an Marys Bett, und bald kam auch eine andere von Marys Schwestern. Die Vier saßen zweieinhalb Stunden da. Um zwanzig nach vier am Sonntag, den 6. Februar 1870, starb Mary Müller.

»Danke, dass Du sie erlöst hast«, sagte Müller und kniete an ihrem Bett nieder. »Danke, dass Du sie zu Dir genommen hast. Bitte hilf und unterstütze uns jetzt.« Georg und Mary waren 40 Jahre verheiratet.

Am 11. Februar 1870 hielt Müller selbst die Beerdigungspredigt in der Bethesda-Kapelle und auf dem Friedhof. Ungefähr 1200 Kinder folgten dem Sarg. Die Mitarbeiter von Ashley Down und Hunderte von Gliedern der Bethesda-Gemeinde begleiteten sie. Bevor er seine Beerdigungspredigt hielt, saß Müller in der Sakristei und wiederholte wieder und wieder: »O Mary, meine Mary!«

Er wählte als Text: »Du bist gut und tust Gutes« (Psalm 119,68). Er erinnerte daran, dass Mary das erste neue Glied in der Bethesda-Gemeinde war, als sie unter Craiks und seiner geistlichen Leitung wiedereröffnet wurde, und dass sie, solange sie lebte, gesehen hatte, wie 2700 Gläubige in die Gemeinschaft aufgenommen wurden. Er gab eine bis in Einzelheiten gehende Beschreibung ihres Lebens und ihrer Arbeit.

Er endete seine Ansprache mit den Worten: »Sicher werden alle Christen, die diesen Lebenslauf verfolgt haben, gern und von ganzem Herzen mit mir übereinstimmen, dass ›der Herr gut war und Gutes getan hat‹, indem er sie mir so lange ließ. Aber ich bitte diese christlichen Freunde, weiter mit mir zu gehen und von Herzen zu sagen: ›Der Herr war gut und tut Gutes‹, indem Er diese tüchtige, liebe und ausgezeichnete Frau ihrem Ehemann weggenommen hat, und das gerade in einer Zeit, in der er sie, menschlich gesehen, mehr denn je gebraucht hätte. Während ich das sage, fühle ich die Leere in meinem Herzen. Dieser liebe Mensch ist nicht mehr bei mir, um meine Freuden und Sorgen zu teilen. Jeden Tag vermisse ich sie immer deutlicher. Jeden Tag sehe ich immer mehr, wie groß ihr Verlust für die Waisenkinder ist. Ohne sich jedoch dazu zwingen zu müssen, freut sich mein innerstes Herz an der Freude der geliebten Abgeschiedenen. Ihr Glück gibt mir Freude. Meine liebe

Tochter und ich möchten sie nicht zurückhaben, selbst wenn das durch eine Handbewegung möglich wäre. Gott selbst hat es getan, wir sind zufrieden in Ihm …«

Trotz dieser tapferen Worte bei der Beerdigung fühlte Müller den Verlust in den nächsten Monaten sehr schmerzlich. Er berichtete, »seine irdische Freude sei zerronnen«. Und ungefähr 10 Tage nach dieser »Beraubung seiner Seele« wurde er eine Zeit lang sehr krank. Von der Zeit nach seiner Genesung berichtet er: »Wenn ich jetzt zwischen acht oder neun Uhr abends statt wie sonst immer in Begleitung meiner lieben Mary von den Waisenhäusern nach Hause ging, sagte ich mir: ›Ich werde meine allerliebste Frau zu Hause nicht antreffen; aber der Herr Jesus ist da, mein wunderbarer Freund. Er wird mich trösten.‹ Und ich dankte Gott, dass Er mir meine liebe Tochter gelassen hatte, die immer auf mich wartete, mich begrüßte und alles tat, um mein leeres Herz zu trösten. Aber der Verlust war groß, die Wunde tief, und als die Wochen und Monate vergingen, hielt ich einerseits an, mir in Gott genügen zu lassen, ja, Ihm zu danken, dass Er sie mir genommen hatte, andererseits schien die Wunde größer zu werden, statt zu heilen, und ich fühlte den schmerzenden Verlust nur immer heftiger.«

Auch den Kindern ging der Verlust nahe, wie auch den älteren Jungen und Mädchen, die die Heime bereits verlassen hatten. Müller erhielt Hunderte von Beileidsbriefen, selbst noch Monate nach dem Ereignis. Einer kam von einem der ersten Kinder in der Wilsonstraße:

Lieber Herr Müller, nicht aus Undankbarkeit habe ich jetzt erst geschrieben, sondern weil ich wusste, dass Sie so viele Briefe bekommen haben. Aber ich liebe Frau Müller darum kein bisschen weniger als diejenigen, die gleich geschrieben haben. Ich denke, dass ich Sie beide wie meine Eltern liebte. Es ist wahr, ich habe meine Eltern nie gekannt und kann daher nicht wissen, wie es ist, Eltern zu lieben; aber ich weiß, was es ist, Sie beide zu lieben, und von ganzem Herzen traure ich um Ihren Verlust. Ich weiß, dass Sie sie täglich vermissen. Mir fehlt sie auch, wenn ich an Ihrem Haus vorbeigehe, denn ich habe immer beobachtet, wenn Sie beide vorbeigingen, aber jetzt sind Sie allein. Ich vertraue darauf, dass Gott Sie in den kommenden Jahren noch für uns alle erhält und auch für Ihre eigene liebe Tochter und für deren Familie; denn, oh, es wäre wirklich leer, wenn Sie nicht mehr bei uns wären. Ich verbleibe Ihre sehr ergebene …

Die Schreiberin dieses Briefes war nicht die Einzige, die fürchtete, Müller könnte ihnen ebenfalls genommen werden. »Herr Müller, was wird aus den Waisenhäusern werden, wenn Sie einmal nicht mehr da sind?«, fragten Menschen. »Die Waisenhäuser«, pflegte Müller zu antworten, »und das Gelände, das zu ihnen gehört, sind in die Hände von elf Treuhändern gelegt, und dadurch steht diese Einrichtung in dieser Beziehung auf der gleichen Grundlage, wie andere gemeinnützige Einrichtungen auch.«

»Aber wo werden Sie den Mann finden, der die Arbeit in Ihrem Geist fortsetzt, der in allem, was für diese Arbeit nötig ist, allein auf Gott vertraut?« – »Wenn es dem Herrn gefällt, mich von meinem Posten zu nehmen, wird Er beweisen, dass Er nicht von mir abhängig war und dass Er leicht einen anderen Seiner Diener finden kann, der nach denselben Prinzipien arbeitet, nach denen ich zu arbeiten versucht habe.« – »Sie sollten dafür beten, dass der Herr Ihnen einen Nachfolger gibt.« – »Das tue ich schon regelmäßig«, antwortete Müller immer.

»Würden Sie bitte Herrn James Wright sagen, dass er mich besuchen möchte?«, sagte Müller einem Helfer wenige Monate nach Marys Tod. Seit Wrights Kindheit hatte Müller sein »beständiges gottgefälliges Verhalten« beobachtet, und seit ungefähr zwölf Jahren war er einer von Müllers wertvollsten Helfern in allen Angelegenheiten der »Anstalt zur Ausbreitung der Schriftkenntnis«, einschließlich der Kinderarbeit. Seit einigen Jahren schon hatten Georg und Mary speziell dafür gebetet, dass Gott ihn zubereiten möge, der Nachfolger zu werden.

»Ich habe Ihnen mitzuteilen«, sagte Müller zu James Wright, »dass ich es als Gottes Wille verstanden habe, dass Sie mein Nachfolger als Direktor der Anstalten werden.« Wright nannte eine Anzahl Gründe, derentwegen er sich selbst nicht fähig für diese Aufgabe hielt, von denen Müller keinen als zutreffend annahm.

»Ich habe das Gefühl, dass dich die Arbeit überfordern würde.

Ich bitte dich, Müllers Anerbieten abzulehnen«, sagte Frau Wright zu ihrem Mann. Nach einigen Wochen allerdings änderte sie ihre Meinung, und Wright ging wieder zu Müller. »Ich merke jetzt, dass ich Ihr Anerbieten nicht länger ablehnen darf.« »Dann ist alles klar«, sagte Müller lächelnd, »wenn ich sterbe, werden Sie mein Nachfolger.« Kurz darauf starb Wrights Frau.

Sie sagten von Wright, »mehr als Worte es vermocht hätten, zeigten sein freundliches Gesicht und sein strahlendes Lächeln, dass Friede und Freude in seinem Herzen regierten. Seine würdevolle und trotzdem wohlwollende Haltung gewann sofort den Respekt aller. Sein Wirken zeugte von seinem Glauben und seiner Liebe, aber wer ihn beobachtete, sah auch bald, welch ein demütiger Mensch er war.«

Wright liebte Musik, und viele Jahre lang leitete seine schöne Bassstimme den Gesang in Bethesda. Er mochte sich gern zu einer Gruppe, die um ein Klavier oder Harmonium versammelt war, gesellen, um Choräle aus dem Bristol-Notenbuch zu singen.

18 Monate später, im August 1871, kam Wright in privater Sache zu Müller: »Ich bin gekommen, Sie um die Hand Ihrer Tochter zu bitten.« Wir wissen nicht, was Müller antwortete, aber er berichtete: »Ich kannte niemanden, dem ich so bereitwillig mein kostbarstes irdisches Gut anvertraut hätte.«

Zwei Wochen lang rang Lydia um ihre Antwort auf Wrights Werbung. Müller wusste, dass es ihr allein darum ging, ihren Vater nicht verlassen zu müssen. »Ich bitte dich, dass du dich dadurch nicht aufhalten lässt«, sagte Müller zu Lydia. »Es wäre mir ein großer Trost und eine Freude, dich mit solch einem Ehemann vereint zu sehen.« Am 16. November 1871 heirateten sie in Bethesda. Wright war 45 Jahre alt und Lydia 39. Wright beschrieb später ihr gemeinsames Leben als eine Zeit der »ungebrochenen Glückseligkeit«.

Bethesda sollte bald eine andere Hochzeit sehen.

ZURÜCK ZUM RIGI

Fast zwei Jahre nach Marys Tod überzeugte – neben anderen Dingen – Lydias Verlobung Müller endgültig, wieder heiraten zu sollen. Es war eine Entscheidung – wie er sagte, »in der Furcht Gottes und in der vollen Gewissheit, dass ich die Zustimmung und Genehmigung meines Himmlischen Vaters hatte«. Er berichtet, dass er Fräulein Susannah Grace Sangar, eine Hauslehrerin aus Clifton, etwa 12 Jahre jünger als er, »über 25 Jahre als beständige Christin kannte, sodass ich allen Grund hatte zu glauben, dass sie sich mir als große Hilfe in meinen verschiedenen Diensten erweisen würde«. Sie heirateten am 30. November 1871.

Während der nächsten zwei Jahre lernte Susannah Georg immer besser kennen und versuchte, ihren Mann so viel wie möglich zu entlasten. Im März 1874 bekam sie dann ein schweres Fieber: Es war Typhus. Zuerst schien es, dass sie nicht so schlimm davon betroffen war.

Als Müller Susannah am Donnerstag, den 26. März, mit Lydia in der Paulstraße zurückließ, ging es ihr besser als in den letzten Tagen. Nach dem Mittagessen kam Lydia, um Müller von Ashley Down zu holen: »Susannah hatte eine Blutung.«

Müller beeilte sich, nach Hause zu kommen, und musste feststellen, dass seine Frau einen ernsten Blutverlust erlitten hatte. Dr. Williams kam. »Meine liebe Frau«, erinnert er sich, »sah so blass wie der Tod aus, und Todesschweiß war auf ihrer Stirn. Aber mit Hilfe der Arzneien schien sie sich wieder zu erholen.«

Am Sonntag, den 5. April, kam Susannah ins Delirium. Das Fieber hatte seinen Höhepunkt erreicht. Am Abend zog Dr. Williams noch Dr. Black hinzu. »Frau Müller kann sich vielleicht erholen, wenn sie schläft«, sagte Dr. Black.

Susannah hatte über 30 Stunden nicht mehr geschlafen. Eine dritte Krankenschwester wurde gerufen, damit die anderen zwei sich etwas ausruhen konnten. Müller tat sein Bestes, um zu sehen, dass alle medizinischen Anweisungen korrekt ausgeführt wurden.

»Aber meine Hoffnung war in Gott allein. Ich kannte Ihn, und ich wusste, Er würde das tun, was das Beste für mich ist. Mein Herz war mit Ihm im Einklang. Ich freute mich über Ihn.« Susannahs Zustand war jetzt in vielen Ländern bekannt, und Tausende von Gebeten wurden für sie dargebracht.

In der Nacht kam die Krisis. Sie schlief fünf Stunden lang und am Montag fast den ganzen Tag. Von da an konnte Müller kleine Fortschritte sehen. Aber Susannahs Puls war ungefähr auf 120 und sehr schwach.

»Ich habe noch nie erlebt, dass ein Patient sich nach einer so starken Blutung, wie Frau Müller sie hatte, wieder erholt hat«, sagte ein anerkannter Spezialist aus London, der zusätzlich konsultiert wurde. Müller beschrieb ihn als den »bedeutendsten und erfahrensten Arzt in London«.

»Es ist jetzt das dritte Mal«, schrieb Müller, »dass meine innerste Seele suchen musste, an Gott allein Genüge zu haben und die Hand zu küssen, die mich schlug. Und durch Seine Gnade tat ich es … Durch Seine gnädige Selbstoffenbarung, die Er mir in Seinem Wort geschenkt hat, weiß ich, welch liebendes und gnädiges Wesen Gott ist. Ich glaube dieser Offenbarung. Ich weiß aus meiner eigenen Erfahrung, wie wahr sie ist, und deshalb war ich in Gott zur Ruhe gekommen. Ich freute mich an Gott, und so kam es, dass Er mir sogar das Verlangen meines Herzens, die Wiederherstellung meiner lieben Frau, schenkte.«

Anfang Mai war Susannah soweit hergestellt, dass sie in einem Rollstuhl aus ihrem Schlafzimmer in das Wohnzimmer gefahren werden konnte, um eine kurze Zeit auf dem Sofa zu liegen. Mitte des Monats machte sie in einer Kutsche ihren ersten kurzen Ausflug an die frische Luft. Ende Mai war es dem Ehepaar möglich, nach Burnham in Somerset zu reisen, damit Susannah die Wohltat der Seeluft genießen konnte. Im September reisten sie nach Ventnor auf der Insel Wight, wo sie sich wieder ganz erholte.

Seit er 1832 nach Bristol kam, hatte Müller fast ausschließlich in dieser Stadt gepredigt. Seine Stelle als Pastor der großen Bethesda-Gemeinde und als Direktor der Waisenhäuser sowie der Literatur-Verbreitungsarbeit hatte ihn an Bristol gebunden. Aber die

Situation in Bethesda änderte sich: Es gab verschiedene begabte und erfahrene Männer, die seine Verantwortungen übernehmen konnten. Und James Wright hatte sich schon als fähiger Mit-Direktor der Arbeit in Ashley Down und in der »Anstalt zur Ausbreitung der Schriftkenntnis« rundum bewährt. So entschied Müller nach viel Gebet, seine letzten Jahre einer weltweiten Arbeit des Predigens und Lehrens zu widmen.

Er war davon überzeugt, dass es viele Menschen gab, die es ehrlich mit ihrem Verlangen meinten, mit Gott in Ordnung zu sein, aber die keinen Frieden hatten, weil sie sich auf ihre Gefühle verließen. Nach mehr als einem halben Jahrhundert täglichen, systematischen und zusammenhängenden Bibelstudiums wollte Müller jetzt einer größeren Zuhörerschaft die Wahrheiten, die er entdeckt hatte, mitteilen und Christen ermutigen, selbst auch die Bibel lieb zu gewinnen und alles am Wort Gottes zu prüfen.

Ein anderes Ziel war es, ganz im Geiste Groves' und der Besten der frühen Brüderbewegung, die Zäune des Denominationalismus abzubrechen und – wie er es nannte – »brüderliche Liebe unter wirklichen Christen« zu fördern.

Obwohl ich nicht mit jeder ihrer Ansichten und Praktiken übereinstimme, predige ich doch bei allen, nachdem ich viele Jahre lang gesehen habe, wie sehr das Herz des Herrn Jesus durch die Uneinigkeit traurig gemacht wurde, die unter wirklichen Jüngern besteht. Aus diesem Grund habe ich mit meinem schwachen Möglichkeiten danach getrachtet, alle wirklich Gläubigen zu vereinigen; aber weil das nicht gelingen kann, indem wir uns von unseren Brüdern in Christus fernhalten, solange sie nicht in allem so denken wie wir, bin ich zu ihnen gegangen und habe mich mit ihnen vereinigt, insofern nichts von mir verlangt wurde, was ich nicht mit gutem Gewissen tun konnte.

Susannah Müller liebte Reisen und war eine ideale Partnerin. Obwohl Georgs Gesundheit immer noch gut war, wäre es doch unmöglich für ihn gewesen, das anstrengende Programm des weltweiten Engagements, das vor ihm lag, zu bewältigen, ohne Susannah an seiner Seite. Sie war sowohl seine Krankenschwester als auch seine Sekretärin. Sie sorgte dafür, dass das Reisen nicht nur Arbeit ohne Erholung war: Denn zweifellos war es ihrem Einfluss zu verdanken, dass sich das Ehepaar zwischendurch manchmal freie Zeit nahm, um Touristenattraktionen zu besuchen, wunderschöne Plätze oder solche von historischem Interesse.

Ihre erste Reise, die nicht aus England hinausführte, war nur kurz während des Frühlings und Frühsommers 1875. Müller war 70 und Susannah knapp 60 Jahre alt. Spurgeon bat Müller, für ihn zu predigen. So sprach der Mann, den seine Pionierarbeit in Bristol sehr bekannt gemacht hatte, in dem berühmten Metropolitan Tabernacle zu einer großen Versammlung. Er sprach in Newcastle und in London auf der Mildmay-Park-Konferenz – der kirchenübergreifenden Vorläuferin der Keswick-Konferenz, die selbst erst in Vorbereitung stand.

Gavin Kirkham, selbst ein begabter Evangelist, und der erste Sekretär der Freiversammlungs-Mission, schrieb zu dieser Zeit:

Herrn Müllers Erscheinung ist eindrucksvoll. Er ist groß und bestimmend. Er ist in seinem 70. Lebensjahr. Er hat einen starken deutschen Akzent, wird aber leicht von jedem englischen Hörer verstanden. Er erweist sich in seinem öffentlichen Dienst ganz deutlich als »Lehrer«, aber er zeigt den Heilsweg oft in einer klaren, freundlichen und überzeugenden Art. Prediger können von seiner Methode des Predigens lernen. Er bekommt zuallererst eine Botschaft vom Herrn: d.h., er wartet auf den Herrn mit Bibellesen, Nachdenken und Beten, bis er erkennt, worüber der Heilige Geist gesprochen haben will. Manchmal war er sich bis zur letzten Minute nicht sicher, aber der Herr hat ihn nie im Stich gelassen. Er setzt sich stark für das auslegende Predigen ein und praktiziert es. Statt eines einzelnen, aus seinem Kontext genommenen Textes wählt er eine Passage von mehreren Versen aus, die er der Reihe nach auslegt. Ihm erscheint es am wichtigsten, die Bedeutung des Abschnitts zu erklären, sie dann durch andere Bibelstellen oder auf andere Weise zu illustrieren und danach anzuwenden. So macht er es mit jedem Vers, immer Erklärung, Illustration und Anwendung. Aber seine Hörer wissen immer, wann er zum Schluss kommt, weil er am Anfang angibt, wie viele Verse er bedenken möchte. Seine Veranschaulichungen sind gelegentlich der Geschichte, einer Biografie oder der Natur entnommen, aber hauptsächlich der Bibel oder seiner eigenen Erfahrung.

Eines der auffallendsten Dinge bei Herrn Müllers Predigten ist die

Art, in welcher er seine Hörer veranlasst, sich ins Gedächtnis zu rufen, was er schon gesagt hat. Er sagt wiederholt: ›Wir wollen uns selbst fragen: Habe ich das verstanden? Was betrifft mich davon? Ist das meine Erfahrung?‹

Die erste Reise war verhältnismäßig kurz. Müller predigte dabei 70-mal. Aber es war schon deutlich, dass, wohin er auch in den kommenden Jahren ging, er sicher war, begierige und aufmerksame Zuhörer zu haben.

Im August 1875 kamen Moody und Sankey von einem »Feldzug« in Großbritannien wieder nach New York zurück, der sie berühmt gemacht hatte. Moody hat Müller beschrieben als einen der drei Männer in England, die er gern wieder treffen wollte. Er hatte Bristol gebührend bewundert und, mit den Worten seines Biografen, »eine berauschende Vorstellung von Müllers Glauben empfangen«.

Am Tag, als Moody und Sankey nach New York zurückkehrten, waren Georg und Susannah zu ihrer zweiten Tour durch Großbritannien aufgebrochen, die bis Juli 1876 dauerte. Müller sagte, dass sein besonderes Ziel war, »der Arbeit der hingegebenen Brüder Moody und Sankey vorwärts zu helfen … Diese teuren Brüder, die nur eine verhältnismäßig kurze Zeit an einem Ort bleiben konnten, waren nicht in der Lage, die Jungbekehrten in Erkenntnis und Gnade weiterzuführen. Deshalb wollte ich eine Nacharbeit ihres Dienstes tun, um mit meinen schwachen Kräften dazu beizutragen, diesem Mangel des Dienstes abzuhelfen.« Im Bewusstsein der Verantwortung für die Jungbekehrten hielt er 14 Versammlungen in der Mildmay-Park-Konferenzhalle in London, wobei er oft zu mehr als 3000 Menschen sprach.

Weiter ging es nach Schottland, wo er auf einer Konferenz in Glasgow zu 5000 Menschen über die Kraft des Geistes sprach. Nicht alle, die kamen, passten in die Halle, und Müller nahm die Einladung an, zu ihnen in einer zusätzlichen Versammlung von ungefähr 1200 Menschen in einer Kirche in der Nachbarschaft zu sprechen. Während des Monats in Glasgow predigte er fast 40-mal. Jeden Sonntagabend sprach er zu 3000 Menschen im Prince-of-Wales-Theater.

Nach drei Wochen in Dublin, einschließlich einer Anzahl Versammlungen in der vollgestopften Merrion-Halle, reisten die Müllers nach Liverpool. Dort sprach Müller in der riesengroßen Victoria-Halle, die für Moody und Sankey gebaut worden war. »In der riesigen Zuhörerschaft«, erinnert sich W. H. Harding, »sitzt ein braun gebrannter, vom Wetter gezeichneter Mann, jetzt Kapitän eines Handelsschiffes, der früher ein Bewohner des Waisenhauses war. Wie kann dieser Mann, immer noch unbekehrt, im Frieden dort sitzen, während sein alter Wohltäter, grau und offensichtlich alternd, immer wieder, so wie vor langer Zeit, die gesegnete Botschaft des ewigen Lebens bringt? Der narbige Kapitän hört zu, weint, begreift die geistlichen Motive von Müllers Leben und steuert von da an geradenwegs in den Hafen der Ruhe für die Seelen.«

Müller predigte mehr als 50-mal in Liverpool, sonntags zu zwischen 5000 und 6000 Menschen. Dann ging es weiter zu einer arbeitsreichen Reise nach Schottland. Susannah berichtete, dass sie, während sie in dem Dorf Crathie wohnten, »mit einem gläubigen Schlossverwalter bekannt wurden, der in Balmoral Castle wohnte und der uns eines Nachmittags freundlich durch die Residenz der Königin Victoria führte; und kurze Zeit, bevor wir Crathie verließen, kam ihre Majestät im Schloss an. Wir sahen sie gelegentlich bei Ausflügen, in Gesellschaft von Prinzessin Beatrice.«

Die dritte Reise brachte das Ehepaar auf das europäische Festland, wo sie die letzten Wochen vom August 1876 in Paris verbrachten. Im September kamen sie in Bern an, wo Müller zum ersten Mal nach 36 Jahren auf Deutsch predigte. An einem Nachmittag gingen sie in *Die Enge*, einem Saal an der Seite eines steilen Hügels außerhalb von Bern, wohin Oberst von Büren sie und ungefähr 150 Menschen eingeladen hatte. Während sie beim Kaffeetrinken saßen und auf die fernen Alpen sahen, deren schneebedeckten Spitzen rosa im Licht der untergehenden Sonne leuchteten, sagte jemand: »Le bon Dieu l'a fait exprès pour vous donner plaisir.« (Der liebe Gott hat das alles nur zu Ihrem Vergnügen erschaffen.)

Bevor sie mit einer ausgedehnten Versammlungsreihe begannen, bestiegen Georg und Susannah in Luzern einen Dampfer und fuhren über den Vierwaldstätter See nach Vitznau am Fuß des Rigi. Mehr als ein halbes Jahrhundert war vergangen, seit Müller im Sommer 1825 dort mit Beta und seinen anderen Studentenfreunden hinaufgeklettert war. Glücklicherweise hatte in der Zwischenzeit ein barmherziger Mensch eine Zahnradbahn gebaut, und die Müllers konnten nun ganz bequem zum Gipfel hinauffahren. Der Blick aber über das Berner Oberland und nach Genf im Süden und zum Schwarzwald im Norden hatte sich kaum verändert.

Als es zu schneien anfing, war das Ehepaar froh, Schutz in einem Hotel unter der Bergkuppe zu finden. »Um halb fünf am nächsten Morgen«, schrieb Müller, »stiegen wir auf nach Rigi Kulm, wo man ringsumher großartige Ketten zahlloser schneebedeckter Bergspitzen und ferner Gletscher sehen konnte, die – von der aufsteigenden Sonne betrachtet – prächtig in allen Farben leuchteten. Hier standen wir eine lange Zeit und betrachteten mit Staunen und höchster Bewunderung die große, wilde und einmalige Bergwelt.«

Auf der Höhe des St.-Gotthard-Passes, 2743 Meter über dem Meeresspiegel und eingeschlossen in einen dicken Nebel, waren die frühere Erzieherin aus Clifton und ihr Mann »dankbar für die sehr ärmliche Unterkunft in einem Hospiz, und obwohl dort einige Italiener in dem einzigen beheizbaren Raum des Hauses unablässig rauchten, waren wir froh, dort bleiben zu dürfen, zusammen mit vielen anderen Reisenden, die auch zufällig hereingekommen waren«.

In Zürich predigte Müller zweimal in der Anna-Kapelle zu Versammlungen, die bis zu den Treppenstufen und Gängen besetzt waren. In Konstanz besuchten die Müllers den Ratssaal in der Handelshalle, wo Johannes Hus verhört und zum Feuertod verurteilt wurde, weil er seine Meinung über die Verderbnis der vorreformatorischen Kirche auszusprechen gewagt hatte.

In Stuttgart schickte die Königin von Württemberg nach Müller und fragte ihn im Palast nach seiner Kinderarbeit in Bristol. In

Darmstadt hielt er eine Versammlung im Wohnzimmer des Hauses des Hofpredigers: vier Wohnzimmertüren wurden geöffnet, und die Mutter des Prinzen Louis von Hessen, (des Ehemanns der Prinzessin Alice von England), Prinzessin von Battenberg, und verschiedene andere Angehörige des fürstlichen Hofes kamen herein.

In Düsseldorf kam ein Stadtmissionar in seiner großen Sorge zu Müller: »Ich habe sechs Söhne, und ich habe viele Jahre für ihre Errettung gebetet. Sie reagieren nicht darauf. Was soll ich tun?« »Beten Sie weiter für Ihre Söhne«, sagte Müller dem Missionar, »und erwarten Sie eine Antwort auf Ihr Gebet, und Sie werden Gott zu preisen haben.«

Im Frühling 1877 besuchten Georg und Susannah die Wartburg in der Nähe von Eisenach, wo Martin Luther 1521 gefangen war. Sie sahen das Wohnzimmer, in dem der Reformator das Neue Testament ins Deutsche übersetzt hatte. In Halle predigte Müller im Franckeschen Waisenhaus, der Institution, die ihn in seinen frühen Tagen in Bristol inspiriert hatte. Müller freute sich, als er erfuhr, dass sein alter Lehrer, Professor Tholuck, noch lebte und jetzt Berater des Obersten Preußischen Konsistoriums war. Die zwei Männer feierten ein frohes Wiedersehen und unterhielten sich lange.

Auf dem Weg nach Berlin sahen sie in Wittenberg die Kirche, an deren Tür 1517 Luther die 95 Thesen gegen den Ablass angenagelt hatte, und in einem alten Kloster besuchten sie den Raum, in dem er als Augustinermönch gelebt hatte.

Im Verlauf von drei Wochen in Berlin predigte Müller zu großen Versammlungen. Graf Bismarck (ein Vetter des berühmten Staatsmannes) reiste 193 Kilometer, nur um Müller zu sehen und zu hören. »Ihr Buch *Erzählungen* ist ein großer Segen für meine Seele gewesen«, erzählte ihm Bismarck später.

Nachdem er in vielen holländischen Städten gepredigt hatte, beendete Müller seine Reise durch den Kontinent. Mehr als 300-mal hatte er gesprochen. Wieder in der Paulstraße, erwartete ihn ein Brief aus den Vereinigten Staaten, unterschrieben von Professor E. P. Thwing und vier anderen Personen, die darum baten, er möge nach Amerika kommen, um dort zu predigen.

Die Einladung war die letzte von vielen, die er bereits aus den Vereinigten Staaten empfangen hatte. Dieses Mal entschied er sich, die Einladung anzunehmen.

ZUM WEISSEN HAUS

Im August 1877 starteten die Müllers an Bord eines 4000-Tonnen-Schiffes, der *Sardinian*, in die Vereinigten Staaten. Aus irgendeinem Grund hatte man den Müllers die Deckkabine des Ersten Offiziers gegeben, welche Susannah »einigermaßen bequem« fand.

Obwohl der Atlantik rau war, blieb das Schiff im Zeitplan, bis es vor Neufundland in einen dichten Nebel kam. Kapitän Dutton war schon 24 Stunden lang auf der Brücke, als Müller an seine Seite trat: »Kapitän, ich bin gekommen, um Ihnen zu sagen, dass ich am Samstagnachmittag in Quebec sein muss.« »Das ist unmöglich«, sagte der Kapitän. »Sehr gut«, sagte Müller, »wenn Ihr Schiff mich nicht dahin bringen kann, wird Gott einen anderen Weg finden – ich habe in 52 Jahren noch nie eine Verabredung verpasst. Lassen Sie uns hinunter in den Kartenraum gehen und beten.«

Kapitän Dutton fragte sich, von welchem Irrenhaus Müller wohl entlaufen war: »Herr Müller, wissen Sie, wie dick dieser Nebel ist?« – »Nein, mein Auge ist nicht auf die Dicke des Nebels, sondern auf den Lebendigen Gott gerichtet, der alle Umstände meines Lebens kontrolliert.«

Müller kniete dann nieder und betete ganz schlicht. Als er aufgehört hatte, wollte der Kapitän auch beten, aber Müller legte seine Hand auf seine Schulter. »Beten Sie nicht. Erstens glauben Sie nicht, dass Er antworten wird, und zweitens glaube ich, dass Er schon geantwortet hat und dass es überhaupt keine Notwendigkeit mehr gibt, dafür zu beten.« Kapitän Dutton sah Müller mit Erstaunen an.

»Kapitän«, fuhr Müller fort, »ich kenne meinen Herrn 52 Jahre lang, und es hat niemals an etwas gefehlt, und mir ist immer eine Audienz bei dem König gewährt worden. Stehen Sie auf, Kapitän, und öffnen Sie die Tür, und Sie werden sehen, dass der Nebel weg ist.« Der Kapitän ging zur Tür und öffnete sie. Der Nebel hatte sich gelichtet.

Kapitän Dutton hat die Geschichte oft während seiner langen Dienstzeit auf der *Sardinian* erzählt. Ein gut bekannter Evangelist des 19. Jahrhunderts beschrieb ihn von da an als »einen der frömmsten Männer, die ich je kannte«.

Als sie Quebec näher kamen, feuerte die *Sardinian* ihre Kanonen zum Zeichen ihrer Ankunft ab. Im Hotel St. Louis wartete ein Stapel Briefe auf Müller, die ihn zum Predigen einluden. Aber bevor er in südlicher Richtung nach New York reiste, fanden sie Zeit, die Niagara-Fälle zu besichtigen.

Die Eheleute waren ziemlich enttäuscht, als sie die Fälle zuerst aus der Entfernung sahen. Nachdem sie zu einer Brücke gefahren waren, gerade über den amerikanischen Fällen, kletterten sie über eine Treppe zur Luna-Insel, und dann, nahe beim Abgrund an dem Geländer stehend, begannen sie, das Ausmaß und die Großartigkeit der amerikanischen Fälle zu würdigen: »Dies übertrifft alles. Sicherlich ist das der größte Wasserfall in der Welt!«

Bald waren sie anderer Ansicht, denn nach einigen weiteren Schritten konnten sie den großen Hufeisen-Fall, auf der kanadischen Seite des Flusses, überblicken, der etwa 20 Millionen Kubikmeter Wasser pro Stunde über seine Klippen in einen riesigen brodelnden Hexenkessel am Boden stürzen ließ. Sie sahen auf die Stromschnellen, von denen die Niagara-Fälle herabstürzen, wie Susannah es ausdrückte, »über raue Felsbrocken, große Massen von Steinen und mächtiges Geröll«, und wo »sein Wasser brandet und schäumt, in zehntausend fantastischen Formen, und im wildesten Tumult, als ob es sich rasend mühte, über die Klippen in den Schlund der Erde hinabzustürzen«.

Es war Sonntagmorgen, der 9. September. Im »Dr. Talmage's Tabernacle« – es hieß, dies sei damals die größte Kirche in den Vereinigten Staaten gewesen – stellte Professor E.P. Thwing Müller der Versammlung vor. Der Besucher aus Bristol predigte eine dreiviertel Stunde. Nach einer Abendversammlung drängte sich ein früheres Waisenmädchen von Ashley Down, das jetzt in Amerika verheiratet war, nach vorn, um Müller zu begrüßen.

Müller predigte ungefähr 50-mal in der Gegend von Brooklyn und New York, einschließlich einiger deutscher Predigten für die große deutschsprachige Bevölkerungsgruppe. Dann reisten sie nach Boston, wo Müllers erste Predigtverpflichtung in Moodys Tabernacle war – einem riesigen Gebäude mit 7000 Sitzplätzen.

Müller predigte zweimal in der Alten Presbyterianischen Kirche Newburyport, gegründet von George Whitefield, und verursachte eine Bewegung, als er aus der Bibel las, die diesem großen Mann gehört hatte. Dessen Biografie hatte er vor 40 Jahren gelesen. Diese Bibel benutzte er normalerweise nicht. Müller sprach von der Kanzel, die genau über dem Ort errichtet wurde, an dem Whitefield beerdigt liegt.

»Gott hat Sie nach Amerika gesandt, lieber Bruder!«, sagte ein Bruder zu Müller, nachdem er in »Dr. Mitchells Kirche« in Washington gepredigt hatte. »Das ist genau die Art der Lehre, die wir hier haben möchten, etwas, das sowohl Christen als auch Unbekehrte wachrüttelt und erweckt. Gott hat Sie nach Amerika geschickt, mein Herr, dessen bin ich gewiss.«

Am Morgen des 10. Januar 1878 um halb zehn hatten die Müllers eine besondere Verabredung. Sie waren ins Weiße Haus eingeladen worden, um Präsident Hayes und seine Frau zu treffen. »Sie haben uns mit großer Höflichkeit empfangen«, sagte Susannah, »und, nachdem sie einige Fragen über unsere Arbeit in England gestellt hatten, unterhielt sich der Präsident eine halbe Stunde mit Herrn Müller. Frau Hayes führte uns danach durch das Weiße Haus, ein großes altes Gebäude, und zeigte uns die Staatsappartements mit den verschiedenen interessanten Dingen, die diese Residenz enthält.«

Müller erlebte drei aufreibende Wochen in Washington, wo er oft zweimal am Tag predigte, aber sie fanden auch Zeit, um die 122 Meter zur Spitze der Kuppel des Kapitols zu steigen, und bewunderten den Ausblick.

Von Washington aus reisten sie nach Salem (Virginia) in die Allegheny-Berge, und Müllers Berühmtheit eilte ihm voraus. In der lutherischen Kirche waren »Hunderte von jungen Männern versammelt, die meisten von ihnen Studenten des Roanoke College und des Theologischen Seminars, von denen viele dicht gedrängt am Eingang standen, während andere eng aneinandergerückt um die Kanzel saßen. Die Empore war voll von Menschen. Hinten standen einige junge Männer auf den Bänken. Sie stießen mit ihren Köpfen fast an die Decke, und über die Brüstung der Vordersitze in der Empore ließen einige Jungen ihre Füße baumeln, eine etwas gefährliche Sache.«

Im Roanoke-College war im Leitartikel der Januarausgabe von 1878 unter der Überschrift *Reverend Georg Müller* zu lesen: »Dieser großartige Mann, den wir alle als Gründer der Bristoler Waisenhäuser kennen und schätzen und von dem das Buch *Ein Leben des Vertrauens* stammt, hat uns jetzt besucht … Er ist ungefähr 1,84 Meter groß und hält sich aufrecht, seine Locken hat das Alter versilbert, sein Gesicht trägt deutlich die Züge eines gebildeten Deutschen, während seine zugleich zeitlos wie militärisch wirkende Persönlichkeit, eher durch den Ausdruck von Freude und heiliger Zuversicht, die über sein Gesicht spielen, beeindruckt … Verkehrt bitten und richtig bitten, das waren die zwei Themen seiner Predigt. Verkehrt bitten heißt: Bitten aus egoistischen Motiven. Richtiges Bitten hat drei Elemente: 1. Sich nach Gottes Ehre sehnen. 2. Unsere Unwürdigkeit bekennen und uns auf die Verdienste des Herrn Jesus berufen. 3. Glauben, dass wir die Dinge empfangen, um die wir bitten.«

Die nächste Reise brachte das Ehepaar in das ungefähr 645 Kilometer entfernte Columbia in Süd-Carolina, wo sie bei dem Obersten Richter Willard wohnten. Herr Willard nahm sie mit ins Capitol und stellte sie dem Gouverneur und dem Staatssekretär von Süd-Carolina vor. Müller eröffnete die Tagesgeschäfte im Repräsentantenhaus mit Gebet.

Ende Februar machten die Müllers an Bord eines Flussdampfers eine schier endlose Schiffsreise den Savannahfluss hinunter nach Jacksonville. Mehrere Male lief die *City of Bridgetown* dabei auf Grund. In Jacksonville versammelte sich eine große Hörerschaft, um Müller zu hören. Es hieß, so viele seien noch nie in dieser Stadt zusammengekommen.

Nach Versammlungen in Montgomery und New Orleans ging das unerschrockene Paar an Bord des Dampfers *John Scudder* auf die lange Mississippireise nach Memphis. Obwohl das Essen an

Bord ausgezeichnet war, waren Georg und Susannah beunruhigt darüber, dass es außer dem ungefilterten Flusswasser kein Trinkwasser gab. Dieses war so voller Verunreinigungen und Schlamm, dass es in jedem Glas oder in jeder Tasse einen deutlichen Rückstand hinterließ. Georg und Susannah mochten es weder kalt noch in Form von Tee oder Kaffee trinken. Schließlich fanden sie einen Ausweg. Sie konnten einen Krug mit Eis erhalten. Das Eis schmolz, und sie mischten das so gewonnene Wasser mit etwas Wein, um ihm die Kälte zu nehmen: Das bildete ein Getränk, das für den Gaumen erträglich war. Müller predigte den »Passagieren, den farbigen Dienern und so vielen von den Mitarbeitern des Schiffes, wie ihm zu erreichen möglich war«, aber er fand, dass die Passagiere »hauptsächlich weltlich gesonnen waren, die sich lieber mit Musik, Singen, Tanzen und Kartenspielen amüsierten, wovon sie sich auch nicht trennen wollten, wie wir von unserer Kabine aus sehen und hören konnten«.

Am 18. April 1878 standen die Müllers um halb sechs auf, um von St. Louis nach dem fast 3900 Kilometer entfernten San Francisco zu reisen. Sie fuhren in dem reservierten Abteil eines Schlafwagens, den selbst Susannah als komfortabel bezeichnete. Am ersten Morgen, als sie in Council Bluffs frühstückten, waren sie umgeben von einer Menge Emigranten, die alle nach Kalifornien wollten. Unter denen verteilte Müller Traktate. Nach Omaha, in Nebraska, ging ihre Reise durch die Prärie. Eine Zeit lang konnte Susannah nicht verstehen, warum der Zug nur ungefähr 24 Stundenkilometer fuhr. Schließlich erfuhr sie (vielleicht von ihrem Mann), dass sie allmählich weit mehr als tausend Meter Höhe erreicht hatten. Der Aufstieg war wirklich so lang und beschwerlich, dass die Lokomotive wegen eines Schadens nicht weiterfahren konnte und die Passagiere aussteigen mussten. Sie konnten jetzt den spektakulären Ausblick bewundern. Müller und seine Frau sahen das als Gelegenheit, noch mehr Traktate zu verteilen. Mit einer teilweise reparierten Lokomotive krochen sie mit einer noch langsameren Geschwindigkeit bis Sherman, der höchsten Eisenbahnstation in der Welt, hinauf, wo es sehr kalt und der Schnee tief war.

In Wells angekommen, sahen sie Gruppen von Indianern in dunkelrote Wolldecken und gestreifte Umhänge gehüllt, die überaus bunt gefärbt waren; Frau Müller war fasziniert von ihren »komisch aussehenden Hüten, geschmückt mit Federn und breiten Bändern« und bemerkte, dass »sie ihre Gesichter mit Flecken von Zinnober gefärbt hatten«.

Als der Morgen des 23. April dämmerte, sahen sie zum ersten Mal etwas von Kalifornien. »Plötzlich eröffnete sich uns ein unbeschreiblich großartiger Anblick. Die Bahnstation, selbst schon auf der Höhe eines Berges, wurde rings von himmelhohen Bergriesen überragt. Die strahlende Sonne ließ den Schnee blendend weiß erscheinen. Tiefe Abgründe, Klüfte und Bergschluchten umgaben uns: Millionen von Kiefern und Tannen wuchsen an den Berghängen, und ganz tief unten gab es Dörfer, die von reichster Vegetation umgeben die ganze Szene noch prächtiger machten.«

Um acht Uhr öffnete der Schaffner die Tür des Waggons und rief: »Kap Horn!«

Die Passagiere sprangen auf und sahen aus den Fenstern, dass der Zug langsam am Rand einer fast 800 Meter tiefen Schlucht entlang fuhr. Durch »das Emigranten-Loch« fuhren sie weiter hinunter nach Kalifornien. Es wurde wärmer und Susannah sah, dass »alles mit Gras bedeckt war und dazwischen unzählige leuchtende wilde Blumen standen. Lupinen, wilde Rosen, Geranien und andere Blumen blühten … und Millionen kalifornischer Mohnblumen in ihrem intensiven Gelb, das zuweilen ins Orangene spielte, überstrahlten alles andere.« »Ich habe nie Blumen gesehen, bis ich hierher nach Kalifornien kam«, rief ein Passagier.

Am Oakland-Bahnhof in San Francisco, wurden sie von zwei Freunden abgeholt, die sie an Bord der *El Capitan* nahmen, einem Fährschiff, das sie über die San Francisco Bay brachte. Dann ging es in das Palace-Hotel, wo sie einige Räume gezeigt bekamen, von denen Susannah schnell begriff, dass sie von ihren Freunden für sie gebucht waren.

An ihrem ersten Sonntag in Kalifornien predigte Müller vor 2000 Menschen in der Tabernacle Presbyterian Church in der

Tylerstraße. Am Dienstag kam ein Freund mit seiner Pferdekutsche und nahm sie zu einem Ausflug mit. Sie gingen am Strand spazieren und spürten die Brise des Pazifiks in ihren Gesichtern. »Dann«, erinnert sich Susannah, »nahm unser Freund uns mit zum Cliff House, einem Hotel, das auf einem hohen Felsen über dem Ozean erbaut war, und wo wir von einem Balkon aus die Möglichkeit hatten, Seelöwen zu beobachten, die häufig auf die aus dem Meer aufragenden Felsen kletterten. Hunderte dieser seltsamen amphiben Kreaturen waren da mit ihren zugespitzten Köpfen und ihren von Wasser glänzenden Leibern. Einige nahmen ein Sonnenbad auf den trockenen Klippen, andere sprangen ins Meer, mehrere kletterten auf den flach abfallenden Felsen umher und andere bellten, weil sie irgendwie Streit hatten.«

Im Cliff House kam ein Kellner an ihren Tisch: »Herr Müller, ich muss mich Ihnen vorstellen. Ich bin der Bruder von Emma Evans, einem Kind, für das Sie in Ashley Down gesorgt haben. Ich habe Sie oft in Bristol predigen gehört, als ich dort vor vielen Jahren war. Ich hatte gehört, dass Sie in den Vereinigten Staaten waren, und jetzt habe ich Sie zu meiner großen Freude erkannt.« Zum Abschied überreichte der Kellner den Müllers einen Blumenstrauß.

In Oakland ließen alle wichtigen Kirchen die Gottesdienste ausfallen, damit ihre Gemeinden und Pastoren Müller in der Ersten Presbyterianischen Kirche predigen hören konnten. Wegen der großen Menge konnten Hunderte nicht hineinkommen und hören, was Müller über Klagelieder 3,22-26 zu sagen hatte. »Es war ein herrlicher Gottesdienst, Herr Müller!«, sagte später ein Pastor.

In San José erhielt Müller einen Brief von einer Frau, deren Tochter sich mit 14 Jahren bekehrt hatte, die aber zwei Jahre später dem Spiritismus verfiel, worin sie neun Jahre gefangen blieb. In San Francisco hörte sie jedoch Müller verschiedene Male predigen und wurde besonders von einer Predigt tief beeindruckt. »Sie sind der erste Mensch, der in diesen neun Jahren einen Weg zu dem Herzen meiner Tochter fand«, schrieb die Frau an Müller, »meine Tochter hat gesagt, sie hätte diesen Gottesdienst nicht für 100 Dollar missen mögen.«

Nach dem ständigen Predigen in San José und Stockton brauchte Müller eine Pause, und das Ehepaar nahm den Vorschlag an, das Yosemite-Tal zu besuchen. Sie waren gewarnt worden, dass das Reisen in einer kalifornischen Postkutsche ein nicht mehr zu vergessendes Abenteuer sein würde. »Unser Busfahrer fuhr wie verrückt«, berichtete Susannah später, als sie sich von dem Schrecken erholt hatte. »Ob rau oder glatt, ob Hügel oder Tal, alles war ihm gleich. Mal fuhren wir über einen großen Stein, dann stießen wir gegen einen noch größeren; und dass man bergab die Bremse ziehen könnte, darauf kam der Kutscher nicht. Der Mann war zweifellos ein erfahrener Fahrer, zumindest hatte er Mut; aber weil wir selbst vernünftige Menschen und an solche Vorwärtsbewegungen nicht gewöhnt sind, wären wir froh gewesen, wenn die Angelegenheit ruhiger vonstattengegangen wäre; und außerdem wollten wir gerne das Ziel unserer Reise ohne blaue Flecken und gebrochene Knochen erreichen. Durch die Freundlichkeit des Herrn erreichten wir sicher das Prist-Hotel, wo wir erleichtert in der Nacht schlafen konnten; und nach einer Reise von elfeinhalb Stunden auch sofort zu Bett gingen.«

Nach drei Tagen im Yosemite-Tal standen sie um halb fünf auf, um mit zehn anderen Passagieren in einer Postkutsche zurückzufahren, die von fünf Pferden gezogen wurde. Um vier Uhr nachmittags begegnete uns eine Kutsche, in der ein Mann und eine Frau saßen. Sie fuhren an den Straßenrand, um die größere Postkutsche vorbeizulassen. Plötzlich sprang die Frau auf: »Ist das Georg Müller?« – »Ja.« – »Dann muss ich Ihnen die Hände schütteln, mein Herr! Ich habe Ihr *Leben des Vertrauens* gelesen, und es war ein großer Segen für meine Seele.« Georg und Susannah lehnten sich zum Fenster heraus und gaben der Frau und ihrem Mann die Hand. »Beten Sie für mich!«, rief die Frau, als sich die zwei Wagen voneinander trennten.

In Salt Lake City, dem großen Zentrum der Mormonen, besuchten sie das Lion House, das frühere Haus des Gründers Brigham Young. »Sein Leib liegt begraben in einem schäbigen, vernachlässigten Grundstück – einer Art Hintergarten –, und sein Grab ist mit einem großen, flachen Stein bedeckt, der eine Inschrift trägt; aber Susannah fügte grimmig hinzu: »Was da stand, haben wir uns nicht angesehen.« Müller predigte in der Methodisten-Kirche vor einer großen Versammlung, zu der auch einige Mormonen gekommen waren.

Ende Juni gingen sie an Bord der *Adriatic*, um nach Liverpool zurückzufahren. Müller hatte über 300-mal gepredigt und sie waren über 3050 Kilometer gereist. Die Reise hatte ein Jahr gedauert. »Bei der Ankunft am 8. Juli erreichten wir die Kuppe des Ashley-Hügels in einer offenen Kutsche. Dort hatte sich eine riesige Schar von Jungen und Mädchen zusammen mit fast allen Helfern der Waisenhäuser eingefunden, um uns in Empfang zu nehmen. Die Jungen grüßten herzlich, und die Mädchen winkten mit ihren Taschentüchern. Alle wollten uns, wie ein Beobachter es ausdrückte, einen königlichen Empfang bereiten. Am Eingang des Waisenhauses Nr. 3 waren wir von einer fröhlichen Kinderschar umringt.«

EINFACH DURCH GEBET

Mehr als 40 Jahre waren jetzt vergangen, seitdem Müller durch das Gründen und Unterhalten eines Kinderheimes nach bestimmten eindeutigen Grundsätzen zu zeigen suchte, dass »die Dinge Gottes Realität sind«. Während dieser Zeit wurden dadurch viele überzeugt und vom Zweifel zum Glauben gebracht. Die Antwort vieler Christen lag darin, sich von ganzem Herzen einem Leben des Gebetes und des Dienstes für den Herrn hinzugeben. Am folgenreichsten war die Wirkung, die das Wissen um Müllers Leben in einem jungen Iren, James McQuilkin, hervorbrachte. Daraus entstand nämlich die Erweckung von 1859.

Kurz nachdem er 1856 Christ wurde, sah McQuilkin eine Anzeige der ersten Ausgabe von Müllers *Erzählungen*. Er besorgte sich im Januar 1857 ein Exemplar und war erstaunt über das, was er las. »Sieh, was Herr Müller nur durch schlichtes Gebet erreicht!«, dachte er. »Genauso kann auch ich Segen durch Gebet erhalten.«

Im folgenden Herbst sprach McQuilkin mit einer kleinen Gruppe junger Männer, die regelmäßig mit ihm in Connor zu beten pflegten: »Gott hat mich wirklich durch das Lesen der *Erzählungen* gesegnet. Ich erkenne jetzt die Kraft glaubenden Gebetes. Ich schlage vor, dass wir uns regelmäßig treffen, um für das Wirken des Heiligen Geistes hier bei uns zu bitten. Ihr habt sicher von den großen Erweckungen in manchen Teilen Amerikas gehört. Warum sollten wir hier nicht so ein gesegnetes Werk Gottes erleben, indem Gott hier so große Dinge tut wie durch Georg Müller, einfach als Antwort auf Gebet?«

Im März 1859 organisierten diese jungen Männer eine Reihe von Versammlungen in der Nähe von Ballymena. Die Atmosphäre in der Gegend wurde wie elektrisiert. Hunderte fielen in den Straßen auf ihre Knie, beteten und taten Buße. Im Mai erreichte die Bewegung Belfast und fing an, Kirchen und Gemeinden aller Denominationen zu erfassen. Die folgende Erweckung ergriff Hunderttausende von Menschen.

Vor Ende des Jahres griff das Feuer der Erweckung auf das ganze Vereinigte Königreich und sogar auf das europäische Festland über. Ein Ergebnis der Erweckung war, dass Tausende von Männern sich von Gott rufen ließen, um vollzeitliche Evangelisten zu werden. In England war einer von ihnen ein Schuhmacher aus Exeter, George Brearley, der sich ein Leben lang einsetzte, um auf den Blackdown-Hügeln an der Grenze von Devon und Somerset zu predigen und zu arbeiten. Er baute Dorfkapellen oder eröffnete sie wieder, war aktiv als Pastor und gründete Tagesschulen.

Die von George Brearley und seinem Sohn Walter auf den Blackdown-Hügeln gegründeten Schulen, wurden – wie so viele andere Schulen in Großbritannien und in der ganzen Welt – von Müllers »Anstalt zur Ausbreitung der Schriftkenntnis« finanziert. Die letzte dieser Schulen – in Bishopswood – wurde erst 1947 geschlossen, als der staatliche Schuldienst sie schließlich überflüssig machte.

In den 1870er und frühen 1880er Jahren hat die »Anstalt zur Ausbreitung der Schriftkenntnis« fast 80 Tagesschulen für Kinder und ein halbes Dutzend Schulen für Erwachsene vollständig getragen. Im Finanzjahr 1879/80 war die Anstalt allein verantwortlich für die Ausbildung von über 7000 Kindern in 76 Schulen in der ganzen Welt und auch für sieben Erwachsenenschulen. Von diesen Schulen standen 14 in Spanien, vier in Indien, eine in Italien, sechs in Britisch Guyana und der Rest in England und Wales.

Ein anderer, später berühmt gewordener Bekehrter der Erweckung von 1859 war ein junger Mann aus Manchester mit Namen Henry Moorhouse. Noch 1861 war er ein Spieler und starker Trinker. Damals rannte er in eine Erweckungsversammlung im Alhambra-Zirkus in Manchester. Dort wollte er Krach schlagen, wurde aber durch das Hören des Namens Jesus matt gesetzt. Er, »der hereingekommen war, um zu randalieren, blieb, um zu loben und zu beten«.

1867 traf Moorhouse D. L. Moody in Dublin, und später hörte Moody Moorhouse predigen, während er zu einem Besuch in Chicago war. »Ich habe diese Abende nie vergessen«, erinnert sich Moody. »Ich predige seitdem ein anderes Evangelium, und ich kann seitdem überzeugender von Gott und vor Menschen reden.« Moorhouse wurde ein enger Freund Moodys und Sankeys. Es heißt, Moorhouse sei »der Mann, der den Mann bewegte, der die Welt bewegte«; und dass er Moody lehrte, dass Gott die Sünde hasst, aber den Sünder liebt.

Während des letzten Jahres seines Lebens verkaufte Moorhouse Bibeln und Broschüren aus einem Bibelwagen heraus und hielt evangelistische Feldzüge in den Industriegebieten von Lancashire, Yorkshire und Leicestershire. In zwei Jahren verkaufte Moorhouse über 150 000 Bibeln und Testamente und gab Millionen von Büchern und Broschüren weg. Alle diese Literatur wurde von Müllers »Anstalt zur Ausbreitung der Schriftkenntnis« aus Bristol zur Verfügung gestellt.

Im August 1878 schrieb Moorhouse an Müller aus Blackpool:

Geliebter Herr Müller, wir haben hier eine herrliche Zeit, verkaufen ungefähr 1000 Exemplare des Neuen Testamentes in einer Woche und predigen in Freiversammlungen zu Tausenden. Es liegt ein Postscheck über zwölf Pfund und zehn Schillinge bei. Bitte senden Sie uns 3000 Zweipenny-Testamente. Vielen Dank für Ihre Freundlichkeit, dass Sie sie uns alle zum halben Preis geben. Gott segne Sie, lieber Herr Müller.

Als Dank für die erhaltenen Testamente, schrieb Moorhouse wieder von Blackpool aus:

Geliebter Herr Müller, die Neuen Testamente sind sicher aus London angekommen. Ich danke Ihnen sehr, sie mir für einen Penny pro Stück überlassen zu haben. Die Ausgaben für die Bibelwagen, für Pferde, für Licht und Miete und für die Grundstücke betragen durchschnittlich drei Pfund pro Woche. Ich vertraue darauf, dass der Verkauf von Bibeln usw. das alles decken wird. Ich wünschte, Sie könnten die Tausende von Menschen sehen, die der Predigt des Evangeliums in den Freiversammlungen zuhören, und manchmal weinen Hunderte von ihnen. Sie würden auch sagen, dass dies das Wirken des Herrn ist. Ich wünschte, es wären ein Dutzend mehr Pferdewagen in den Dörfern – ich traf viele in den Staaten, die dort durch Ihren Dienst gesegnet wurden, und viele Pastoren erzählten mir, wie sehr sie Sie schätzten.

Vier Jahre vorher, im Jahr 1876, hörte Moorhouse – der nie stark war – von den Ärzten, er habe ein schwaches Herz. Er hat aber seine Arbeit mit demselben fröhlichen, energischen Geist wie vorher weitergemacht. Im September 1880 erhielt Müller einen letzten Brief von Moorhouse:

Geliebter Herr Müller, wir hatten eine herrliche Zeit in Darlington und Stockton-on-Tees. Am letztgenannten Ort haben Zehntausende das Evangelium von unserem Herrn Jesus Christus gehört. Wir nahmen die Wagen zu den Pferderennen mit. Nie zuvor haben wir solch eine Woche an solch einem Ort erlebt. Sie hätten die Hunderte aufmerksamer Hörer sehen sollen und viele hatten Tränen in den Augen wegen der einfachen Geschichte von Golgatha. Ihr Herz würde sich freuen, und Sie würden sich belohnt fühlen für alles, was Sie für uns tun, indem Sie uns die Bibeln und kleinen Evangelienbücher zu solch einem billigen Preis überlassen. Möge Gott Sie segnen, geliebter Herr Müller.

Einige Wochen später war Henry Moorhouse tot. In dem Jahr, in dem er starb (1880), verkaufte Müllers »Anstalt zur Ausbreitung der Schriftkenntnis« fast 100 000 Bibeln und Neue Testamente zu reduzierten Preisen und gaben über 4000 umsonst weg. Die Bibeln waren sowohl in Englisch als auch in Walisisch, Dänisch, Holländisch, Französisch, Deutsch, Italienisch, Portugiesisch, Spanisch, Russisch, Schwedisch, Griechisch und Hebräisch. Im gleichen Jahr verbreitete die Anstalt fast 3 500 000 Traktate und kleine Schriften.

Während Müllers Leben hat die Anstalt, die er und Craik 1834 gegründet hatten, fast eine halbe Million Pfund für andere Projekte als die Waisenarbeit ausgegeben. Davon gebrauchte Müller fast 115 000 Pfund für die Schularbeit in der ganzen Welt, fast 90 000 Pfund für die Verbreitung von Bibeln, Testamenten, Traktaten und Büchern und über 260 000 Pfund für weltweite Missionsarbeit. In den Spitzenjahren der Missionsarbeit in den 1870er Jahren schickte Müller jährlich 10 000 Pfund nach Übersee an fast 200 Missionare. Mitte der 1880er Jahre betrugen die Ausgaben ungefähr 5000 Pfund im Jahr, und etwas mehr als 130 Missionare wurden unterstützt. All dieses Geld kam zu den ungefähr 1 000 000 Pfund hinzu, die Müller während seines Lebens für die Kinderarbeit in den Heimen in der Wilsonstraße und in Ashley Down ausgab.

»Sieh, was Herr Müller einfach durch Gebet erreicht«, hatte

James McQuilkin gesagt. »So kann ich auch einen Segen durch Gebet erhalten.« Und, wie wir sahen, erhielt er ihn auch. Es verhält sich tatsächlich mit dem Gebet – »Bittet, und es wird euch gegeben werden; sucht, und ihr werdet finden; klopft an, und es wird euch aufgetan werden.« Das war die einfache Verheißung von Matthäus 7,7-8, mit der Müller 1880 eine Predigt über das Gebet begann.

»Hätten wir Versprechungen in Bezug auf das Gebet machen müssen«, sagte Müller in seiner Predigt, »so weiß ich nicht, ob Sie und ich etwas noch unbegrenzter Gültiges hätten sagen können als: ›Bittet, und es wird euch gegeben werden.‹ Aber, weil das Versprechen so voll, so tief, so weit, so in jeder Beziehung kostbar ist, müssen wir es hier, so wie es uns geziemt, mit anderen Bibelstellen vergleichen, weil an anderen Stellen Ergänzungen gemacht oder Bedingungen gestellt werden, die, wenn wir sie nicht beachten, uns hindern werden, den vollen Gewinn des Gebetes zu erreichen.«

Während der Predigt legte Müller eine Anzahl von Bedingungen aus, von denen siegreiches Gebet abhängt. Erstens, sagte er, müssen unsere Bitten mit dem Willen Gottes übereinstimmen. Zweitens müssen wir nicht bitten aufgrund unseres eigenen Gutseins oder unserer Verdienste, sondern »im Namen des Herrn Jesus Christus« – Johannes 14,13-14. Müller ging es aber, wie auch sonst immer, sehr darum, seine Zuhörer an die Verse von Psalm 66,18 zu erinnern: »Wenn ich es in meinem Herzen auf Frevel abgesehen hätte, so würde der Herr nicht hören.« »Das heißt«, sagte er, »wenn ich in Sünde lebe und in einer Sache, die Gott hasst, weitermache, kann ich nicht erwarten, dass meine Gebete erhört werden.«

Die dritte Bedingung war, dass wir an die Kraft und Bereitschaft Gottes, unsere Gebete zu beantworten, wirklich glauben müssen. »Das ist sehr wichtig«, sagte Müller. »In Markus 11,24 lesen wir: ›Darum sage ich euch: Alles, um was ihr auch betet und bittet, glaubt, dass ihr es empfangen habt, und es wird euch werden.‹ ›Alles, um was ihr auch bittet‹ – von welcher Art auch immer – ›glaubt, dass ihr es empfangen habt, und es wird euch werden.‹

Ich habe unveränderlich während 54 Jahren und neun Monaten, in denen ich gläubig bin, erfahren, dass ich, wenn ich nur glaubte, sicher sein konnte, das, worum ich gebeten hatte, zu Gottes Zeit auch zu bekommen. Ich möchte es besonders auf euer Herz legen, an die Kraft und Bereitschaft Gottes im Beantworten eurer Gebete zu glauben. Wir müssen glauben, dass Gott fähig und willig ist. Um zu sehen, dass Er fähig ist, braucht ihr nur auf die Auferstehung des Herrn Jesus Christus zu sehen; denn um Ihn von den Toten aufzuerwecken, musste Er allmächtige Kräfte haben. Im Blick auf die Liebe Gottes braucht ihr nur auf das Kreuz des Herrn Jesus zu sehen und Seine Liebe anschauen, die Seinen Sohn nicht vorenthalten, Seinen eigenen Sohn nicht vom Tod verschont hat. Durch diese Beweise der Kraft und der Liebe Gottes versichert, können wir alles, um was wir glaubend bitten, auch erhalten.«

Die vierte Bedingung war, dass »wir weiterbeten müssen und geduldig auf Gott warten, bis der Segen kommt, den wir zu erhalten suchen. Denn seht ihr, in dem Text wird nichts gesagt über die Zeit oder die Umstände, in denen unser Gebet erhört werden wird. ›Bittet, und es wird euch gegeben werden.‹ Das ist ein positives Versprechen, aber nichts ist über die Zeit gesagt … Jemand mag sagen: ›Ist es notwendig, dass ich eine Sache vor Gott zwei-, drei-, vier-, fünf- oder selbst zwanzigmal bringe, ist es nicht genug, wenn ich es Ihm einmal sage?‹ Wir können sogar sagen, dass es nicht nötig ist, es Ihm auch nur einmal zu sagen, denn Er weiß von Anfang an, was wir brauchen. Er möchte, dass wir Ihm vertrauen und unseren Platz als Geschöpfe dem Schöpfer gegenüber einnehmen.«

»Darüber hinaus dürfen wir nie die Tatsache aus den Augen verlieren, dass es besondere Gründe geben kann, warum das Gebet nicht sofort erhört wird. Ein Grund mag die Notwendigkeit der Übung unseres Glaubens sein, denn durch Übung wird unser Glaube gestärkt. Wir alle wissen, dass unser Glaube so wie am Anfang bliebe, wenn er nicht geübt würde. Durch die Prüfungen wird er gestärkt. Ein anderer Grund mag der sein, dass wir Gott verherrlichen, indem wir Geduld zeigen. Das ist eine Gnade, durch die Gott sehr groß gemacht wird. Unsere Bekundung von Geduld verherrlicht Gott. Es kann auch noch einen anderen Grund geben. Unser Herz mag noch nicht vorbereitet sein für die Antwort auf unser Gebet. Ich werde dazu eine Illustration geben …« Müller gab einige Beispiele aus dem Leben von Menschen, die er kannte, und ging dann zu seinen eigenen Erfahrungen über.

»Wenn ich sage, dass ich im Verlauf der 54 Jahre und neun Monate, die ich an den Herrn Jesus Christus glaube, 30 000 Gebetserhörungen hatte, entweder in derselben Stunde oder am selben Tag, an dem die Bitte ausgesprochen wurde, würde ich kein bisschen zu viel sagen. Oft bekam ich Gebete beantwortet, noch bevor ich morgens aus meinem Schlafzimmer ging, und im Laufe des Tages hatte ich fünf oder sechs weitere Gebetserhörungen; sodass wenigstens 30 000 Gebete noch zur gleichen Stunde oder am gleichen Tag beantwortet wurden. Nun mag mancher von euch meinen, dass alle meine Gebete so prompt beantwortet wurden. Nein, nicht alle. Manchmal musste ich Wochen, Monate oder sogar Jahre warten, manchmal sogar viele Jahre.

Im November 1844 fing ich an, für die Bekehrung von fünf einzelnen Menschen zu beten. Ich betete jeden Tag dafür, ohne einen auszulassen, ob ich krank oder gesund, auf dem Land oder auf dem Meer war, und wie zahlreich auch meine Verabredungen gewesen sein mögen. Achtzehn Monate vergingen, bevor der erste von den fünfen gerettet wurde. Ich dankte Gott, und ich betete weiter für die anderen. Fünf Jahre vergingen, und dann wurde der zweite bekehrt. Ich dankte Gott und betete für die anderen drei. Tag für Tag betete ich weiter für sie, und sechs weitere Jahre vergingen, bis der dritte bekehrt war. Ich dankte Gott für die drei, und ich betete weiter für die zwei. Diese zwei sind noch nicht gerettet. Der Mann, dem Gott in dem Reichtum Seiner Gnade so viele zehntausende Gebete augenblicklich erhörte, hat Tag für Tag fast 36 Jahre für die Errettung dieser zwei Menschen gebetet, und sie sind immer noch nicht bekehrt. Im kommenden November werden es 36 Jahre sein, seitdem ich anfing, für ihre Errettung zu beten. Aber ich hoffe auf Gott, und ich bete weiter und erwarte immer noch eine Antwort.

Darum, geliebte Brüder und Schwestern, fahrt fort im Warten auf Gott, fahrt fort im Gebet. Aber sorgt dafür, dass ihr für Dinge nach dem Willen Gottes betet, denn Er will nicht den Tod eines Sünders. Das ist die Offenbarung, die Gott über Sich selbst gegeben hat – ›… der nicht will, dass jemand verloren gehen sollte, sondern dass alle zur Buße kommen‹. Betet deshalb weiter. Erwartet eine Antwort, schaut danach aus, und am Ende werdet ihr Gott dafür zu preisen haben.«

Von den zwei Menschen, die noch nicht gerettet waren zur Zeit dieser Predigt, wurde einer kurz vor Müllers Tod Christ und der andere einige Jahre später.

DER DUFT VON GEISSBLATT

Ein Höhepunkt der Predigtreise auf dem europäischen Festland von September 1878 bis Juni 1879 war ein Besuch der Schulen in Spanien, die während der letzten zehn Jahre ausschließlich von der »Anstalt zur Ausbreitung der Schriftkenntnis« finanziert worden waren. Müller sprach zu 150 Jungen in einer Schule in einem armen Bezirk von Barcelona. Er sprach sehr langsam, damit der Übersetzer mitkam.

»Meine lieben Kinder«, sagte er, »ich liebe euch alle sehr und bete jeden Tag für euch. Mich verlangt aus tiefstem Herzen danach, euch alle im Himmel wiederzusehen. Damit ihr aber an diesen glücklichen Ort gelangen könnt, müsst ihr als arme, verlorene, schuldige Sünder euer Vertrauen auf den hochgelobten Herrn Jesus Christus setzen, der an unserer Stelle gerichtet wurde; denn Sein Blut allein kann uns von unseren Sünden reinigen.« Müller fuhr fort, indem er den spanischen Kindern von den Jungen in Ashley Down erzählte.

In der Nähe der Jungenschule war eine Schule für Mädchen, die auch völlig von der »Anstalt zur Ausbreitung der Schriftkenntnis« getragen wurde. Nachdem Müller zu den Mädchen gesprochen hatte und sie ein Lied für ihn gesungen hatten, »wurde ein hübsches kleines Mädchen, ungefähr sechs Jahre alt, mit schwarzen Haaren und sehr hellen Augen auf eine Plattform gestellt, von der aus es den Psalm 128 in Spanisch mit großer Leichtigkeit und ohne offensichtliche Auslassung eines Wortes auswendig aufsagte.« Das Ehepaar Müller besuchte noch andere Schulen in Barcelona und Madrid, die auch alle ganz von der »Anstalt zur Ausbreitung der Schriftkenntnis« getragen wurden.

Nachdem sie Spanien verlassen hatten, verbrachte das Ehepaar einige Monate im Süden Frankreichs, wo Müller viele Male in Französisch predigte. In einer Kirche, zu der ein Heim für geistig behinderte und epileptische Kinder gehörte, wollte der Direktor nichts von einem Übersetzer wissen, denn so sagte er, Monsieur

Müller spricht ein bewundernswertes Französisch. Georg und Susannah verbrachten den März in Menton und hielten täglich Versammlungen in der Eglise Française und der Deutschen Kirche. Am Sonntagmorgen war die kleine Halle der Freien Kirche von Schottland vollbesetzt, und ihre Türen und Fenster wurden offen gelassen. Mehrere Menschen saßen draußen auf dem Balkon und hörten Müller im Frühlingssonnenschein predigen. Unter ihnen war drei Sonntage lang ein Engländer, ein Mittvierziger, der dort zur Genesung weilte: Charles Haddon Spurgeon – der bekannteste englische Prediger des 19. Jahrhunderts. Zu verschiedenen Gelegenheiten machten in diesem Frühling die Müllers mit Spurgeon in einer offenen Kutsche Ausflüge. An einem Tag fuhren sie die Turiner Straße entlang, die nach Castiglione führte.

»Während ich durch Landschaften wie diese fahre«, sagte Spurgeon, als es langsam die gewundene Straße einen Hügel hinaufging, »fühle ich mich von der letzten Haarspitze bis zur Sohle meines Fußes so, als sollte ich sofort in ein Loblied ausbrechen.« Wir wissen nicht, ob er es tat und ob Müller und Susannah, die ihren Freund begleiteten, miteinstimmten.

Dr. Henry Bennet wohnte in Menton, und während seines Erholungsurlaubs durfte Spurgeon in Bennets Garten kommen und gehen, wie er wollte. In jenem Frühling hatten, berichtet Spurgeon, Herr und Frau Müller ihn dort einen Tag lang besucht. »Dr. Bennet kam zu uns«, erinnert sich Spurgeon, »und ich freute mich zu hören, wie Müller ihn die Kraft des Gebetes lehrte.«

»Ich möchte eine Terrasse in der Nähe meines Hauses kaufen«, sagte Dr. Bennet zu Müller, »aber der Eigentümer verlangt dafür 100-mal mehr, als sie wert ist.« »Sie sollten darüber beten«, sagte Müller. »Es ist zu unbedeutend, um es dem Herrn zu bringen«, sagte Bennet. »Sie können sehr wohl für Ihre Waisenhäuser beten, aber für diese Terrasse, die meinen Garten vervollständigen soll – das würde ich nicht für angebracht halten!« »Aber«, antwortete Müller, »es ermutigt Menschen zum Sündigen, wenn wir uns ihrer Geldgier beugen, und deshalb glaube ich, dass Sie beten können, dass der Eigentümer vor maßlosen Ansprüchen bewahrt bleibt.« »Als einfache Landbewohner«, antwortete Bennet, »sind sie in meinen Augen sehr zu entschuldigen. Entweder wollen sie ihr Land behalten oder so viel wie nur irgendmöglich von einem Engländer herausholen, den sie für eine lebende Goldmine halten.« Müller lächelte.

Spurgeon bemerkte später, dass »der Geist von beiden gut war; aber natürlich war das einfache, kindliche, heilige Vertrauen Müllers überwältigend. Er war kein scheinheiliger Mensch, sondern voller wirklicher Freude und lieblichen Friedens und kindlicher Vergnügtheit.« Charles Spurgeon junior schrieb einmal in einem Brief, dass sein »Vater seit der Begegnung mit Herrn Müller viel mehr Vertrauen fassen konnte und sich nicht mehr fürchtete«.

Nach einer Reise durch Nord- und Mittelitalien, wo Müller in San Remo, Florenz und Rom predigte, kamen sie in Neapel an. Hier luden ihn einige englische Seeleute aus Bristol ein. Sie hatten gehört, dass Müller zu ihnen sprechen wollte, was er dann auch an Bord eines Schiffes im Hafen tat. Als ihre Tour fortgesetzt wurde, kletterten sie auf den Vesuv und bewunderten den Blick, fuhren mit der Gondel in Venedig und reisten durch die Waldensertäler. Hier haben über Jahrhunderte Gemeinden von waldensischen Christen oder Vaudois, die ihre Gründung auf die apostolischen Zeiten zurückführen konnten, in der stillen Abgeschiedenheit ihrer Berge gelebt, fast unbeeinflusst von den Entwicklungen in anderen Teilen der weltweiten Kirche.

Susannah schrieb damals:

In den zwei Haupttälern von St. Martin und Luzern sind die Glieder der kleinen Gemeinden gezwungen, viele Kilometer zu laufen, um zu den Versammlungen zu gehen. Diese Waldenser-Christen sind im Allgemeinen sehr arm, und viele von ihnen leben in Häusern, die statt Ziegeln oder Schiefer nur ein Dach aus rauen, flachen Steinen haben, lose aneinandergelegt. Auch die Fenster mancher ihrer Unterkünfte enthielten nur Papier statt Glas. In Pomaret standen einige dieser Menschen in ihren Türen, um uns anzustarren, denn unser Besuch war ihnen angekündigt; und als wir entlangfuhren, wurde »Monsieur le pasteur Georges Müller« mit vielen respektvollen Verbeugungen begrüßt.

Um fünf Uhr erreichten wir das Haus des Pastors in Villa Sèche. Wir begleiteten ihn am Abend in eine Kirche, einen sehr alten Vaudois-Ver-

sammlungsort, der sehr hoch auf einem Berg lag, viele hundert Meter über seiner Wohnung. Ein steiler, rauer, gewundener Fußweg, teilweise mit losen Steinen bedeckt, führte den Berg hinauf zur Kirche, und weil einige Bächlein über den Abhang strömten, war es kaum zu vermeiden, bis zu den Fußgelenken ins Wasser zu geraten. Auch die Stille und Einsamkeit der ganzen Gegend war beeindruckend. Endlich kamen wir erhitzt, müde und beinahe atemlos (Müller war jetzt 74 Jahre alt) in der Kirche an, einem großen, altmodischen Gebäude, das mit Landleuten überfüllt war, die schon zwei Stunden dort gesessen hatten, und geduldig auf unsere Ankunft warteten. Denn die Versammlung war für fünf Uhr angesagt, aber wir konnten erst um sieben Uhr dort eintreffen. Der Gottesdienst, der in Französisch stattfand, wurde mit Gesang und Gebet eröffnet. Danach sprach Müller eine Stunde lang, indem er sich mit Herz und Seele in ihre Situation hineinversetzte. Am Ende der Versammlung verteilten wir kleine französische und italienische Bücher unter den Menschen, schüttelten vielen von ihnen die Hände, und kurz nach neun Uhr erreichten wir das Haus des Pastors weit unten, ein Schweizer Chalet mit einem überhängenden Dach und zwei hölzernen Balkons. In dieser Berghütte waren die häuslichen Bedingungen von der aller einfachsten Art, viele der Bequemlichkeiten und Annehmlichkeiten des Lebens (die oft für unabdingbar gehalten werden) fehlten; aber wir wurden sehr freundlich versorgt und hatten große Freude bei unserem kurzen Besuch.

In einer Schule in St. Jean in der Nähe von La Tour, der größten Vaudois-Siedlung, predigte Müller wieder in Französisch vor einer großen Versammlung. Am Ende der Versammlung betete der Pastor, »dass die wunderbare Predigt unseres Bruders sich tief in unsere Herzen einprägen möge«, und ein anderer Herr sagte: »Sie haben genau das gesagt, was wir brauchten. Die Predigt war wunderbar.«

Müller hatte bei seiner ersten Reise durch die Vereinigten Staaten über 300 schriftliche Einladungen zum Predigen nicht annehmen können. Deshalb reisten die Müllers im August 1879, nachdem sie im Anschluss an ihre Tour auf das europäische Festland zehn Wochen in Bristol verweilt hatten, an Bord der *Germanic* wieder in Richtung Vereinigte Staaten.

Am Sonntagabend, den 14. September 1879, stellte der Pastor der Methodistisch-Episkopalen Kirche in der 2. Südstraße in Brooklyn, den Gastredner für den Abend vor: »Meine lieben Freunde, ich freue mich, Ihnen sagen zu können, dass wir jetzt gleich das Evangelium aus dem Herzen und von den Lippen unseres ehrwürdigen Freundes hören werden, der, obwohl er jetzt 74 Jahre alt ist, das Evangelium in den letzten Jahren mehr als 1400-mal in verschiedenen Städten und Ländern verkündigt hat. Hört dies, ihr jungen Männer, und merkt euch, dass er kein Raucher, noch ein Liebhaber alkoholischer Getränke ist; wir sehen aber, wie Gott diejenigen für Seinen gesegneten Dienst stärken kann, die Ihm vertrauen und so zu Seiner Ehre und Verherrlichung zu leben trachten. Ich habe jetzt die große Freude, euch Herrn Georg Müller aus Bristol vorzustellen.« Müller predigte vollmächtig über Jesaja 3,10-11.

Im Dezember war Müller einer der Redner auf einer großen Konferenz in der Shaftesbury-Halle und redete über Christus in der Bibel und über Sein Zweites Kommen. Am letzten Nachmittag antwortete Müller öffentlich auf neun Fragen, von denen eine heiß diskutiert wurde, so wie es auch heute noch geschieht: »Sollen wir erwarten, dass unser Herr jeden Moment wiederkommt, oder müssen bestimmte Ereignisse vorher erfüllt sein?«

Bei vielen schlug der Puls ein wenig schneller, als Müller aufstand, um darauf zu antworten: »Ich weiß, dass es über diese Sache eine große Vielfalt von Meinungen gibt, und ich möchte keinem anderen Menschen das Licht aufdrängen, das ich bekommen habe. Das Thema ist aber nicht neu für mich. Weil ich mich fast 50 Jahre sorgfältig und fleißig mit der Bibel beschäftigt habe, hat sich meine Meinung zu diesem Punkt schon lange gebildet, und ich habe keinen einzigen Zweifel darüber. Die Schriften erklären deutlich, dass der Herr Jesus nicht wiederkommen wird, bevor der Abfall geschehen ist und dann der Mann der Sünde, der ›Sohn des Verderbens‹ (oder der persönliche Antichrist), offenbart worden ist, so wie es in 2. Thessalonicher 2 geschrieben ist. Viele andere Teile des Wortes Gottes lehren deutlich, dass bestimmte Ereignisse erfüllt werden müssen, bevor der Herr Jesus Christus wiederkommt. Das ändert aber nichts an der Tatsache, dass das Kommen des Herrn

Jesus, und nicht der Tod, die große Hoffnung der Gemeinde ist und wir in einer richtigen Herzenshaltung (so wie es die Gläubigen in Thessalonich taten) ›dem lebendigen und wahren Gott dienen und Seinen Sohn aus den Himmeln erwarten‹ sollen.«

Müller hielt seine letzte Predigt in Toronto vor einer ungeheuer großen Versammlung in der Great Metropolitan Church zum Thema der Innewohnung und der Kraft des Heiligen Geistes nach Johannes 14,16-17. Während dieser Reise predigte Müller 300-mal.

Am 16. Juni kehrten sie nach Liverpool zurück und kamen am folgenden Tag in Ashley Down an. Die Kinder hatten sich alle versammelt, bereit, um sie zu begrüßen, und als sie den ersten Blick auf das heimkehrende Paar tun konnten, brachen sie in einen lauten Willkommensruf aus. Ein kleines Mädchen kam nach vorn und überreichte Susannah einen riesigen Strauß von Geißblatt, während Müller sich verbeugend dabeistand. Viele Jahre später (1939) schrieb dasselbe Mädchen, jetzt über 60 Jahre alt:

Ich folge immer dem Duft des Geißblatts, aber ich habe noch nie eines angetroffen, das meiner Erinnerung an diesen Strauß ähnlich ist – immer sehen die Geißblattpflanzen kleiner aus und weniger lieblich … Ich bin gerade von einer 14-tägigen Arbeit in Wiltshire zurückgekommen. Ich hatte so gehofft, Zeit für einen Besuch in Bristol zu haben. Vielleicht ist es genauso gut, wenn ich keine Zeit dafür finde. Vielleicht sieht das liebe alte Heim jetzt anders aus. Es war so sehr wunderbar und meine elf Jahre dort waren sehr glücklich. Ich möchte lieber meine Erinnerungen behalten.

Georg und Susannah waren auch froh, wieder in dem geliebten alten Heim zu sein. Müller hatte Nordamerika verlassen, und immer noch hatte er über 150 Einladungen zum Predigen, die nicht angenommen werden konnten, und deshalb fuhren Georg und Susannah im September 1880 noch einmal nach Quebec. Froh, seine Freundschaft mit Kapitän Dutton aufzufrischen, hielt er acht Versammlungen an Bord der *Sardinian*, leitete drei Bibelstunden und verteilte ungefähr 200 kleine Bücher an Passagiere und Mannschaft. Nebel behinderte die *Sardinian* dieses Mal nicht.

Während seines Aufenthaltes im Gebiet von Boston besuchte Müller Plymouth und predigte in der Kirche der Pilger, die von den Pilger-Vätern aufgebaut worden war, als sie dort im Dezember 1620 ankamen. Georg und Susannah sahen sich das erste Haus an, das je in Neu-England gebaut wurde, und besuchten ein Museum mit Exponaten, die von den *Mayflower*-Passagieren nach Amerika gebracht wurden.

In New Haven in Connecticut, sprach Müller mehrere Male zu den Mitarbeitern und Studenten der Yale-Universität. Das war eine Aufgabe, an welcher »ich tiefstes Interesse habe, weil ich selbst bekehrt wurde, als ich Student an der Universität in Halle war«.

Georg und Susannah verbrachten die Wintermonate von Dezember 1880 bis März 1881 in New York. In dem kältesten Winter, den die Stadt seit 30 Jahren erlebt hatte, setzten sie mehrmals mit der Fähre über das Eis, das so dick war, dass das Schiff kaum seinen Weg fortsetzen konnte. Müller hielt fast 100 Versammlungen, einschließlich fast 40 unter der halben Million Deutschen im Gebiet von New York und Brooklyn.

Auf ihrer achten Missionsreise besuchten Georg und Susannah Ägypten, Palästina, die Türkei und Griechenland, wobei sie sich in Ägypten Zeit nahmen für einen Ausflug zu den Pyramiden. Während sie in Palästina nach Süden in einem offenen russischen, von drei Pferden gezogenen Wagen reisten, fanden sie, dass das Land, von dem das Alte Testament sagte, dass »es von Milch und Honig fließt«, unfruchtbar, steinig und unkultiviert geworden war, und Susannah meinte, dass Gottes Fluch nicht nur auf den Juden zu liegen schien, sondern auch auf ihrem Land. (Es ist nicht klar, ob ihr Mann diese Sicht teilte, die heute stark bestritten wird.) Sie dachte aber, dass »bei der Wiederkunft des Herrn Jesus, wenn Israel als Nation bekehrt und wiederhergestellt wird, ›die Wüste sich freuen und wie eine Rose blühen wird‹«.

Im Mediterranean-Hotel in Jerusalem bewohnten sie ein angenehmes Eckzimmer auf der ersten Etage mit einem schönen Blick auf den Ölberg. Während ihres ganzen Aufenthaltes machten sie täglich Spaziergänge auf dem flachen Dach des Hotels, um das wunderschöne Panorama zu bewundern.

Müller hielt viele Versammlungen in Jerusalem, bei denen er in Englisch und Deutsch predigte, was bei Bedarf ins Arabische übersetzt wurde. Jerusalem hatte zu der Zeit weniger als 30 000 Einwohner, einschließlich der ca. 8000 Juden, die im ärmsten Viertel lebten. »In der gegenwärtigen Zeit gibt es überhaupt kein Zeichen, dass sich Juden in einem nennenswerten Ausmaß aus irgendeinem Land in ihrem eigenen Land versammeln«, sagte Susannah, die nach Zeichen der Erfüllung biblischer Prophetie Ausschau hielt, die wir heutzutage erleben.

Im Dezember beteiligten sich Müller (jetzt in seinem 77. Lebensjahr) und Susannah an einer Veranstaltung englischer Freunde, die auf Eseln nach Bethanien ritten. Auf ihrem Weg überquerten sie den Bach Kidron und besuchten das aus einem Felsen gehauene Grab, von dem angenommen wird, dass dort Lazarus begraben worden war. Sie sahen eine alte Ruine, von der es heißt, Martha, Maria und Lazarus hätten dort gewohnt. Vom Gipfel des Ölbergs konnten sie die Jordanebene sehen, die gut bewässerte Ebene, die Lot für sich selbst auswählte, die Berge Moabs in der Ferne, das Land um die Höhle Adullam und die Stelle, wo der Jordan in das Tote Meer fließt. Das Wetter war großartig. Nach Sonnenuntergang war die Szene vom hell leuchtenden Vollmond beschienen. Während sie vom Ölberg herunterkamen, freuten sie sich über den großartigen Anblick Jerusalems. Sie kamen am Garten Gethsemane vorüber, in dem einige der Ölbäume möglicherweise seit den Tagen des Herrn Jesus dort stehen.

An einem anderen Tag ritten sie auf Eseln nach Bethlehem, fast zehn Kilometer von Jerusalem entfernt, und nachdem sie im Kloster der lateinischen Abtei Mittag gegessen hatten, besuchten sie die Kirche, die nach der Überlieferung an der Stelle gebaut wurde, wo die Krippe unseres Herrn Jesus gestanden hatte. Während ihres Aufenthaltes in Jerusalem besuchten sie die Via Dolorosa und die Omar-Moschee, den Felsendom (an der Stelle gebaut, wo früher der Salomonische Tempel stand), dann die Kirche des Heiligen Grabes, die man der Überlieferung nach dort baute, wo unser Herr gekreuzigt wurde. Weiter sahen sie Absaloms-Säule, den Teich Bethesda, den Platz, an dem der Palast des Herodes gestanden hatte, die Ruinen der Burg, in welcher Paulus gefangen genommen wurde, und den Teich Siloah.

Nach mehr als neun Wochen in Jerusalem kehrten die Müllers nach Jaffa zurück, um dort eine Woche zu bleiben, bevor sie in ein kleines Boot stiegen, das sie zum österreichischen Dampfer *Flora* bringen sollte, der nach Haifa fuhr und etwas vom Strand entfernt ankerte.

Ein heftiger Sturm tobte, und nachdem wir durch schwere Brecher gefahren und aus der Brandung, die um die Felsen tobte, heraus waren, wurde das Boot ungefähr eine halbe Stunde hin- und hergeschaukelt. Endlich erreichten wir das Schiff, mussten aber sehr auf eine günstige Gelegenheit warten, um an Bord zu gelangen. Das war nur gegeben, wenn das Boot von den Wellen aufwärtsbewegt wurde. Dann mussten wir, einer nach dem anderen, unter Lebensgefahr schnell auf eine Strickleiter springen, mit deren Hilfe wir an Deck kamen.

In Haifa wurden sie von einigen deutschen Christen abgeholt. Sie brachten sie in einem offenen Pferdewagen im strömenden Regen zu dem Hotel du Mount Carmel. Es wird berichtet, dass Müllers Predigten eine Erweckung unter der großen Gruppe deutscher Siedler dort auslöste.

Im Februar ritten sie auf Eseln auf den Berg Karmel und hielten in einem Kloster in der Nähe des Gipfels, wo die Mönche ihnen Tassen mit schwarzem Kaffee und Gläser mit Maulbeerwein servierten. Die Mönche nahmen sie in eine Kirche mit, wo sie ihnen eine Höhle zeigten, von der gesagt wird, dort habe Elia gelebt. Dann führten sie sie zu dem Leuchtturm, der auf dem Felsen stand, damit sie den großartigen Ausblick genießen konnten. Die Sonne strahlte, und die Luft war klar. Hier, so erinnerten sie sich, hat Elia durch Gebet Feuer vom Himmel kommen lassen, um sein Opfer auf dem Altar zu entzünden.

Später auf dieser Reise predigte Müller viele Male in Konstantinopel und besuchte mit Susannah die Kasernen in Scutari, in denen Florence Nightingale die Verwundeten des Krimkrieges betreut hatte. Während sie einige Minuten von ihrem Hotel d'Angleterre entfernt spazieren gingen, fesselten einige tanzende Derwische ihre Aufmerksamkeit. »Es waren insgesamt 18 Tänzer«, erinnert sich Susannah, »die braune Umhänge trugen und hohe, runde Filzmützen. Bei einem bestimmten Zeichen fielen sie alle auf ihre Gesichter; standen dann aber wieder auf und gingen einige Male mit gefalteten Händen rund um den Hof. Dabei verbeugten sie sich und drehten sich mehrmals langsam um die eigene Achse. Dann warfen sie ihre Umhänge plötzlich weg, und man sah ihre langen glockenförmigen Röcke und ihre Jacken. Nachdem sie die Arme so weit wie möglich ausgestreckt hatten, begannen sie zunächst mit feierlichen Gesten zu tanzen. Dann aber drehten sie sich schneller und schneller wie ein Kreisel um sich selbst, und das ging 15 oder 20 Minuten lang so fort.«

Müller hatte in Athen einen vollen Terminplan und hielt viele Versammlungen. Aber sie fanden auch Zeit, den Areopag zu besuchen oder den Mars-Hügel und an der Stelle zu stehen, wo der Apostel Paulus seine berühmte Predigt gehalten hatte. Sie besichtigten die Akropolis und sahen die Ruinen der vielen alten Götzentempel, die das Herz des Apostels 18 Jahrhunderte zuvor erregt hatten.

Über Korinth, Rom und Florenz ging es wieder zurück nach Ashley Down. Die Reise hatte über neun Monate gedauert.

GELIEBT VON TAUSENDEN

Immer wenn er von einer langen Predigtreise zurückkam, sah Müller, dass sein Schwiegersohn, James Wright mit Hilfe der vielen fähigen Mitarbeiter Ashley Down gut führte. Darüber hinaus pflegte Wright, wenn ein Problem während einer Auslandsreise entstand, für das Müllers Rat nötig war, die Angelegenheit in einem seiner regelmäßigen Briefe zu erwähnen. Befürchtungen, dass die Spenden während Müllers Reisen zurückgehen könnten, waren unbegründet. In dem dritten Jahr, nachdem Müller mit seiner auswärtigen Arbeit begonnen hatte, war das Gesamteinkommen höher als in irgendeinem Jahr zuvor.

Müller hatte deshalb keine Bedenken, im August 1882 mit Susannah auf die neunte Reise zu gehen – aufs europäische Festland. In Düsseldorf freute sich Müller darüber, von dem Stadtmissionar begrüßt zu werden, den er sechs Jahre zuvor getroffen hatte.

»Ich habe Ihren Ratschlag zu Herzen genommen«, erzählte der Missionar ihm, »und mehr Zeit zum ernsten Gebet für meine Söhne verwendet. Zwei Monate, nachdem Sie uns verlassen hatten, wurden fünf meiner sechs Söhne zum Glauben an Jesus Christus bekehrt, und jetzt denkt der sechste auch ernsthaft darüber nach, Ihm zu vertrauen.«

Von Düsseldorf reisten die Müllers den Rhein hinauf nach Heidelberg und Mannheim, dann nach Wien, wo er eine Reihe von Versammlungen hielt. Sie besuchten Budapest und Prag, bevor sie über Leipzig nach Halberstadt gelangten, wo Müller viele seiner Schultage verbracht hatte. Hier besuchten sie den Dom, in dem Müller vor 62 Jahren zum ersten Mal am Abendmahl teilgenommen hatte. Am nächsten Morgen fuhren sie nach Kroppenstedt.

»Diese Straße sieht noch fast so aus wie zu der Zeit, als ich ein Junge war«, sagte Müller zu Susannah, »außer, dass jetzt auf jeder Straßenseite statt Pappeln Obstbäume stehen.« Es war das erste Mal seit seiner Kindheit, dass Müller nach Kroppenstedt zurückkehrte. Er hielt zwei Versammlungen in einer großen Halle. Die örtliche Bevölkerung hörte, wie ihr berühmtester Sohn einen Bericht über sein Leben und seine Arbeit gab. Müller sah, dass das Haus, in dem er geboren war, noch stand. Er konnte Susannah auch das Haus in Hadmersleben zeigen, in das die Familie gezogen war, als er vier Jahre alt war.

Von Hadmersleben reisten sie nach Berlin zu einer Reihe großer Versammlungen. Er sprach aber auch in einigen der damals häufigen Wohnzimmerversammlungen. Weiter nach Danzig reisend, traf Müller zwei Freunde aus seiner Hallenser Studentenzeit, die beide schon über 50 Jahre Geistliche waren. In Königsberg sprach Müller am Weihnachtstag zu 3000 Menschen, die sich an diesem Morgen in der Tragheimer Kirche versammelt hatten, um ihn zu hören.

Ende Dezember stiegen sie in einen preußischen Zug, der nach St. Petersburg fahren sollte, und machten es sich in einem bequemen, mit Heißluft beheizten Schlafwagenabteil gemütlich. Am Morgen erwachten sie, um sich in einer »großen Wildnis aus Schnee« wiederzufinden. Am Bahnhof von St. Petersburg wurden sie von ihrer Hoheit Prinzessin Lieven und von Oberst Paschkoff, einem Offizier der Kaiserlichen Wache und von einem reichen Edelmann begrüßt, den Müller als »einen der aktivsten Christen des ganzen riesigen Reiches« beschrieb.

»Würden Sie bitte bei mir wohnen, während Sie in Russland sind«, sagte die Prinzessin, die Susannah »eine geliebte Schwester im Herrn« nannte. Müller erzählte später: »Wir haben das Angebot abgelehnt, weil wir fast nie Einladungen annahmen, bei Freunden zu wohnen, denn ich brauche viel Ruhe und so viel Zeit wie möglich für mich selbst. Darum gingen wir in ein Hotel, wo wir zwei Nächte blieben. Aber wie wir sahen, dass es der Prinzessin sehr darum ging, uns als ihre Gäste zu haben, und dass sie sehr enttäuscht gewesen wäre, wenn wir das liebe Angebot ihrer Gastfreundschaft abgelehnt hätten, zogen wir am Montag, den 1. Januar, in ihr Landhaus und sind dort mehr als elf Wochen freundlich versorgt worden.«

Die Prinzessin hatte Müllers einen Raum gegeben, der als

Malachit-Halle bekannt war, und zwar wegen seiner großartigen Kamineinfassung, seiner Säulen und Bilderleisten aus Malachit. Der Malachit (Kupferspat) – ein harter grüner Stein und wunderschön, wenn er poliert ist –, stammte aus einer Mine im Ural. Trotz der luxuriösen Unterbringung war Müllers Aufenthalt in St. Petersburg weder unnütz noch ohne viel Abwechslung. Er predigte 16-mal in der britischen und amerikanischen Kapelle; achtmal in Deutsch in der deutsch-reformierten Kirche, elfmal in Deutsch in der Herrnhuter Gemeine und hielt drei Versammlungen für Schweden in der britischen und amerikanischen Kapelle mit Übersetzung ins Schwedische, wohnte drei Pastorentreffen bei, hielt fünf große Wohnzimmerversammlungen im Landhaus von Oberst Paschkoff, zwei im Haus von Graf Korff und 35 bei Prinzessin Lieven. Darüber hinaus empfing er an jedem Tag Besucher und hatte 40 private Gespräche mit kleinen Gruppen von vollzeitlichen Mitarbeitern. Er sprach in Krankenstationen und Kinderheimen.

Tolstoi hat in seiner *Auferstehung* die Begeisterung festgehalten, die die Gesellschaft von St. Petersburg im späten 19. Jahrhundert für Wohnzimmerversammlungen hatte. Nekhlydovs Tante, Gräfin Katerina Ivanova, wird dort beschrieben als eine »brennende Anhängerin der Lehre, die sagt, der Glaube an die Erlösung sei ein wichtiger Bestandteil des Christentums«. Tolstoi beschreibt die eleganten Kutschen, die die Gläubigen zu den im Ball-Zimmer der Gräfin arrangierten Versammlungen brachten.

Damen in Seide, Samt und Spitzen, mit Perücken, eng geschnürten Taillen und wattierten Röcken saßen in dem luxuriös möblierten Ball-Zimmer. Zwischen den Damen saßen Herren in Uniform und in Abendanzügen, und vier oder sechs von ihnen aus den niedrigen Klassen: zwei Pförtner, ein Inhaber eines Ladens, ein Bediensteter und ein Kutscher. Kiesewetter (der Prediger), ein kräftiger Mann mit Haar, das grau zu werden begann, sprach Englisch, und ein mageres Mädchen, das einen Kneifer trug, übersetzte schnell und gut. Er sagte, dass unsere Sünden so groß sind und die Strafe, die wir verdient haben, so unausweichlich ist, dass man nicht weiterleben kann, wenn man begreift, welches Verderben daraufhin unser wartet.

Es ist möglich, dass Tolstois etwas unsympathische Beschreibung von Kiesewetter auf Müller gemünzt war, obwohl es wahrscheinlicher ist, dass sie Dr. F. W. Baedeker galt. Dieser war Vetter des »Baedeker«, der in ganz Europa für seine Reiseführer bekannt ist und der selbst auch Beiträge zu verschiedenen Reiseführern geschrieben hat. Baedeker, der in Weston-super-Mare wohnte, war seit den 1860er Jahren ein enger Freund Müllers und wohnte bei seinen häufigen Besuchen in St. Petersburg auch bei Prinzessin Lieven. Er pflegte von einer langen Unterhaltung zu erzählen, die er mit Graf Tolstoi in Moskau über England und das Leben in Russland geführt hatte.

Müller erhielt vom russischen Innenminister die Erlaubnis, in den deutschen Kirchen in St. Petersburg und auch bei den Schweden in der britischen Kapelle zu predigen. Die Erlaubnis des Ministers war auf Russisch, was Müller nicht verstehen konnte – aber man sagte ihm, dass damit die gewünschte Erlaubnis erteilt worden war.

Am Freitagabend, den 9. Februar, wurden die Müllers durch unerwartete Besucher im Landhaus der Prinzessin Lieven überrascht. Es war die Polizei: »Sie werden gebeten, sich morgen früh beim Chef der Polizei zu melden.«

Am nächsten Morgen behandelte der Polizeichef Müller höflich, schüttelte ihm die Hand und entschuldigte sich für seine Handlungsweise: »Sie werden beschuldigt, Versammlungen mit Übersetzung ins Russische zu halten, für die Sie vom Innenminister keine Erlaubnis haben.«

Von der Zeit an verbot die Polizei die Versammlungen im Haus von Oberst Paschkoff. Einige Jahre später wurde Oberst Paschkoff von Zar Alexander III. wegen seiner fortgesetzten Evangelisation, seiner Wohnzimmerversammlungen und der Traktatverbreitung nach Sibirien verbannt.

Die Müllers fanden, es sei in Russland kälter als in Kanada oder in den Vereinigten Staaten. Aber sie ließen sich durch das Wetter nicht davon abhalten, ein kleines Abenteuer zu bestehen. Im März besuchten sie mit dem Schlitten die Siedlungen der Lappländer, die auf dem Eis der Neva kampierten. Frau Müller berichtet:

Eine Gruppe von Lappen (gekleidet in Häute und Felle, deren warme Seite nach innen gekehrt war und die aussahen, als ob sie in ihre Gewänder eingenäht wären) stand in der Nähe eines Zeltes. Sie tragen keine Unterwäsche (so wurde uns gesagt) und waschen sich nicht, noch wechseln sie ihre Kleidung, außer wenn sie ihnen vor Schmutz und aufgrund der Tatsache, dass sie zerschlissen ist, vom Leibe fällt. Auch das Innere einer lappländischen Hütte auf dem Eis war armselig und sehr ungemütlich. Sie bestand aus einem Zelt, das aus Häuten gefertigt war, mit dem Fell nach innen gekehrt, und hatte oben eine Öffnung, die den Doppelzweck eines Schornsteins und eines Fensters erfüllte. Ein eiserner Topf, der Suppe enthielt, hing in der Mitte dieses Zeltes über einem kleinen Feuer, und der Eisboden der Hütte war mit Lumpen bedeckt. Und so bot die ganze Ausstattung ein höchst unerfreuliches Bild …

Auf ihrer Rückreise nach England besuchten sie auch Polen. Der Höhepunkt des dortigen Aufenthalts waren die gut besuchten Versammlungen in Lodz, einer großen Industriestadt. Dort erreichte Müller auf besondere Weise die Herzen seiner Zuhörer. Am Ende der ersten Woche erhielt er eine Notiz auf Polnisch, die ihm ins Englische übersetzt wurde:

Ich und fast die ganze Bevölkerung dieser Stadt bitten Sie im Namen des Herrn Jesus, dass Sie die Freundlichkeit haben mögen, noch bis nach dem nächsten Sonntag bei uns zu bleiben. Im Namen vieler Tausender danke ich Ihnen für Ihren Dienst.

Die Mengen in Müllers Versammlungen waren so groß, wie die deutsche Baptisten-Kirche sie fassen konnte, ungefähr 1200 Menschen, und Frau Müller notierte, dass »die Predigten auch das Thema der Unterhaltungen in den Fabriken, Gasthäusern und vielen privaten Familien, waren«. So dehnten sie ihren Besuch so lange aus, wie sie konnten.

Nachdem sie im Mai nach England zurückgekehrt waren, predigte Müller siebenmal bei der gut besuchten Mildmay-Konferenz. Dann rührte die große Menge der Kinder, die ihnen zur Begrüßung entgegengekommen waren, als sie im Juni nach Ashley Down zurückkehrten, die Müllers zu Tränen.

Im September 1883 verließen die Müllers Tilbury an Bord der *Siam*, um nach Madras, Indien zu reisen. Ende Oktober setzten sie ihren Fuß auf den Pier von Madras, und Müller predigte dort viele Male, einschließlich einer Ansprache vor 400 Hindus im Gemeindehaus der Free Church of Scotland. Sie stellten einen indischen Diener mit Namen Abraham an, der mit ihnen durch Indien reiste: Abraham konnte Hindustani, Tamil und Canarese sprechen.

Im Dezember nahm sie eine Tonga – ein bedeckter zweirädriger Wagen, der von zwei Ponys gezogen wird – mit auf die Nilgiri-Hügel nach Coonoor. Dann reisten sie nach Benares, der wichtigsten der heiligen Städte der Hindus, wo sie bei John Hewlett von der Londoner Missionsgesellschaft wohnten. Zwecks einer Stadtbesichtigung musste man früh losgehen, um die Mittagshitze zu vermeiden. Am 22. Februar standen sie um fünf Uhr auf und begannen, in einem offenen Wagen durch die Stadt und ihre Randgebiete zu reisen. Sie besuchten eine gut bekannte Hinduschule für Philosophie, wo viele Brahmanen, brahmanische Gelehrte und Schüler beschäftigt waren. Dann bestiegen sie ein kleines Dampfschiff zu einer Reise auf dem Ganges und hatten einen großartigen Blick auf die Stadt. Sie sahen zahllose Bade- und Verbrennungsplätze, wo die Leichen verbrannt werden, Tempel, Moscheen und heilige Quellen. Vom Deck aus beobachteten sie, wie drei Leichen auf den Fluss hinuntertrieben, auf denen Krähen saßen, die das Fleisch herauspickten.

»Die Armen in Indien können es sich nicht leisten, ein so großes Feuer zu bezahlen, das nötig wäre, um die Leichen zu verbrennen«, erzählte der Führer ihnen, »und so werfen sie diese nur angekohlt in den Fluss.«

Und weiter ging es nach Allahabad und Agra, wo sie auch den Tadsch Mahal besuchten. Nachdem sie in Lahore im Regierungsgebäude bei Sir Charles Aitchison gewohnt hatten, reisten sie nach Delhi und Poona. Von dort ging es am frühen Morgen nach Parbuttee, einem Hügel, der fast 6,5 Kilometer von Poona entfernt ist. Sie stiegen am Fuß des Hügels aus der Kutsche und wanderten hinauf, um den Rundblick zu genießen. Ein Tempel dort oben war dem Götzen Shiva sowie anderen männlichen und weiblichen Götzen geweiht. Ihr Führer, ein Hindu, wollte ihnen von diesen

Gottheiten erzählen, als Susannah, die sich nie fürchtete zu sagen, was sie dachte, und auch über andere Religionen nicht viel wissen wollte, ihn unterbrach:

»Wir glauben überhaupt nicht an Shiva«, sagte sie, »sondern an den wirklichen und lebendigen Gott, der Himmel und Erde gemacht hat, und der Seinen Sohn gesandt hat, um für arme verlorene Sünder zu sterben, wie es in der Heiligen Schrift offenbart ist.« »Ich glaube auch an ein höheres Wesen«, sagte ihr Führer. – »Haben Sie jemals von Jesus Christus gehört?« – »Niemals.« – »Können Sie dann nicht einen freundlichen Missionar bitten, Sie über Jesus Christus zu belehren, denn ohne Glauben an Ihn werden Sie niemals in den Himmel kommen.« – »Ich muss versuchen, etwas über Ihn zu lernen«, sagte der Führer, ich muss es versuchen; ich muss es versuchen.«

Ein hektisches Programm in Bombay stand am Ende der Indienreise. Bevor sie Indien verließen, erhielt Susannah einen Brief, in dem Müller als einer beschrieben wird, den in Indien Tausende und auf der ganzen Welt wohl Hunderttausende lieben.

Anfang Mai sagten sie ihrem Diener Abraham nur sehr ungern Lebewohl und fuhren an Bord der *Indus* nach Aden und von dort aus weiter nach Hause. Am 5. Juni erreichten sie in einem Eilzug von Paddington aus in zweieinhalb Stunden Bristol und kehrten so nach einer Reise von über 32 000 Kilometern zurück.

Während der nächsten drei Reisen blieben sie auf den Britischen Inseln. Die vierzehnte Reise brachte die Müllers über die Vereinigten Staaten in Länder, die sie vorher noch nicht besucht hatten. Am 23. Januar 1886 landete das Ehepaar an Bord der *Australia* im Port-Jackson-Hafen von Sydney. Dort wohnten sie bis Anfang März im Perrys-Hotel. Müller hielt viele Versammlungen und wurde von Sir Alfred Stevens Lord Carrington, dem Gouverneur von Neusüdwales, vorgestellt und besuchte auch Sir James Martin, Sydneys höchsten Richter.

Die nächsten Aufenthalte dieser Reise waren in Bathurst und Melbourne, wo Müller zweimal vor einer Zuhörerschaft von 3000 Menschen im Königlichen Theater sprach und einmal sogar vor ungefähr 5000 Menschen in der Stadthalle von Melbourne.

Im August reisten sie weiter nach Java und Hong Kong, wo viele Versammlungen abgehalten wurden; und weiter in das Innere von China zu Versammlungen in Shanghai, Hankou (heute Teil der Millionenstadt Wuhan) und Nanking. Bei diesem Besuch in China traf Müller Hudson Taylor und viele der Missionare, die mit der China-Inland-Mission arbeiteten, die er viele Jahre, in guten und schlechten Zeiten, unterstützt hatte.

In Japan kamen große Zuhörerschaften, um Müller in Yokohama, Tokio, Kobe, Kioto und Osaka zu hören.

Georgs und Susannahs nächste Reise war die letzte, die sie über europäische Küsten hinausführte. Sie reisten zuerst über die Vereinigten Staaten nach Adelaide (Australien) und Tasmanien, wo Müller während eines einige Monate dauernden Aufenthaltes viele Versammlungen hielt. In Neuseeland begann ihre Reise mit einer Reihe von Versammlungen in Queenstown. Dann nahmen sie in Queenstown einen Zug nach Dunedin.

Ihnen gegenüber saß in einem langen Salonwagen ein Herr, der eine Zeitung in seiner Hand hatte. Er fing an, seinen Mitreisenden laut aus der Zeitung vorzulesen: »Georg Müller aus Bristol in England kommt bald nach Dunedin. Ich würde viel darum geben, ihn zu sehen.« »Herr Müller sitzt Ihnen gegenüber«, sagte ein Passagier hilfsbereit. Der Zeitungsleser war sehr erfreut. Er zog seinen Hut, schüttelte Georg Müller und Susannah herzlich die Hand und fing eine lange Unterhaltung an, zu welcher Susannah bemerkte: »Unsere Mitreisenden schienen sehr interessiert zu sein.«

In Dunedin wohnten sie im Grand-Hotel, und alle Versammlungen waren vollbesetzt, einschließlich derer in der großen Garrison Halle, die fast 3000 Menschen fassen konnte. Die Neuseelandreise führte sie weiter nach Port Chalmers, Oamaru, Timaru und Wellington. Am Montag, den 27. Februar 1888, behauptete eine Wellingtoner Zeitung: »Gestern Abend predigte Georg Müller aus Bristol im Opernhaus zu der größten Versammlung, die jemals dieses Haus füllte, denn es waren nicht nur alle Sitze bis zum Äußersten besetzt, sondern Hunderte von Menschen mussten stehen.« Bei seinem dritten Besuch in Sydney predigte Müller 86-mal.

Ende Dezember kamen sie in Kalkutta zu ihrem zweiten Indienbesuch an und stellten wieder einen indischen Diener an, der sie auf ihren Reisen zu begleiten sollte – nicht Abraham, sondern einen Inder aus Madras, John Nathanael. Müller arbeitete hart in Kalkutta, viele Male predigte er trotz der selbst für indische Verhältnisse großen Hitze. Die Moskitos belästigten sie bei Tag und bei Nacht; und obwohl Ventilatoren ständig im Wohnzimmer, Esszimmer und nachts in ihrem Schlafzimmer liefen, schafften sie doch kaum etwas Kühlung.

Müller war 83 Jahre alt, und Susannah machte sich Sorgen um seine Gesundheit: »Du musst den Rat eines Arztes suchen.« »Sie dürfen wegen der intensiven Hitze nicht einen Tag länger als absolut notwendig in Kalkutta bleiben. Wenn Sie es doch machen, kann es für sie lebensgefährlich werden«, riet dieser.

So verließen sie Kalkutta mit dem Zug um halb fünf am 29. April. Aber es war schon zu spät. Müller wurde sehr krank. Susannah dachte, dass er stirbt. Es gab in der ganzen Gegend keine Hotels und keine Bahnhöfe mit irgendwelchen komfortablen Unterbringungsmöglichkeiten.

Müller lag nach Atem ringend auf der langen Sitzbank des Abteils. Susannah legte ein Kissen unter seinen Kopf, hielt alle Fenster weit offen und fächelte ihm wiederholt Luft zu. Sie überredete ihn, etwas Wein mit Wasser vermischt zu trinken und ein paar Butterbrote zu essen.

»Jetzt versuche zu schlafen«, sagte sie. Sie hielten an einem Bahnhof. »Bitte besorge eine Tasse Tee für Herrn Müller«, sagte Susannah zu John Nathanael, »oder ein Glas Limonade.«

Susannah betete ernstlich und konnte Müller am Leben erhalten, bis sie Damookdea Ghat um neun Uhr abends erreichten. Als sie feststellte, dass Müllers Puls in Ordnung war, fasste sie Mut und brachte ihn an Bord eines Fährschiffes. Sie fand auf dem Deck zwei Stühle, sodass ihrem Mann die Wohltat der Nachtbrise zuteil wurde, die über den Ganges blies. In Sara Ghat gingen sie an Land.

Auf dem Bahnhof sorgte John Nathanael dafür, dass sie ein bequemes Schlafwagenabteil in einem anderen Zug bekamen. Müller schlief, und sie erreichten Silgari um neun Uhr am folgenden Morgen. Von dort reisten sie mit einem Dampftriebwagen auf die Himalaya-Berge hinauf nach Darjeeling, wo sie Müller in eine Jin-Rikscha setzten: Zwei nepalesische Kulies trugen Susannah in einer Sänfte auf ihren Schultern eine steile, lange Straße nach Rockville hinauf. Hier, in einem Gästehaus in einer wunderbaren Gegend mit einem schönen Blick auf den Himalaya, erholte sich Müller von seiner schweren Überanstrengung.

SEINE FREUNDLICHKEIT BEWUNDERN

Während einiger unserer Reisen sind wir einer Kälte von unter – 30° C und zu anderen Zeiten einer Hitze über 40° C ausgesetzt gewesen. Das sind Unbequemlichkeiten, die man selbst erlebt haben muss, um zu wissen, was sie bedeuten. Dann haben uns auf See immer wieder schwere Stürme – selbst ein Taifun – überfallen. Das waren dann schwere Stunden. Auf dem Land sind wir in einem Stück nicht nur 20 oder 30 Stunden ununterbrochen gereist, sondern mehr als einmal sind wir mehr als sechs Tage und sechs Nächte hintereinander in Eisenbahnwaggons gewesen. Obwohl wir im Ganzen auf unseren langen Reisen ausgezeichnete Unterkünfte hatten, waren wir doch gelegentlich gezwungen, uns mit den nervenaufreibendsten und primitivsten zu begnügen. Zweimal sind wir, obwohl in den besten Kabinen an Bord eines großen, erstklassigen Dampfschiffes, außergewöhnlich von Insekten geplagt worden. In den Vereinigten Staaten, in Neusüdwales, in Ceylon und in Indien waren die Moskitos am schlimmsten, und in zwei erstklassigen Dampfschiffen gab es so viele Ratten, dass sie in der Nacht über uns hinwegrannten. Aber bis jetzt hat Gott uns geholfen, und wir zweifeln nicht daran, Er wird uns bis zum Ende helfen.

Und Er tat es wirklich. Innerhalb weniger Tage, nachdem er in dem Zug von Kalkutta nach Darjeeling dem Tode nahe war, konnte Müller wieder sein typisch umfangreiches Programm aufnehmen. Dazu gehörte regelmäßiges Predigen, Lektionen geben, Bibelstunden halten und den 50. Jahresbericht für die »Anstalt zur Ausbreitung der Schriftkenntnis« schreiben.

Die Indienreise brachte sie nach Simla, Mussourie, Dehra Dun, Agra, Cawnpore und Allahabad, wo Müller zu 7000 indischen Christen predigte, die zu fünf verschiedenen Kirchen gehörten und zu einer Freiversammlung mit Liebesmahl zusammengekommen waren.

In Jubbulpore wurde Müller ein Telegramm von seinem Schwiegersohn James Wright ausgehändigt: Müllers einziges Kind, Lydia Wright, war am 10. Januar 1890 in ihrem 58. Lebensjahr gestorben.

Er hatte vorher keine blasse Ahnung von ihrer Krankheit gehabt, und er beschrieb die Nachricht als einen »schweren Schlag«. Aber er gewann Trost aus Römer 8,28: »Wir wissen aber, dass denen, die Gott lieben, alle Dinge zum Guten mitwirken, denen, die nach (seinem) Vorsatz berufen sind.« Die Müllers entschieden sich dafür, mit dem erstmöglichen Dampfer von Bombay nach England zurückzukehren.

Noch in Bombay, während sie auf das erstbeste Schiff warteten, predigte Müller 15-mal, und davon einmal zu den Matrosen eines preußischen Kriegsschiffes in Deutsch. Als er nach Bristol zurückkehrte, hatte er »viel Grund zum Preisen, dass das ganze Werk unter der Leitung von James Wright gut weiterlief«.

Mehr als vier Monate des Sommers 1890 arbeitete Müller in Ashley Down. Aber er brauchte dringend eine Pause, und so verließen er und Susannah England im August zu einer Rheinfahrt, vorbei an den malerischen Ruinen, die auf lieblichen bewaldeten Hügeln standen. In Heidelberg fühlte er sich ausgeruht und kräftig genug, um viermal in einer deutschen evangelikalen Kapelle zu predigen. Er weitete seinen Urlaub zu einer längeren Predigtreise aus und sprach vor großen Zuhörerschaften in Deutschland und in der Schweiz.

Dann ging es nach Osten. Müller predigte in Wien und traf sich dort mit seinem Freund F. W. Baedeker. Müller legte seine Hände auf den Kopf des 68 Jahre alten Dr. Baedeker und segnete ihn: »Himmlischer Vater, bitte sondere Deinen werten Diener für den besonderen Dienst an den verbannten Brüdern aus. Ich befehle ihn Deiner liebenden Fürsorge.«

Im Jahr vorher hatte die Russisch-Orthodoxe Kirche entschieden, dass Baptisten, Stundisten und alle, die der »Paschkoffistischen Irrlehre« folgten, streng bestraft werden sollten. Oberst Paschkoff war einer der vielen tausend nach Sibirien, Transkaukasien oder in andere entfernte Teilen des Reiches Verbannten. Baedeker reiste durch Sibirien und auf die Insel Sachalin und besuchte sowie ermutigte diese Gruppen verfolgter Christen.

Von Wien ging es weiter südlich nach Italien. Müller predigte in Florenz, Rom und Neapel. Im Mai kamen er und Susannah wieder nach England zurück. Sie reisten nach einer Abwesenheit von 21 Monaten direkt nach Ashley Down.

Die Predigtreisen waren vorbei. In 17 Jahren waren Georg und Susannah ungefähr 320 000 Kilometer gereist, 42 Länder hatten sie besucht. Müller stand jetzt im 87. Lebensjahr.

Das Rechnungsjahr war einige Wochen, nachdem Müllers in Ashley Down angekommen waren, zu Ende gegangen. Dieses Jahr, das im Mai 1892 endete, war das zweite in der Geschichte der Heime, in dem die Ausgaben höher als die Einnahmen waren. Das erste Mal geschah das im Jahr 1881/82, als die Ausgaben von der Kinderarbeit die Einnahmen um fast 500 Pfund übertrafen. Aber in weniger als einem Monat nach Eröffnung des neuen Rechnungsjahres wurde eine Summe aus einem Erbe ausgezahlt, die dreimal größer war als das Defizit: Und das geschah vor der Veröffentlichung der Jahresabschlussrechnung.

Bei dieser zweiten Gelegenheit lagen die Ausgaben um fast 2000 Pfund höher als die Einnahmen. 16 Erbschaften aber, die für die Heime bestimmt waren, im Wert von fast 3000 Pfund, waren fällig und konnten an jedem Tag ausgezahlt werden. Zusätzlich waren zwischen 40 und 50 weitere Erbschaften den Heimen vermacht worden, die fast 2 600 Pfund wert waren; aber deren Auszahlung hing von den Witwen oder anderen Verwandten der Testamentgeber ab. Dazu kam, dass die fünf Häuser in Ashley Down samt Mobiliar einen Wert von 115 000 Pfund darstellten, den keine Hypothek belastete. Schließlich besaß die Anstalt ungefähr zwölf Hektar wertvolles Bauland, das Tausende von Pfund wert war. Aufgrund all dieser Sicherheiten hatte Müller nicht die geringste Schwierigkeit, von der Bank für eine kurze Zeit Geld zu leihen.

Auf der anderen Seite war Müller nicht glücklich darüber, selbst nur scheinbar in Schulden zu sein. Er schrieb: »Des Herrn Handeln mit uns im letzten Jahr zeigt an, dass es Sein Wille ist, dass wir kürzer treten, und wir warten auf Seine Leitung, wie und in welchem Ausmaß dies geschehen soll. Denn wir haben nur ein einziges Ziel in Verbindung mit dieser Anstalt, das ist die Ehre Gottes. Als ich sie gegründet habe, war einer der Grundsätze, die festgesetzt wurden, ›dass es keine Ausbreitung der Arbeit durch Schulden geben wird‹; und in gleicher Weise können wir nicht weitermachen mit dem, was schon besteht, wenn nicht ausreichend Mittel hereinkommen, um die laufenden Ausgaben zu bezahlen.«

Bei dieser Gelegenheit war die einzige, wirklich durchgeführte Verkleinerung der Arbeit die Schließung der Tagesschulen. Ende Juli 1892 gab Müller bekannt, dass die meisten Tagesschulen im In- und Ausland am 31. Oktober geschlossen würden. Die Schule in Purton in Gloucestershire lag auf einem Grundstück, das der Anstalt gehörte. Hier wurden junge Lehrer ausgebildet, die in Ashley Down arbeiten sollten. Sie blieb, wie auch alle spanischen und italienischen Schulen, bestehen, dazu drei weitere in England, die unabhängig von der »Anstalt zur Ausbreitung der Schriftkenntnis« arbeiteten, doch von ihr, wenn immer es möglich war, unterstützt wurden. Sonntagsschulen wurden wie gewöhnlich unterstützt.

Im Blick auf die Kinderarbeit sahen Müller und seine Mitarbeiter nach einigen Monaten des Gebetes, dass es Gottes Wille war, die Arbeit nicht weiter auszuweiten. Ursprünglich hatte Müller über vier Hektar Land gekauft, auf denen er zwei weitere Häuser gegenüber von Nr. 4 und Nr. 5 bauen wollte. Aber im März 1893 verkaufte er das Land für 625 Pfund pro 4000 m^2 und bekam dafür fast 10 500 Pfund.

Gegen Ende des Jahrhunderts milderte sich das soziale Problem, das Müller zu lindern versuchte, von selbst. Männer, die die öffentliche Meinung prägten, wie Charles Dickens und der Graf von Shaftesbury, hatten das Interesse an der Fürsorge für die Kinder im ganzen Land geweckt. Andere waren neben Müller an die Arbeit gegangen – Barnardo, Fegan, die Kinder-Gesellschaft der Kirche von England usw. Müllers Beispiel folgend gab es jetzt die Aufnahmehindernisse aus dem 18. Jahrhundert nicht mehr. Das System, nach dem die künftigen Geldgeber zu bestimmen hatten, wer aufgenommen wurde, war, dank Müller, verschwunden.

Susannah Müller war jetzt 73 Jahre alt. Am 13. Januar 1894 steht in Müllers Tagebuch ohne Vorwarnungen, dass es Gott gefallen hat, meine geliebte Frau zu sich zu nehmen, nachdem Er sie mir 23 Jahre und sechs Wochen überlassen hatte. Durch die Gnade

Gottes bin ich nicht nur vollkommen zufrieden mit Seiner Handlungsweise, sondern ich küsse die Hand, die den Schlag ausgeführt hat, und ich hoffe auch in diesem Fall auf die Erfüllung des Wortes, dass »alle Dinge zum Guten beitragen denen, die Ihn lieben« (Römer 8,28).

Müller war wieder Witwer. »Meine Einsamkeit«, schrieb er, »nach 62 Jahren und fünf Monaten eines glücklichen Ehelebens war und ist groß. Aber ich preise weiter beständig Gott für das, was Er mir gegeben, was Er mir so lange Zeit gelassen und was Er nun genommen hat, denn es ist alles gut für mich. Indem ich ständig des Herrn Freundlichkeit mir gegenüber in dieser Sache bewundere, und auch weil Er jetzt meine Geliebte von allen körperlichen und geistlichen Schwächen völlig befreit und mich in Seiner Gegenwart unaussprechlich glücklich gemacht hat, überwindet Er meine Einsamkeit und tut mehr, als mir nur durchzuhelfen.«

Nachdem die letzte Predigtreise vorbei war, verließ Müller nur noch selten Bristol. Jetzt, da er allein war, gab er die Wohnung in der Paulstraße auf und bezog einige Räume im Haus Nr. 3 in Ashley Down, was sein Heim für den Rest seines Lebens wurde.

Im September 1895, an seinem 90. Geburtstag, wurde ihm eine Geburtstagsfeier in der Bethesda-Kapelle bereitet. »Meine Stimme ist stärker«, sagte er während seiner Dankansprache, »als sie vor 69 Jahren war und meine geistigen Kräfte sind so gut wie eh und je.«

Am selben Tag schrieb er in sein Tagebuch, »meine Gedanken sind so klar und leistungsfähig wie damals, als ich mein Examen im März 1825 an der Universität bestand (das war vor 71 Jahren)«.

Er nahm immer noch regelmäßig an den Sonntagmorgen-Gottesdiensten in den Kapellen in Bethesda, in der Almastraße und von Stokes Croft teil. Aber er predigte nicht mehr an den Abendgottesdiensten, obwohl er noch seinen gewohnten Anteil an der Leitung der Waisenhäuser, einschließlich des Schreibens der Jahresberichte, wahrnahm.

KOSTBARE AUSSICHT

Im Frühsommer 1897 besuchte Charles Parsons Müller in seinem Studierzimmer in Haus Nr. 3. Müller empfing ihn mit einem herzlichen Handschlag: »Seien Sie herzlich willkommen.« – »Haben Sie zu aller Zeit erfahren, dass der Herr Seinen Verheißungen gegenüber treu ist?«

»Immer«, antwortete Müller, »Er hat mich nie im Stich gelassen! Fast 70 Jahre lang hat Gott stets für alles, was mit diesem Werk zusammenhängt, gesorgt. Die Waisenkinder – es waren von den ersten angefangen bis jetzt insgesamt 9500 – haben nie vor einem leeren Teller gesessen. Niemals! Hunderte Male haben wir den Tag ohne einen Penny in unseren Händen begonnen, aber unser Himmlischer Vater hat uns die Mittel genau in dem Augenblick gesandt, in dem wir sie nötig hatten. Es hat nie eine Zeit gegeben, in der keine gesunde Mahlzeit da war. Während all der Jahre war ich in der Lage, auf Gott zu vertrauen, auf den Lebendigen Gott, und auf Ihn allein. 1 400 000 Pfund wurden mir als Antwort auf mein Gebet gegeben. Wir haben riesige Summen – 50 000 Pfund jährlich – benötigt, und sie kamen alle zu der Zeit, in der sie wirklich gebraucht wurden.

Kein Mensch auf der Erde kann sagen, dass ich ihn je um einen Penny gebettelt habe. Wir haben kein Komitee, keine Spendensammler, kein Aktienkapital und keine Stiftungsgelder. Alles ist als Antwort auf glaubendes Gebet gekommen. Mein Vertrauen war auf Gott allein gerichtet. Er hat viele Wege, die Herzen von Menschen zu bewegen und uns von der ganzen Welt her zu helfen. Während ich bete, spricht Er zu diesem oder jenem, auf diesem Kontinent oder auf jenem, um uns Hilfe zu senden. Erst vor ein paar Abenden schrieb mir ein Mann, während ich predigte, einen Scheck über eine große Summe für die Waisenkinder aus und gab ihn mir nach dem Gottesdienst.«

»Ich habe Ihre Lebensgeschichte gelesen, Herr Müller, und habe bemerkt, wie sehr manchmal Ihr Glaube geprüft worden ist.

Ist es jetzt noch so mit Ihnen, wie es früher war?« – »Mein Glaube wird so sehr geprüft wie immer, und meine Schwierigkeiten sind größer denn je. Neben der finanziellen Verantwortung müssen ständig geeignete Mitarbeiter gefunden werden und die richtigen Ausbildungsplätze für Dutzende und Hunderte von Waisenkindern, die immer wieder unsere Heime verlassen. Dann werden unsere Geldmittel oft sehr beansprucht, und wir kommen fast ans Ende unserer Vorräte: Ich rief meine geliebten Helfer zusammen und sagte zu ihnen: ›Betet, Brüder, betet!‹ Sofort wurden uns 100 Pfund geschickt, und in wenigen Tagen kamen 1500 Pfund herein. So müssen wir beständig beten und immer glauben. O, es ist gut, auf den Lebendigen Gott zu vertrauen, denn Er sagte: ›Ich will dich nie verlassen noch versäumen.‹ Erwarte große Dinge von Gott, und du wirst große Dinge bekommen. Es gibt keine Grenze für das, was Er tun kann. Lob sei für immer Seinem herrlichen Namen! Preis Ihm für alles! Preis Ihm für alle Dinge! Ich habe Ihn oft gepriesen, wenn er mir ein Sixpence-Stück schickte, und ich habe Ihn gepriesen, als Er mir 12 000 Pfund schickte.«

»Ich vermute, dass Sie nie an einen Reservefond gedacht haben?« – »Das wäre die größte Dummheit«, antwortete Müller mit großem Nachdruck. »Wie könnte ich beten, wenn ich Reserven hätte? Gott würde sagen: ›Gib diese Reserven heraus, Georg Müller.‹ O nein, an so etwas habe ich nie gedacht! Unser Reservefond ist im Himmel. Gott, der Lebendige Gott, ist unsere Genüge. Ich habe Ihm für ein Pfund vertraut. Ich habe Ihm für tausende vertraut, und ich habe Ihm niemals umsonst vertraut. ›Gesegnet ist der Mann, der auf Ihn vertraut.‹«

»Dann haben Sie auch nie daran gedacht, für sich selbst etwas zurückzulegen?« Charles Parsons hat nie vergessen, was Müller auf diese Frage antwortete. Bis zu diesem Punkt hatte Müller mit gefalteten Händen und ruhig blickenden Augen still und gedankenvoll ihm gegenüber gesessen. Die meiste Zeit lehnte er sich etwas vorwärts, seinen Blick auf den Fußboden gerichtet. Aber bei dieser Frage saß er aufrecht und sah für einige Augenblicke Parsons ins Gesicht. »Es war eine unsagbare Größe und Majestät in diesen ungetrübten Augen«, erinnert sich Parsons, »so gewöhnt an geistliche Einsichten und daran, in die tiefen Dinge Gottes zu sehen.« Parsons war sich nicht sicher, ob die Frage für Müller eine schäbige Frage zu sein schien oder ob sie vielleicht einen schlummernden Rest von Müllers »altem Ich« berührte. Auf jeden Fall schien die Frage sein ganzes Wesen aufzurütteln.

Nach einer Pause, in der »sein Gesicht eine Predigt« war und »seine klaren Augen Feuer sprühten«, knöpfte Müller sein Jackett auf und nahm aus seiner Tasche eine altmodische Geldbörse mit Ringen in der Mitte, die verschiedene Sorten von Münzen auseinander hielten. Er gab sie Parsons.

»Alles, jeder Penny, den ich besitze, ist in dieser Geldbörse! Für mich selbst sparen! Niemals! Wenn mir Geld für eigene Bedürfnisse geschickt wird, gebe ich es weiter an Gott. Einmal sind wir 1000 Pfund für mich persönlich gegeben worden. Aber ich sehe diese Gaben nicht an, als gehörten sie mir persönlich. Sie gehören Ihm, dessen ich bin und dem ich diene! Für mich selbst sparen! Ich wage nicht, etwas zu sparen. Es würde meinen liebenden, gnädigen, alles-besitzenden Vater entehren.« Parsons gab die Geldbörse an Müller zurück, der ihm sagte, wie viel darin war.

»Wie viel Zeit verbringen Sie auf Ihren Knien?« – »An einem Tag mehr, an einem anderen Tag weniger«, antwortete Müller. »Aber ich lebe im Geist des Gebetes. Ich bete, wenn ich gehe, wenn ich mich hinlege und wenn ich aufstehe. Und die Erhörungen kommen immer. Tausende und zehntausende Male sind meine Gebete erhört worden. Wenn ich einmal davon überzeugt bin, dass eine Sache richtig und zur Ehre Gottes ist, bete ich beständig dafür, bis die Antwort kommt. ›Georg Müller gibt niemals auf!‹« Müller stand auf und ging zu einem Tisch, der an der Seite stand: »Tausende von Seelen sind gerettet worden als Antwort auf die Gebete von Georg Müller. Er wird Tausende, ja, Zehntausende im Himmel wiedersehen!« Es gab eine Pause. Parsons sagte nichts.

»Der wichtige Punkt ist«, fuhr Müller fort, »niemals aufzugeben, bis die Antwort kommt. Ich habe 52 Jahre lang jeden Tag für zwei Männer gebetet, Söhne eines Jugendfreundes von mir. Sie sind bis jetzt noch nicht bekehrt, aber sie werden es! Wie könnte es anders sein? Es gibt das unveränderliche Versprechen vom Herrn, und darauf vertraue ich. Der große Fehler der Kinder Gottes ist, dass sie nicht beständig weiterbeten. Sie machen nicht weiter im Gebet. Sie haben keine Ausdauer. Wenn sie irgendetwas wünschen zu Gottes Ehre, sollten sie beten bis sie es bekommen. O wie gut, wie freundlich und gnädig und herablassend ist der Eine, mit dem wir es zu tun haben! Er hat mir, so unwürdig wie ich bin, unmessbar mehr gegeben über alles, was ich bat oder dachte! Ich bin nur ein armer, zerbrechlicher, sündiger Mensch, aber Er hat meine Gebete zehntausende Male erhört, und Er hat mich gebraucht als Werkzeug, um Zehntausende auf den Weg der Wahrheit zu bringen. Es waren Zehntausende in diesem Land und in anderen Ländern. Diese unwürdigen Lippen haben großen Menschenmengen die Errettung verkündigt und viele, sehr viele, haben geglaubt zum ewigen Leben.«

»Ich kann nicht anders, als die Art zu bewundern, wie Sie über sich selbst sprechen«, sagte Parsons. – »Es gibt nur eins, was Müller verdient, und das ist – die Hölle! Ich sage Ihnen, mein Bruder, das ist das Einzige, was ich verdiene. Ich bin wirklich ein Sünder, der die Hölle verdient hat, aber durch die Gnade Gottes errettet worden ist. Obwohl ich von Natur aus ein Sünder bin, lebe ich doch nicht in Sünde. Ich hasse Sünde. Ich hasse sie immer mehr, und ich liebe die Heiligkeit, ja, ich liebe die Heiligkeit immer mehr.«

»Ich nehme an, dass Sie während all den langen Jahren in Ihrer Arbeit für Gott Vielem begegnet sind, was Sie entmutigte?« – »Ich bin vielen Entmutigungen begegnet«, antwortete Müller, »aber jedes Mal setzte ich meine Hoffnung und mein Vertrauen auf Gott. Auf dem Wort der Verheißungen des Herrn hat meine Seele geruht. O, es ist gut, Ihm zu vertrauen. Sein Wort kommt nie leer zurück. Er gibt den Schwachen Stärke, und solche, die keine Kraft haben, macht Er stark. Das betrifft auch meine Dienste in der Öffentlichkeit. Vor 62 Jahren verkündigte ich eine arme, trockene, unfruchtbare Predigt, die mich selbst nicht tröstete und, wie ich mir vorstellen kann, anderen keinen Trost brachte. Aber lange Zeit danach hörte ich von 19 verschiedenen Fällen, in denen jemand durch diese Predigt gesegnet wurde.«

Müller holte aus dem Nebenzimmer eine Kopie seiner Lebensgeschichte und schrieb für Parsons sein Autogramm hinein. Während Müller draußen war, sah sich Parsons in dem Studierzimmer um. Das Mobiliar war einfach und zweckentsprechend. Auf dem Schreibtisch lag eine offene Bibel mit deutlichen Buchstaben, ohne Notizen oder Parallelstellen. Dies ist nun, dachte Parsons, der Aufenthaltsort des in geistlicher Hinsicht mächtigsten Mannes der modernen Zeit, eines Mannes, der in besonderer Weise berufen wurde, einem kalten, berechnenden und egoistischen Zeitalter die Realität des Handelns Gottes deutlich zu machen und die Gemeinde zu lehren, wie viel sie gewinnen könnte, wenn sie nur weise genug wäre, den Arm des Allmächtigen zu ergreifen.

Während Parsons bei Müller war, klopfte es einmal an die Tür. Müller öffnete sie, und eins der Waisenkinder stand da – ein blondes Mädchen. »Meine Liebe«, sagte Müller. »Ich habe jetzt keine Zeit für dich. Warte ein wenig, und dann werde ich nach dir sehen.«

In diesem Sommer – Müller war jetzt 92 Jahre alt – war auch das Diamantene Jubiläum von Königin Victorias langer Regierungszeit. Am 16. Juni gelangte eine Gabe von 50 Pfund von Bristols Bürgermeister nach Ashley Down. In einer Notiz hieß es: »Aus dem städtischen Jubiläumsfonds, um den Waisenkindern zum Andenken an das 60. Jahr der glücklichen und segensreichen Herrschaft ihrer allergnädigsten Majestät, der Königin, eine Freude zu bereiten.« Müller nahm das Geld, um für die Kinder aus den fünf Häusern einen Besuch im Clifton-Zoo zu arrangieren. Er sagte, dass die Kinder große Freude an dem Ausflug hatten: »Neben dem Besichtigen der interessanten und lehrreichen Tiersammlung bekamen die Kinder Tee und passendes Zubrot, so viel sie wollten.«

Am 20. Juni 1897 war der Jubiläumssonntag, und Müller brach seine vor Kurzem selbst aufgestellte Regel, indem er abends im Gottesdienst in Bethesda predigte. Alle Augen in der großen Versammlung waren auf die hochgewachsene, aufrechte Gestalt gerichtet, die auf den Stufen der Kanzel stand, um zu ihnen zu sprechen! Jetzt sollte der Mann predigen, der die »Anstalt zur

Ausbreitung der Schriftkenntnis«, drei Jahre, bevor die Prinzessin im Teenageralter Königin wurde, gegründet hatte und 14 Monate vor ihrer Krönung angefangen hatte, für 30 Kinder in der Wilsonstraße zu sorgen. In den seither vergangenen 60 Jahren, war sein Name in der ganzen Welt ein anderes Wort für Glauben geworden. Dies war der Mann, der in einem Brief an die Britische und Ausländische Bibelgesellschaft schrieb, er habe die Bibel mehr als 100-mal ganz gelesen. Dies würde eine Predigt werden, die wahrlich wert war, gehört zu werden!

»Unsere Andacht wird heute Abend«, begann er, »wenn der Herr uns beisteht, auf den kurzen, aber kostbaren Psalm 23 gerichtet sein: ›Der Herr ist mein Hirte; mir wird nichts mangeln.‹« Müller fuhr fort, den Psalm Vers für Vers auszulegen und anzuwenden. Als er zum letzten Vers kam, sagte er: »Jetzt kommt der letzte Vers: ›Gutes und Barmherzigkeit werden mir folgen alle Tage meines Lebens und ich werde bleiben im Haus des Herrn immerdar.‹ Der Arme ist von dem Reichen zu Gaste geladen. Er geht hin und findet es dort sehr angenehm und ist glücklich. Das war es doch, was er selbstverständlich gesucht hatte. Nun, zu welchem Schluss kommt er jetzt? »Ich finde es hier wunderbar, hier will ich bleiben, ich will nie wieder fortgehen.«

»Das ist die Stellung, in die wir als Gläubige durch Jesus Christus gebracht worden sind! Und so gewiss, wie wir ehrlich in den Wegen des Herrn wandeln und wirklich unsere Herzen Gott übergeben, werden wir zu dem Schluss kommen, dass alles, was der Herr gibt, so wunderbar, so wertvoll selbst für dieses Leben ist, dass wir kein Verlangen haben, von den Wegen des Herrn abzuweichen. In unserem natürlichen Zustand suchen wir nach Glück, aber wir bekommen es nicht. Nichts als Enttäuschung ist das Ergebnis, denn nach wenigen Stunden ist alles weltliche Glück dahin. Aber die Stellung, in die wir durch den Glauben an den Herrn Jesus Christus gebracht werden, verheißt uns Glück, nicht nur für ein paar Tage oder ein paar Monate oder ein paar Jahre, sondern für immer und ewig. Dann sagt unser Herz: ›Ich werde auf diesem Weg bleiben; ich bin auf diesem Wege glücklich; ich werde diesen Weg nie verlassen.‹«

»Nicht nur das. Sondern ›Güte und Barmherzigkeit werden mir folgen alle Tage meines Lebens‹. Ich werde jetzt für immer und ewig ein glücklicher Mensch sein und werde in der Gegenwart meines Vaters bleiben. Ich werde Sein Haus nicht mehr verlassen, weil ich es so sehr, sehr kostbar gefunden habe, ein Kind Gottes zu sein.«

»Was ist das Geheimnis Ihres Dienstes für Gott?«, wurde Müller gefragt. »Es gab einen Tag, an dem ich starb, völlig starb«, antwortete er, und als er sprach, beugte er sich tiefer und tiefer, bis er fast den Boden berührte, »starb für Georg Müller, seine Meinungen, seine Wünsche, seinen Geschmack und seinen Willen – starb für die Welt, ihre Anerkennung und ihre Urteile – starb selbst für die Anerkennung oder Beschuldigung meiner Brüder und Freunde, – und seitdem habe ich danach getrachtet, mich selbst nur Gott gegenüber bewährt zu zeigen.«

Während dieses Sommers kam Müller zu dem Schluss, einige Wochen in Bishopsteignton in Devon Urlaub nehmen zu sollen. »Welche Gelegenheiten habe ich hier, um dem Herrn zu dienen?«, fragte er am Abend nach seiner Ankunft. – »Aber Sie sind gerade von ununterbrochener Arbeit gekommen. Sollten Sie sich nicht etwas Zeit zum Ausruhen nehmen?« – »Jetzt, da ich frei bin von meinen gewöhnlichen Pflichten«, antwortete Müller prompt, »muss ich mich auf eine andere Art im Dienst Gottes beschäftigen. Ihn zu verherrlichen ist der Sinn meines Lebens.« So wurden schnell Versammlungen arrangiert, damit er in Bishopsteignton und Teignmouth predigen konnte.

Müller kam nach Bristol zurück. Die Blätter auf dem Ashley-Hügel färbten sich golden und fielen dann ab. Der Sommer machte dem Winter Platz. Müller arbeitete und betete weiter in seinen Räumen in Haus Nr. 3. Auch als das Wetter kälter wurde, ging er doch noch von Zeit zu Zeit aus, um in Bristol zu predigen. An einem Wochentagabend dieses Winters versammelte sich eine große Menge Menschen, um ihn in der Kapelle an der Alten Marktstraße zu hören. Alle Hörer hatten den Eindruck, hier spricht ein Mann voll Heiligen Geistes.

»Mein Text«, sagte er, »ist aus Klagelieder 3,22-23: ›Die

Gnadenerweise des HERRN sind es, dass wir nicht zu Ende sind; ja, sein Erbarmen hört nicht auf, es ist jeden Morgen neu. Groß ist deine Treue.‹«

»Während hier unten alle Dinge sich verändern«, sagte er gegen Ende seiner Ansprache, »ist der kostbare Jesus, unser Freund, ›derselbe gestern, heute und in Ewigkeit‹. Was Er vor Millionen von Jahren war, ist Er heute. Was Er war, als Er durch Judäa, Samaria und Galiläa wanderte, ist er jetzt – Sein Herz ist voller Zartgefühl, Mitleid und Erbarmen.

Auch wenn du der größte, älteste und verstockteste Sünder bist, auch wenn du wieder und wieder gegen das Licht und die Erkenntnis gesündigt hast, wenn du jetzt auf Jesus Christus vertraust, wird dir um Seinetwillen vergeben werden, denn im Blut des Herrn Jesus ist Kraft genug, auch die größten Sünden zu tilgen.

Die Erkenntnis an sich macht nicht glücklich – nicht wirklich und wahrhaft glücklich. Christus, und Christus allein, gibt wirkliches, wahres Glück. Ich spreche sieben Sprachen, und wäre damit in die Hölle gegangen, wenn ich Ihn nicht kennengelernt hätte: Christus, Christus, Christus. O! Diese Glückseligkeit, ein Jünger des Herrn Jesus zu sein!

Ich bin ein glücklicher alter Mann, ja, in der Tat, ich bin ein glücklicher alter Mann! Ich gehe in meinem Zimmer umher, und ich sage: ›Herr Jesus, ich bin nicht allein, denn Du bist bei mir. Ich habe meine Frauen beerdigt und meine Tochter, aber Du bist noch da. Ich bin nie allein oder einsam mit Dir und Deinem Lächeln, was besser ist als das Leben selbst!‹«

Sonntagmorgen, 6. März 1898: Die Seebrise über der Avonschlucht schien etwas weniger kalt. Die Bewohner von Clifton warteten auf die Zeichen des beginnenden Frühlings. In der Alma-Road-Kapelle bemerkten Zuspätkommende schnell, dass Bristols bekanntester Bürger anwesend war. Wie gerne hätten sie noch ein Wort von ihm gehört. Dann war es soweit. Kurz bevor es Zeit war, um »das Brot zu brechen«, stand der greise Mann auf: »Können wir aus Jesaja 6 lesen?« Er las das Kapitel und bat dann die Versammlung, mit ihm das Evangelium des Johannes 12,37-41 zu lesen: »Jesaja sagte dies, weil er Seine (des Herrn Jesu) Herrlichkeit sah und über Ihn sprach. Dieser letzte Vers«, sagte Müller, »bestätigt die Aussage, dass das, was wir hier in Jesaja 6 lesen, sich alles auf die Herrlichkeit unseres anbetungswürdigen Herrn Jesus Christus bezieht. Im ganzen göttlichen Zeugnis finden wir nicht eine einzige Stelle, die deutlicher von Seiner Majestät und Herrlichkeit spricht. Wir werden es jetzt noch einmal lesen, Vers für Vers, im Gedenken an unseren kostbaren, anbetungswürdigen Herrn Jesus.«

Auf seine eigene unnachahmliche Weise las er die Bibelstelle noch einmal, wobei er klare, bündige Bemerkungen zu jedem Vers machte: Er zog Lehren, wo Lehren zu entnehmen waren, aber legte dem Text nie eine Bedeutung unter, die dieser nicht zuließ.

»O, wie voll Mitgefühl«, schloss er, »wie barmherzig, wie freundlich, wie gnädig handelte der Herr mit uns in Jesus Christus! Und was Er getan hat und tut, wird Er fortsetzen bis zum Ende unserer irdischen Pilgerschaft. Er wird uns nie verlassen oder im Stich lassen, und es wird nicht mehr lange dauern, dann nimmt Er uns heim zu Sich. O, diese herrliche, wunderbare Aussicht, die wir armen, erbärmlichen Sünder durch den Glauben an Jesus Christus haben, zum Schluss heimgeholt zu werden, um für immer beim Herrn zu sein, und diesen Wunderbaren zu sehen, der Sein Leben für uns gab. Dann werden wir Seine Füße küssen dürfen; dann dürfen wir Seine Hände küssen! O, welch eine wunderbare Aussicht, die auf uns wartet!«

Müller setzte sich. Das Brot wurde gebrochen und andächtig untereinander weitergereicht. Der Wein wurde ausgeschenkt und getrunken – es wurde an das vollkommene Opfer gedacht, von einem mehr, von dem anderen weniger.

Müller verbrachte den Nachmittag mit einem seiner engsten Freunde, Benjamin Perry. »Weißt du«, erzählte Müller Perry mit einem Lächeln, »vor einer oder zwei Wochen habe ich zwei Freunde besucht, beide acht oder zehn Jahre jünger als ich, aber beide nicht mehr fähig, aktiv im Werk des Herrn mitzuarbeiten. Ich fühlte mich im Vergleich zu ihnen ziemlich jung, als ich wegging! O, wie sehr freundlich und gut ist der Herr zu mir gewesen!

In meinem 93. Jahr habe ich immer noch keinen Rheumatismus, kein Unwohlsein und keine Schmerzen, und ich kann immer noch meine gewöhnlichen Arbeiten im Waisenhaus, mit der gleichen Leichtigkeit wie vor 70 Jahren, tun.«

Und das tat er auch. Am nächsten Tag, Montag, war er wieder an seinem Schreibtisch in Haus Nr. 3 und arbeitete wie gewöhnlich. Am Abend fuhr er nach Bethesda zur Gebetsversammlung. Danach stellte Mr. Fred Bergin ihm zwei Freunde vor, die gerade aus Barnstaple angekommen waren.

»Ich bringe Grüße von Robert Chapman«, sagte einer zu Müller. »Der liebe Herr Chapman«, sagte Müller, »grüßen Sie ihn auch herzlich von mir. Er ist der älteste Freund, den ich habe.« Die zwei Männer hatten sich einer über 68-jährigen Freundschaft erfreut.

Am Dienstag arbeitete Müller wie gewöhnlich. Am Mittwochmorgen sagte er zu James Wright: »Als ich heute Morgen aufstand, fühlte ich mich schwach und musste mich beim Anziehen dreimal ausruhen.« – »Meinst du nicht, es wäre besser, wenn dir in Zukunft jemand beim Anziehen helfen würde?«, fragte Wright. – »Übermorgen«, sagte Müller. – Am Nachmittag sagte er zu Wright: »Ich fühle mich jetzt wieder so wie immer.«

Am Abend leitete er die übliche wöchentliche Gebetsversammlung in Haus Nr. 3 und schloss, indem er das Lied vorschlug: »Lasst uns singen dem Hirten, der starb.« Er sang die letzte Strophe mit:

Unser Lied klinge nur für Ihn schön,
Niemand anderem sei es geweiht.
Doch so ganz werden wir erst verstehen,
Sein Lieb' dort im Land ew'ger Freud.

Müller sagte zu James Wright »Gute Nacht« und fing an, die Treppen zu seinem Schlafzimmer hinaufzugehen. Kurz nach ihm rannte eine junge Lehranwärterin, die damals in Haus Nr. 3 wohnte, die Treppe hinauf. Sie wusste nicht, wer vor ihr lief und sang: »Ich weiß nicht, was vor mir liegt. Gott legt freundlich einen Schleier auf meine Augen.«

Als sie oben im ersten Stockwerk angekommen war, wurde ihr die dunkle Gestalt bewusst, die dort ganz still stand. Es war

Müller. Er wartete, bis sie ihn erreicht hatte, und schüttelte ihr die Hand. »Ich freue mich, Sie so glücklich zu sehen«, sagte er, »aber Sie dürfen nicht zwei Stufen auf einmal nehmen. Sie könnten sich dabei verletzen. Gute Nacht.«

Müller zog sich in sein Zimmer zurück. Seit einiger Zeit hatte er die Gewohnheit, einen kleinen Imbiss während der Nacht einzunehmen, und wie gewöhnlich hatte jemand ein Glas Milch und ein Plätzchen auf seinen Ankleidetisch gestellt, falls er Appetit haben sollte.

Am nächsten Morgen wurde er zwischen fünf und sechs Uhr wach. Er stand auf und ging auf seinen Ankleidetisch zu. Und dann wurde, in einem Augenblick, die strahlende Hoffnung, von der er vor wenigen Tagen gesprochen hatte, für ihn herrliche Realität. Georg Müller schaute Den, den er geliebt hatte.

ANDERE ÜBER IHN

Um ungefähr sieben Uhr morgens brachte Müllers Helferin eine Tasse Tee und klopfte an die Tür. Als sie eintrat, fand sie ihn tot auf dem Boden neben seinem Bett liegen. Auf seinem Schreibtisch waren die unvollendeten Notizen für eine Predigt, die er nie mehr halten würde.

Die Nachricht von Müllers Tod brachte ganz Bristol in Bewegung. Am Sonntag wurde von praktisch jeder Kanzel, einschließlich der Anglikaner und Nicht-Konformisten, des verstorbenen Menschenfreundes, des Beters und Predigers gedacht.

Am nächsten Tag, Montag, den 14. März 1898, war die Beerdigung. Es wird gesagt, dass vorher und nachher in Bristol nichts Vergleichbares gesehen wurde. Firmen schlossen oder gaben ihren Mitarbeitern frei, um Zeuge des Ereignisses zu sein und um Müller die letzte Ehre zu erweisen. Tausende von Menschen standen in den Straßen, als der Trauerzug vorüberzog. An der Kathedrale von Bristol und an anderen Kirchen hingen die Flaggen auf Halbmast und gedämpftes Glockenläuten erklang. In allen Hauptstraßen hingen schwarze Vorhänge vor den Fenstern, oder man hatte die Jalousien heruntergezogen. Die Stadt trauerte.

Nach einem kurzen Gottesdienst im Haus Nr. 3 bildete sich der Trauerzug, um zum Hauptgottesdienst nach Bethesda zu gehen. Vier der früheren Bewohner von Müllers erstem Haus in der Wilsonstraße waren auch dabei: Sie erinnerten sich an den Tag im Juni 1849, als sie nach Ashley Down zu ihrer großräumigen neuen Unterkunft hochwanderten.

Hunderte mussten beim Gottesdienst in der Bethesda-Kapelle draußen bleiben. Unter denen, die sich in der Hauptkapelle und auf den Galerien drängten, waren viele anglikanische Geistliche und Prediger aus Freikirchen. Nach Ansprachen von James Wright und Benjamin Perry beteiligten sich fast 100 Kutschen, einschließlich der Staatskutsche des Bürgermeisters, an der Prozession über den Fluss zu dem Friedhof, wo sich am Haupttor eine

Volksmenge von ungefähr 7000 Menschen versammelt hatte. Unter erheblichen Mühen räumten Ordner den Weg für die Träger, um den Sarg den Hügel hinaufzutragen zu der Stelle, wo unter einer Eibe Mary und Susannah beerdigt waren. Der Gottesdienst am Grab endete damit, dass sich die riesige Zuhörerschaft zu dem Lied vereinigte, das Müller bei seiner letzten Gebetsversammlung vor weniger als fünf Tagen vorgeschlagen hatte. Er schloss, wie er es gewünscht hätte, nicht in Traurigkeit, sondern in der Vorfreude auf jene »obigen hellen Regionen der Freude«.

Nachrufe erschienen in den meisten nationalen Tageszeitungen, einer der längsten und detailliertesten – in der *Times* – ist in den Kapiteln *Unbeschreibliches Glück* und *»Kein Ort schien je so kostbar«* schon zitiert worden und wird weiter unten nochmals angeführt werden. Verschiedene Zeitungen wiesen auf den Unterschied zwischen den beispiellosen Tatsachen in Müllers Leben und dem Rationalismus jener Zeit hin. »Herr Müller«, schrieb die *Bristol Evening News*, »war eine einmalige Erscheinung unter den Menschenfreunden des 19. Jahrhunderts. In einem Zeitalter des Unglaubens und des Materialismus probierte er Theorien praktisch aus, die viele Menschen nur für weltfremdes Theologengezänk halten.«

Der *Liverpool Mercury* bemerkte, dass Tausende von Kindern »ernährt, gekleidet und ausgebildet worden sind mit Geldern, die ohne irgendein einflussreiches Komitee oder eine Organisation, ohne Aufrufe oder Anzeigen irgendwelcher Art hereingeflossen waren«, und fragte: »Wie wurde dieses Wunder vollbracht? Herr Müller hat der Welt klargemacht, dass es das Ergebnis von ›Gebet‹ war.« Der Rationalismus von heute wird über diese Erklärungen spotten. Aber die Tatsachen bleiben und fordern eine Erklärung. Es wäre unwissenschaftlich, die historischen Geschehnisse herunterzuspielen, weil man sie nicht erklären kann, und es gehört doch wohl allerhand dazu, die Waisenhäuser von Ashley Down wegdiskutieren zu wollen.«

Der *Daily Telegraph* schrieb in ähnlicher Weise: »Herr Müllers Leben und sein Beispiel müssen durch ihre beredte und herzbewegende Großartigkeit selbst einem skeptischen und dem Nützlichkeitsprinzip huldigendem Zeitalter gegenüber tiefen Eindruck machen.« Im Blick auf Müllers bahnbrechende soziale Errungenschaften schreibt der *Telegraph*, dass er »den grausamen Straßen Tausende von Opfern entrissen hat, den Gefängnissen Tausende von Schwerverbrechern und den Arbeitshäusern Tausende von armseligen Herumtreibern.«

In dieser Weise sind die Anerkennungen der Bristoler Presse von größerer Bedeutung als die der nationalen Zeitungen. Denn es war in Bristol, wo Müller zu zeigen versuchte, dass Gott Gebete erhört. Hunderte von Bristoler Bürgern waren irgendwann in den Heimen angestellt gewesen oder arbeiteten noch immer dort. Einige ständig, andere für kurze Zeit. Sie lehrten und pflegten Kinder, führten Reparaturen aus oder brachten Dinge dorthin. Andere machten von der wöchentlichen Gelegenheit Gebrauch, die fünf Heime zu besuchen. Hätten Müllers Prinzipien versagt, wäre es kaum möglich gewesen, die Wahrheit vor den wachen Augen der Bristoler zu verbergen. Dem West Country hat es nie an Skeptikern gefehlt oder dem 19. Jahrhundert nicht an Zynikern. Die Nachrichten von unterernährten, schlecht gekleideten oder böse behandelten Kindern wären schnell von Ashley Down nach Bristol und von dort in alle Welt gelaufen. Und doch kommentierte die *Bristol Times*, die sowohl ihren Hauptartikel als auch eine besondere Betrachtung und einen Nachruf über Müllers Tod geschrieben hatte: »Es hat sich erwiesen, dass fast alles, was über Herr Müller gesagt worden ist, absolut wahr ist.« Die Zeitung sprach von Müllers »seltenen und erstaunlichen intellektuellen Gaben und von seinem Genie« und schloss mit den Worten, er sei »mit der Absicht angetreten, zu zeigen, dass das Zeitalter der Wunder noch nicht vorüber ist, und um den skeptischen Tendenzen unserer Zeit entgegenzutreten«.

Wie sollen wir Georg Müller ein Jahrhundert nach seinem Tod beurteilen? Einige seiner persönlichen Qualitäten waren an sich schon ungewöhnlich, und in einem Menschen vereint zumindest äußerst selten. Wir wollen zunächst auf die außergewöhnlichen Fähigkeiten des Mannes (selbst der Sohn eines Staatsdieners) als Verwaltungsfachmann hinweisen, der ein Heim für 30 Kinder gründete, das Werk in den folgenden Jahren ausweitete und für das Wohlergehen sowie die Ausbildung von zehntausend Kindern und die Leitung eines Stabes von vollzeitlichen Mitarbeitern verantwortlich, der aus mehreren Hundert Menschen bestand. Derselbe Mann kontrollierte als Direktor der »Anstalt zur Ausbreitung der Schriftkenntnis« die Ausgabe von Hunderttausenden von Pfund, um die Missionsarbeit in Übersee zu unterstützen und zu ermutigen. Dann kam die Ausbildung für Kinder und Erwachsene in England und im Ausland in Schulen, die von der Anstalt finanziert und geleitet wurden. Bei der Überwachung all dieser Aktivitäten galt seine beständige Aufmerksamkeit aber auch den Einzelheiten: Er behielt die genaue Übersicht über alle Aspekte der Arbeit. Er war dafür bekannt – selbst als die Arbeit auf ihrem Höhepunkt war –, dass er viele Kinder mit Namen kannte (in den ersten Jahren kannte er sie alle). Ein gleiches Interesse hatte er an den Angelegenheiten der großen Versammlung in Bethesda und an den Missionaren, die er in der ganzen Welt unterstützte.

In seinen Entscheidungen war er, wenn die Arbeit wuchs, peinlich genau: ob es sich um die Entscheidung handelte, das Werk auszuweiten oder nicht, oder wer als Mitarbeiter anzustellen sei, jedes Mal schrieb er sorgfältig das Für und Wider wie ein guter Manager auf – aber mit einem Zusatz: Lange Stunden wurden dafür im Gebet verbracht. Und doch war er mit all seiner Aufmerksamkeit für Einzelheiten, wie wir gesehen haben, weder unbeweglich, noch fehlte ihm die geistliche Schau.

Dann wollen wir auf die bemerkenswerte Energie des Mannes hinweisen, die er als Student in Halle und in London demonstriert hatte, indem er regelmäßig jeden Tag zwischen 12 und 14 Stunden arbeitete und in seinen 70er und 80er Jahren über 320 000 Kilometer reiste, um in 42 Ländern zu predigen und zu arbeiten.

Müller war ein Individualist. Er wollte lieber leiten, als dirigiert zu werden. Er war lieber ein Arbeitgeber als ein Arbeitnehmer. Seine frühe Verbindung als Kandidat der Londoner Missionsgesellschaft bestand nicht lange: Er fand deren Einschränkungen unannehmbar und zog es vor, seinen eigenen Weg zu gehen – obwohl er sich auf freundliche Art trennte. Aber es gab einen

Herrn, dem er gern gehorchte, und im Dienst des Herrn Jesus fand er seine Lebensaufgabe. Von dem Sommer in Devon an, wo er, wie er es ausdrückte, »alles in Christus fand« hatte er Ihm sein ganzes Leben total untergeordnet. »Ehre, Vergnügen, Geld«, schrieb er, »meine körperlichen Kräfte, meine geistigen Fähigkeiten, alles wurde zu den Füßen des Herrn Jesus niedergelegt.«

Deshalb war er kein egoistischer Individualist. Das beweist sein Zeugnis, dass es einen Tag gab, an dem er starb, »starb für Georg Müller, für seine Meinungen, Vorlieben, für seinen Geschmack und seinen Willen«. Seine Energie und Fähigkeiten wurden in Kanäle der Selbstlosigkeit geleitet, in den Dienst für Gott und für seine Mitmenschen. (Während seines Lebens erhielt er ungefähr 93 000 Pfund für seine persönlichen Ausgaben: Von diesen gab er über 81 000 Pfund weg, und bei seinem Tod hatte sein gesamtes persönliches Eigentum einen Wert von ungefähr 160 Pfund.)

Bei ihm verband sich ausgesprochene preußische Dickköpfigkeit mit wunderbarer Liebenswürdigkeit, durch die er die Anhänglichkeit und Loyalität von Freunden und Mitarbeitern, die Liebe und Bewunderung von Hunderten, die er auf seinen Predigtreisen traf, und den offensichtlichen Respekt der Bevölkerung von Bristol gewann. Charles Parsons, der ihn gut kannte, berichtete: »Georg Müller gehörte zu den liebenswürdigsten Menschen, die ich kannte: Sein Herz war voller Liebe. Zu den Waisenkindern sprach er, ob einzeln oder in Gruppen, auf die denkbar sanfteste Weise. Ein Lehrer, der selbst in den Heimen groß geworden war, sagte mir eines Tages: ›Herr Müller ist mehr als ein Vater für uns alle.‹«

Ich habe alle seine Schriften gelesen (die über eine Million Wörter enthalten) und dabei nie eine harte oder sarkastische Bemerkung gefunden: Obwohl er so klar wie kaum ein zweiter die Menschen durchschaute, waren ihm nur die guten und hellen Seiten der Menschen des Aufschreibens wert. Den Rest überging er mit Schweigen.

Einige mögen sagen, dass er wenig weltoffen war. Sicher hielt er die Welt für in Unordnung geraten aufgrund der Tatsache, dass sie im »Bösen liegt« – eine Sicht, die er sowohl aufgrund seiner

Beobachtung als auch aus der Schrift vertrat. Dies wird deutlich in Bibelstellen wie 1. Johannes 5,19: »Wir wissen, dass wir aus Gott sind, und die ganze Welt liegt im Bösen«. Zweimal ging er nach seiner Bekehrung in ein Theater (außer zum Predigen) und einmal in ein Konzert, aber er fühlte, dass »ich als Gotteskind nicht an einen solchen Ort passte«. Selbst wenn er an den normalen Formen der Unterhaltung Freude gehabt hätte, wäre in seinem viel beschäftigten Leben wenig Zeit dafür geblieben – oder vielleicht hätte er dann weniger erreicht. Engstirnig oder auf eine Sache konzentriert? – Jeder muss das selbst entscheiden. Seine Haltung der Welt gegenüber hielt ihn nicht davon ab, »in alle Welt« zu gehen und das Evangelium zu verkündigen. Und im Blick auf seine Haltung Christen gegenüber, die andere Ansichten vertraten als er, sahen wir, dass eins seiner Ziele bei den Predigtreisen war, sektiererische Haltungen unter christlichen Denominationen abzubauen und, wie er sagte, »bei allen zu predigen« (Kapitel *Zurück zum Rigi*).

Der Hinweis in der *Bristol Times* auf Müllers »seltene und erstaunliche intellektuelle Gaben« ist einigermaßen überraschend. Sicherlich war er intellektuell begabt: Er glänzte in der Schule trotz seines wilden Lebens. Er verließ Halle mit einem guten Abschluss. Er sprach sieben Sprachen. Aber insgesamt hatte er auf dem Gebiet des Tuns eine glücklichere Hand als auf dem der Ideen. Wenn er Christen lehrte, war sein Dienst hauptsächlich praktisch (wie sie ein christliches Leben führen, die Wirklichkeit und bestimmte Gebetserhörungen finden können) oder so, dass seine Hörer zu größerer Hingabe geführt wurden. Das interessierte ihn weit mehr als abstrakte theologische Debatten: Nur sehr widerstrebend (und aus Not) ließ er sich in die Kontroversen der 1840er Jahre über das Menschsein und die Leiden des Herrn Jesus Christus hineinziehen. Er verstand sehr gut, worum es sich handelte: Tatsächlich wirken seine Kommentare in der Debatte erstaunlich klarsichtig, aber er lehnte es ab, sich in einen nicht erbauenden Traktatkrieg über das Thema einzulassen.

Seine bemerkenswerteste intellektuelle Qualität war seine Fähigkeit, klar zu denken. 1839 zum Beispiel, als der Bethesda-

Gemeinde wegen eines Streites über die Gemeindeordnung eine Trennung drohte, zogen sich Müller und Craik 14 Tage lang zum Nachdenken, Studieren und Beten zurück. Als sie wiederkamen, erklärten sie der Gemeinde in mehreren Zusammenkünften, zu welchen Schlüssen sie gekommen waren. Das Schriftstück, das Müllers Gedanken zusammenfasste, ist ein Meisterstück prägnanter und logischer Beweisführung. Es umriss Craiks und seine Erkenntnisse über die Ältestenschaft, über Gemeindezucht und über des Herrn Mahl, wobei er sorgfältig zwischen dem unterschied, was »ausdrücklich durch die Schrift bewiesen« ist, und dem, was die Schrift »eigentlich bevorzugt«. Mehr ein Mann des Handelns als der Philosophie oder der Spitzfindigkeiten, war Müller doch zu vergleichendem und objektivem Denken fähig.

Was Menschen seit über einem Jahrhundert nicht nur neugierig machte, sondern auch immer wieder inspirierte, ist nicht nur dasjenige, was Müller war, sondern das, was er tat: Wenn seine persönlichen Fähigkeiten außergewöhnlich waren, so war das, was er erreicht hat, nicht weniger einmalig. Vielleicht seit den Zeiten der Apostel und möglicherweise selbst seit Elias größter Stunde auf dem Berg Karmel (vgl. 1. Könige 18) hat es Vergleichbares nicht gegeben. Denn Müller begann das Projekt mit dem ausgesprochenen Ziel, die Wirklichkeit Gottes zu demonstrieren. Er wollte allen, die sich darüber Gedanken machten, beweisen, dass Er Gebete erhört. Es gab zu allen Zeiten Menschen, die für sich beanspruchten, diese Kraft selbst ausprobiert zu haben, oder die auf Gott allein vertraut haben, dass Er sie versorgt. Müllers Einmaligkeit liegt nicht in seiner Ausübung des Glaubens oder in der Wichtigkeit, die er dem Gebet beimaß, sondern in seiner Ankündigung zu Anfang seiner Unternehmungen, dass er sie nur zu dem Zweck angefangen habe, um zu zeigen, dass Gott Wirklichkeit ist. 1837 schrieb er, um an die Gründe zu erinnern, die ihn dazu geführt hatten, das erste Heim zu gründen (im Jahr 1836):

Wenn ich, ein armer Mann, nur durch Gebet und Glauben und ohne einen einzigen Menschen zu bitten, *die Mittel für den Bau und die Unterhaltung eines Waisenhauses empfange, so wäre das mit des Herrn Segen ein Mittel, den Glauben der Kinder Gottes zu stärken und außer-*

dem für die Ungläubigen ein Zeugnis von der Realität des Handelns Gottes.

So forderte Müller Ungläubige heraus, sich das Werk, das er begonnen hatte, anzuschauen und zu sehen, ob es einen Gott gäbe, der es finanzieren würde. Er lud Gläubige ein, nicht nur zu sehen, was Gott tun würde, sondern ihre persönliche Antwort zu überdenken, wenn Er sich als treu erwiese.

Die vorangehenden Seiten haben davon berichtet. Alles in allem erhielt Müller in 63 Jahren fast 1 500 000 Pfund (um genau zu sein 1 453 513 Pfund, 13 Schillinge und 3 Viertelschillinge), und die verschiedenen Zweige seiner Arbeit schlossen die Betreuung von einigen zehntausend Kindern ein. Er behauptete, dass weder er noch seine Mitarbeiter je eine Bitte um Geld herausgegeben oder irgendeinen einzelnen Menschen gebeten haben, die Arbeit zu unterstützen. Es gibt keine Beweise, die das Gegenteil bestätigen könnten. (Gerüchteweise hieß es einmal, Müller hätte öffentlich gebetet, Gott möge ihm Geld für die Heime schicken. Müller wies das als »völlig falsch« zurück.) Nach den Aussagen Müllers hat Gott über 60 Jahre lang die Mittel zur Verfügung gestellt – und so Seine Realität demonstriert.

Wie reagieren wir am Ende des 20. Jahrhunderts darauf? Wir können nicht behaupten, dass Müllers Lebenswerk einen wissenschaftlichen Beweis von der Existenz Gottes liefert, oder, wenn Er existiert, von Seiner Bereitschaft oder Fähigkeit, Gebete zu erhören. Ich glaube aber, dass das, was Müller »des Herrn Wirken« durch ihn nennt, diese Dinge zwar nicht beweist, aber doch so deutlich zu uns redet, dass wir es sehr ernst nehmen müssen.

Einmal ganz abgesehen von der Frage, wie das Geld zusammenkam, kann man bei einer Reise nach Bristol die sichtbaren Ergebnisse selbst wahrnehmen. Diese fünf großen Gebäude stehen immer noch in Ashley Down. Jetzt werden sie vom Brunel Technical College benutzt, und das Haus Nr. 3 – wo der Gründer lebte und starb – heißt noch heute klar und passend das »Müller-Haus«. Wenn man schon in Bristol ist, sollte man das andere Müller-Haus im Cotham Park, das Hauptquartier der Arbeit der Georg-Müller-Stiftung (vgl. Kapitel *Neue,alte Stiftung*), besuchen.

Dort kann man erfahren, ob Müllers Grundsätze den Test der Zeit bestanden haben. Man ist ihnen bis heute treu geblieben.

Müller glaubte, dass Gott existiert, dass Er im 19. Jahrhundert immer noch der Lebendige Gott ist, Er als dieser Lebendige Gott seine Gebete beantwortete und »es in die Herzen der Menschen gab«, für die von ihm geleistete Arbeit Geld zu geben. Wer behauptet, Gott habe seine Gebete nicht beantwortet, wie er es geglaubt hatte, oder dass es keinen Gott gab oder gibt, um seine Arbeit zu tragen, sagt damit, Müller habe sich etwas vorgemacht. (Immerhin hat er dann noch ernsthaft geglaubt, dass Gott für ihn sorgte. Eine alternative, wenn auch schwer zu belegende These würde lauten, er sei ein Betrüger gewesen [davon später in diesem Kapitel]). Die Ansicht, dass Müller sich getäuscht habe, mag keine Bosheit enthalten, ja, sogar mit Bewunderung und Ergriffenheit verbunden sein. Man meint dann, er sei ein guter, vielleicht ein großer Mann gewesen, der Bedeutendes erreicht hat und sich dennoch getäuscht – gründlich getäuscht – hat. Meine feste Meinung ist, dass Müllers Leben zu diesem Gedanken keinen Anhaltspunkt bietet. Die Beweise zeigen nicht einen getäuschten oder in Traumwelten lebenden Mann, sondern einen, dessen Glaube täglich bestätigt und gestärkt wurde.

Es ist wahr, sein Glaube wurde geprüft. Die Kapitel »*Eine Bank, die nicht Pleite macht*« und *Seinen Reichtum anschauen* beschreiben die Periode von 1838 bis 1846, in der – obwohl die Kinder nichts davon wussten – selten ein Überfluss an Geld vorhanden war. Die Bedürfnisse wurden täglich erfüllt, manchmal sogar stündlich. Nur einmal wurde Müller in dieser Zeit – nach seinen eigenen Worten – »im Geist versucht« (Kapitel »*Eine Bank, die nicht Pleite macht*«). »Zum ersten Mal schien der Herr unser Gebet nicht zu beachten.« Aber ungefähr eine Stunde später war alles anders. Nachdem ihm eine Gabe von einer Besucherin aus London überreicht wurde, die schon einige Tage im Nachbarhaus des Heims für Jungen in der Wilsonstraße gewohnt und deren Tochter in der Hauptstadt ihr diese Gabe anvertraut hatte, war Müller in der Lage, »auszubrechen in lautes Preisen und Danken, sobald ich allein war«. Für Müller war die Tatsache, dass das Geld mehrere

Tage so nahe bei den Waisenkindern war, ohne dass es gegeben wurde, ein Beweis, dass es in Gottes Herzen war, ihnen zu helfen, aber »weil Er sich über die Gebete Seiner Kinder freut, hatte Er es uns erlaubt, so lange zu beten, auch um unseren Glauben zu prüfen und dadurch die Antwort so viel wertvoller zu machen«.

Müller sah diese frühe Periode der Prüfungen offensichtlich als einen Gehorsamstest für ihn und seine Mitarbeiter an. »Es kann nur der besonderen Barmherzigkeit Gottes zugeschrieben werden, dass der Glaube derer, die an dieser Arbeit beteiligt waren, nicht völlig zusammenbrach und sie nicht ganz und gar ermüdeten, auf diese Weise mit dem Werk des Herrn fortzufahren, und nicht in völligem Zweifel an des Herrn Willen, ihnen zu helfen, zu den Gewohnheiten und Grundsätzen dieser bösen Welt zurückkehrten.« Es war eine Zeit, in der sein Charakter für seine Lebensaufgabe geformt und vorbereitet wurde.

Und müssen wir nicht in der einfachen Tatsache, dass in einem so langen Zeitabschnitt stets genug, aber nie mehr als genug, geschickt wurde, einen Beweis für die Hand Gottes sehen? Ist das in sich selbst nicht genau so bemerkenswert wie der Empfang der Gesamtsumme von 1 500 000 Pfund? Muss man nicht, wenn man Müllers Version der Ereignisse ablehnt, eine unmögliche Alternative annehmen? Hieße es doch, dass ihm seine Sympathisanten über 60 Jahre lang aus verschiedenen Gründen – losgelöst vom göttlichen Eingreifen – nicht nur ausreichende Gelder geschickt hätten, um insgesamt die große Ausbreitung der Arbeit zu ermöglichen. Vielmehr müsste man auch annehmen, dass ohne göttliches Wirken – besonders in den frühen Jahren – gerade genug einkam, um die Bedürfnisse zu befriedigen, obwohl es niemals, auch nicht einen Tag lang, daran gemangelt hat.

Wir haben oben bemerkt, dass eine Alternative zu der Ansicht, dass Müller getäuscht wurde, lauten könnte, er sei ein Betrüger, mit anderen Worten, dass es trotz seiner Behauptungen des Gegenteils, Zeiten gab, in denen die Kinder Not litten. Solche Ansicht wäre aber unmöglich mit Müllers Popularität in Bristol und mit dem Respekt zu vereinen, dem die Bürger dieser Stadt ihm angesichts der offenbaren Tatsachen entgegenbrachten.

Wenn es, wie ich glaube, wenig Hinweise für die Hypothesen gibt, Müller sei entweder ein Getäuschter oder ein Betrüger gewesen, so gibt es noch weniger Grund anzunehmen, er sei im Laufe der Jahre desillusioniert worden. Niemals hatten seine Zeitgenossen den Eindruck, er sei ein Mann, der ängstlich danach strebte, einen Mythos um sich zu bilden, oder der einen Grund zu zweifeln hatte, dass die Bedürfnisse von über 2000 Menschen befriedigt würden. »Er war friedevoll und in sich gefestigt ... ohne Besorgtheit« lautete das Zeugnis eines Bauern aus dem West Country über ihn. »Der 23. Psalm schien ihm über das ganze Gesicht geschrieben zu sein.«

Müllers Langlebigkeit stimmt sicher mit dem Bekenntnis seines inneren Friedens überein: Seine Freude in Gott hatte ihre Ursache in der Erfahrung von beantworteten Gebeten. »Ich kann Ihnen nicht sagen, wie glücklich der Dienst, in dem ich beschäftigt bin, mich macht. Statt, dass ich ein ängstlicher, besorgter Mann bin, was so viele Menschen von mir denken, habe ich keine Besorgnisse und überhaupt keine Sorgen. Glaube an Gott führt mich dahin, meine Lasten, alle meine Lasten, auf Gott zu werfen, nicht nur Lasten im Blick auf Geld, sondern alle nur denkbaren Lasten, denn zu Hunderten habe ich Bedürfnisse außer denen, die mit Geld zusammenhängen. Immer und überall finde ich, dass Gott mein Helfer ist, gerade dann, wenn ich Ihm im Blick auf alles vertraue und zu Ihm in kindlicher Einfachheit bete ... Ich habe während meines langen Lebens als gläubiger Mensch unverändert gefunden, dass ich, wenn ich nur glaubte, sicher sein konnte, zu Gottes Zeit das zu bekommen, um was ich gebeten hatte.«

Das in Kapitel *Zum Weißen Haus* beschriebene Ereignis, als Müller – ängstlich besorgt, nicht zu spät zu einer Verabredung in Quebec zu kommen – erfolgreich dafür betete, der Nebel möge sich lichten, ist, wenn auch authentisch, doch nicht typisch für diesen Mann.

Wir maßen uns keine Wunder an (schrieb er zu einer anderen Zeit). *Wir haben kein Verlangen danach, dass unsere Arbeit als außergewöhnlich oder auch nur als bemerkenswert angesehen werden sollte. Wir sind wirklich traurig darüber, dass viele Menschen meinen, sie seien durch Wunder bewirkt, ohne darüber wirklich nachzudenken. Unsere Grundsätze sind so alt wie die Heilige Schrift, aber sie sind bei vielen vergessen, andere verbinden sie nicht mit einem lebendigen Glauben, einige kennen sie überhaupt nicht, sie werden sogar von nicht wenigen als unbiblisch abgelehnt, und für viele andere gelten sie als »wild und fanatisch«.*

Besonders wichtig ist das Nebel-Ereignis für unsere gegenwärtige Diskussion wegen der Bemerkung Müllers gegenüber Kapitän Dutton: »Seit 52 Jahren hat es keinen einzigen Tag gegeben, an dem ich es versäumt habe, eine Audienz beim König zu haben.« Das war in der Tat das Vertrauen eines Mannes, der gewohnt war, seine Gebete beantwortet zu sehen.

Ein anderes Zeichen seiner ruhigen Gewissheit, dass Gott die Bedürfnisse der Kinder erfüllen würde, war seine Bereitschaft, Tausende von Pfund nach Übersee an Missionare zu schicken, und große Summen für seine Schularbeit in England und im Ausland auszugeben. Er sah es nicht als notwendig an, jeden Penny für Ashley Down zu verwenden. Hier war ein Mann, der entdeckt hatte, dass sein Gott ein reicher Gott war.

Der Schreiber des Nachrufes in der *Times* war beeindruckt von der Loyalität, die Müller von seinen Mitarbeitern erfuhr. »Seine Abhängigkeit von einer höheren Kraft in der großen Krise seines Lebens wurde von vielen Menschen als bloßer Fanatismus gedeutet; aber die Ergebnisse, die er erzielte, waren wunderbar; und obwohl er von einigen Leuten missverstanden wurde, war er in der Lage, in den Menschen, die um ihn herum waren, eine Hingabe und Begeisterung zu wecken, die außergewöhnlich, ja, einmalig war.« Könnte die Erklärung dieser »außergewöhnlichen Begeisterung« sein, dass diese Menschen wie Müller für sich selbst die Realität des Handelns Gottes entdeckt hatten?

Die *Times* bemerkte, was auch Müller häufig zugab, dass es solche gab, die seine Grundsätze für (mit Müllers Worten) »wild und fanatisch« hielten. Das Wörterbuch beschreibt einen Fanatiker als »einen Menschen, erfüllt mit überschäumender und falscher Begeisterung, besonders auf dem Gebiet der Religion«. War Müller ein Fanatiker? Nicht nach der *Western Daily Press*:

Nie gab es einen Menschenfreund mit weniger Fanatismus und mit mehr nüchterner Überlegung. Sein Benehmen und seine Sprache waren nicht die eines emotionalen Enthusiasten, der sich schwere Verpflichtungen mit einem leichten Herzen auflegte. Ja, wäre er solch ein Enthusiast gewesen, sein Leben wäre weniger interessant gewesen. Es waren gerade seine Ruhe und sein Vertrauen, begleitet von der sorgfältigsten Wachsamkeit über die Ausgaben und sein ausgeprägtes kaufmännisches Verhalten, die sich in dieser Kombination von Qualitäten absolut einmalig und in staunenswerter Weise präsentierten.

Und Müller wies das natürlich weit von sich. »Ich bin kein Fantast oder Enthusiast, sondern wie es allen, die mich kennen, sehr wohl bewusst ist, ein ruhiger, kühl rechnender Geschäftsmann.« Und würden die meisten Geschäftsleute nicht darin übereinstimmen, dass jemand, dem es gelang, 1 500 000 Pfund (nach heutigem Wert mehr als 75 Mill. Euro) zusammenbrachte und ihre Verwendung lenkte, schwerlich als jemand abgetan werden kann, der »von irregeleitetem Enthusiasmus erfüllt ist«?

Müller war natürlich kein politischer Reformer und versuchte nicht wie Lord Shaftesbury, die sozialen Bedingungen durch Einflussnahme auf die Gesetzgebung im Parlament zu verbessern. Auch versuchte er nicht, das soziale Gewissen der Christen in der Victorianischen Zeit aufzuwecken. Er war wohl ein interessiertes Mitglied der »Reformatory and Refuge Union« (Reform- und Schutz-Vereinigung), deren Präsident Lord Shaftesbury und in der Quintin Hogg (Vorfahre des heute lebenden Lord Hailsham) ein prominentes Mitglied war. Vielleicht hat Lord Shaftesbury Ashley Down deshalb besucht. Müllers Tagebücher zeigen, wie sehr ihn die offiziellen Berichte über Armut, über die Bedingungen in den Arbeitshäusern und in den Gefängnissen beschäftigten. Aber sein Hauptanliegen war, alles zu versuchen, um direkt darauf hinzuwirken, den Kindern einen besseren Start in ihr Leben zu ermöglichen. Das war ihm wichtiger, als die bestehenden Armengesetze zu ändern. Seine Reaktion auf die Enthüllungen in einem offiziellen Bericht, dass es 6000 junge Waisenkinder in den englischen Gefängnissen gäbe, bestand darin, dass er sagte: »Mit Gottes Hilfe will ich tun, was ich kann, um arme Waisenkinder vor dem Gefängnis zu bewahren.« Im Übrigen überließ er es den anderen, das soziale Gefüge zu verändern.

Es mag sein, dass aufgrund dieser Biografie mancher wünscht, selbst mit ähnlichem Glauben begabt zu werden. Und in der Tat – Müller war ein großer Mann des Glaubens. Aber zu seinen Lebzeiten verneinte er es, eine besondere Gabe des Glaubens bekommen zu haben.

»Mein Glaube«, sagte er, »ist derselbe Glaube, der in jedem Gläubigen gefunden wird. Versuchen Sie es selbst, und Sie werden die Hilfe Gottes erleben, wenn Sie Ihm vertrauen.«

»Aber was können wir tun, damit unser Glaube gestärkt wird?«, pflegten Menschen ihn zu fragen. »Erstens«, würde er antworten, »lesen Sie die Bibel sorgfältig und aufmerksam. Dann werden Sie Gott immer besser und besser kennenlernen – wie freundlich, barmherzig, weise und treu Er ist. Wenn dann Schwierigkeiten kommen, werden Sie darauf vertrauen können, dass Gott sowohl in der Lage als auch willens ist, Ihnen zu helfen.«

»Zweitens«, sagte Müller, »versuchen Sie, Ihr Gewissen rein zu halten. Machen Sie keine Gewohnheit daraus, Dinge zu tun, die Gott nicht gefallen. Sonst werden Sie Gott nicht vertrauen können, wenn Ihr Glaube geprüft wird, weil Sie ein schlechtes Gewissen haben.

Drittens, versuchen Sie nicht, Situationen zu vermeiden, in denen Ihr Glaube geprüft wird. Natürlicherweise lieben wir es nicht, auf Gott allein zu vertrauen, aber wenn wir es tun, wird unser Glaube gestärkt.

Zum Schluss, denken Sie daran, dass Gott Sie nicht mehr prüft, als Sie ertragen können. Seien Sie geduldig. Er wird Ihnen beweisen, wie gern Er hilft und errettet, sobald es gut für Sie ist.«

Wenn Sie sich noch nie auf ein Leben des Glaubens eingelassen haben, so hören Sie abschließend zwei kurze Sätze über das Thema »Christentum«, die Müller vor 150 Jahren geschrieben hat und die heute genauso gültig sind: »In unserem allerheiligsten Glauben liegen Leben, Kraft und Wirklichkeit. Wenn Sie das noch nie selbst erfahren haben, dann kommen Sie und überzeugen Sie sich!«

Wenn Sie die Versicherung suchen, dass der Gott zu Beginn des 21. Jahrhunderts auch der Gott ist, in dem Georg Müller seine Genüge gefunden hatte, sollten Sie seine Erklärung beachten: »Der Lebendige Gott ist mit uns, dessen Kraft nie versagt, dessen Arm niemals müde wird, dessen Weisheit unendlich und dessen Stärke unverändert ist. Deshalb wird Er heute, morgen und im nächsten Monat, so lange unser Leben währt, unser Helfer und Freund sein. Darüber hinaus wird Er, wie Er während dieser ganzen Zeit gewesen ist, so auch in alle Ewigkeit sein.«

NEUE, ALTE STIFTUNG

»Warum ist dieser Ort so anders und sind die Menschen hier so fürsorglich?«, fragte eine Mutter, die, nachdem sie acht Monate verzweifelt versucht hatte, mit einem schwierigen Kind fertig zu werden, zum Tages-Fürsorgezentrum der Georg-Müller-Stiftung kam. »Gott ist hier, und wir beten täglich für Sie und für Ihre Familie«, war die ruhige Antwort. »Wenige Monate später«, erinnert sich dieselbe Mutter, »begegnete ich Gott und wurde wiedergeboren. Ich fühlte mich wie ein neuer Mensch. Ich danke Gott für diese wundervollen Menschen, denn es war Gottes Wirken in dem Zentrum, dass mich gerettet hat.«

Von dem ersten Kinderhaus in der Wilsonstraße, das Müller 1836 eröffnete, bis zum Beginn der Familien-Zentren-Arbeit von heute hat die Müller-Stiftung stets für Kinder in Not gesorgt. Die Bedürfnisse haben sich während der langen Jahre verändert, aber das Bedürfnis nach Liebe blieb unverändert. Auch heute sind sich die Mitarbeiter in der Arbeit der Tages-Fürsorgezentren, der Familien-Unterstützung und der Gemeindepflege dieses menschlichen Grundbedürfnisses sehr bewusst. Die Müller-Stiftung sorgt weiter für die Kinder, weil Gott nicht aufgehört hat, für sie zu sorgen.

Die Tageszentren helfen, indem sie sich um Kinder zwischen zwei und fünf Jahren mit geistigen, körperlichen oder seelischen Nöten kümmern, und die Mitarbeiter schaffen in den Zentren eine Atmosphäre, in der Eltern sowohl Ratschläge und praktische Hilfe, wie auch das Evangelium annehmen können. Das Zentrum gewährt vorbeugende Hilfe und Gelegenheiten zum Spielen und Lernen. In Gruppen von fünf bis zehn Kindern, die von Kindergärtnerinnen betreut werden, haben sie die Gelegenheit, ihre Hände beim Kochen und Malen und bei allen möglichen kreativen Beschäftigungen zu gebrauchen. Kinder haben Raum zum Spielen, zum Entdecken und zur eigenen Entfaltung. Eltern freuen sich über »den Raum zum Atmen« und über die ehrlichen Anstrengungen der Mitarbeiter, um sie einzubeziehen und ihnen in ihren Schwierigkeiten zu helfen. Eltern und Kinder machen zusammen im Sommer besondere Ausflüge, die neben den Aktivitäten zur Weihnachtszeit immer einen Höhepunkt im Jahresablauf bilden.

Die Mitarbeiter der Zentren finden viele Gelegenheiten, ihre Liebe zum Herrn Jesus sowohl Kindern als auch Eltern weiterzugeben. Oft werden Fragen in den Herzen wach durch das, was die Kinder zu ihren Eltern sagen. Viele behinderte Kinder haben die Möglichkeit zu einem besseren Start ins Leben bekommen, und Eltern berichten, wie froh sie über die Fortschritte ihrer Kinder sind. Einige, die sehr in sich selbst zurückgezogen und verhaltensgestört waren, kamen aus sich heraus und fingen an, sich zu normalen Kindern zu entwickeln.

Die Familien-Zentren in Bristol, Weston-super-Mare und Clevedon trachten danach, den Familien, Eltern wie Kindern, die Liebe des Herrn Jesus zu zeigen. Empfohlen werden sie von Gesundheitsbehörden, Sozialarbeitern sowie örtlichen Kirchen und Gemeinden. Die Müller-Stiftung arbeitet eng mit anderen sozialen Einrichtungen zusammen, damit sie gemeinsam Hilfe leisten können. Familien kommen aus allen möglichen Gründen in die Zentren. Für einige geht es darum, neue Freunde zu bekommen, oder darum, eine kleine Zeit den beengten Wohnverhältnissen zu entfliehen. Andere wollen Platz für die Kinder zum Spielen haben oder Hilfe beim Aufarbeiten von Schwierigkeiten bekommen. Die Mitarbeiter versuchen, eine Willkommensatmosphäre zu schaffen, in der die Mütter (und manchmal auch die Väter) Vertrauen gewinnen können, um Hilfe für ihre speziellen Probleme zu bekommen, wie aus den Schulden herauszukommen ist, Eheprobleme zu lösen sind, oder wie sie mit ihren Kindern besser spielen oder glücklichere Beziehungen zu ihnen aufbauen können. Mütter machen Kochkurse, daneben auch Freizeitbeschäftigungen wie Fitnessübungen, Handarbeiten, Gruppenarbeit, und üben Sketche ein. Einige Kinder haben besondere individuelle Probleme, z.B. Schwierigkeiten beim Sprechen, im Umgang mit anderen Menschen, oder sie haben andere Defizite. Sexueller Missbrauch kann ein wirkliches oder eingebildetes Problem sein. Einzelbetreuung durch die Mitarbeiter kann helfen, Vertrauen und Zuversicht aufzubauen.

»Ich habe mich allmählich verändert«, berichtet eine Mutter. »Durch das Zusammensein mit Menschen habe ich mehr Selbstvertrauen gewonnen. Ich brauche keine Tabletten gegen meine Depressionen mehr zu nehmen. Ich bin aus dem Kerker befreit worden, in dem ich mich über zwei Jahre mit Depression und Krankheiten aufgehalten hatte. Was noch mehr ist, ich habe einen lebendigen Glauben an den Herrn Jesus gefunden.«

Diese Erfahrung hat dieser Mutter geholfen, mit dem Groll und der Grausamkeit, die sie ihrer Tochter gegenüber gezeigt hatte, aufzuhören und so eine neue Beziehung zu ihr aufzubauen.

Gemeindepflege ist eine andere Weiterentwicklung der Arbeit, die enge Zusammenarbeit mit örtlichen Kirchen und Gemeinden einschließt und sie in ihren Einsätzen ermutigt und unterstützt. Das bedeutet, Mütter- und Kleinkindergruppen zur Seite zu stehen, Selbsthilfegruppen für Eltern einzurichten, und eine Menge anderer Aktivitäten in der Gemeindepflege, um Kindern in Not zu helfen. Zusätzlich ist ein Team von Familienfürsorge-Mitarbeitern gebildet worden, die Wege finden sollen, die Bedürfnisse der örtlichen Gemeinde zu erkunden und zu sehen, wie sie Familien in ihren Häusern betreuen können. Sie haben in Zusammenarbeit mit örtlichen Grundschulen mit dem Aufbau von Kinderhortgruppen begonnen. Die Ziele der Gruppen sind, das Selbstwertgefühl und die sozialen Fähigkeiten der Kinder zu entwickeln, die ihnen von den Rektoren der Schulen empfohlen wurden. Das wird in acht wöchentlichen Sitzungen erreicht, nach denen aber die Verbindung mit den Kindern und ihren Familien aufrechterhalten bleibt.

Eine weitere Entwicklung der Arbeit unter Kindern und eine Erfüllung von Georg Müllers ursprünglicher geistlichen Schau für Schulen, ist die Arbeit der neuen Ausbildungs-Fürsorge-Abteilung. Ein Team von vielen vollzeitlichen Lehrern hat die Gelegenheit, in Sekundarschulen in Bristol in der Ausbildungs-Fürsorge zu arbeiten. Das Team versucht, junge Menschen in Schulen davon zu überzeugen, dass die Gute Botschaft von Jesus

Christus alle Lebensgebiete betrifft. Sie gehen in Sekundarschulen und halten dort Vorträge, führen soziale Studien durch, geben Religionsunterricht und vermitteln Lektionen zur mitmenschlichen Verantwortung und entwickeln einen Lehrplan für persönliche, soziale und moralische Erziehung für den Gebrauch in Sekundarschulen. Sie sind ermutigt worden, weil sie sehen, dass Schulen die Notwendigkeit und Bedeutung erkennen, eine christliche Perspektive für alle die Themen vorzustellen, denen junge Menschen gegenüberstehen. Viele junge Menschen haben ein wirkliches Interesse an der christlichen frohen Botschaft gezeigt und an dem, was es für ihr Leben bedeutet. Gemeinsame Aktivitäten, wie Camps, Abend- und Freizeiterlebnisse wurden von den verschiedenen Schulen arrangiert. Fachleute verschiedener Gebiete kommen zusammen, um Schulungswochenenden, Camps, Evangelisationen und eine Zeitschrift zu planen.

»Wie können wir wissen, dass Gott uns liebt?«, ruft ein Junge mitten in den Unterricht seiner Klasse hinein (ungefähr 14 Jahre alt). Es ist der verzweifelte Ruf eines bedrängten Herzens. Welche Hoffnung auf Gewissheit kann jemand auf solch eine Frage geben? Moderne junge Menschen wollen etwas Lebendiges und Reales, das sie da, wo ihre Not liegt, abholt. Was sie brauchen, ist die Erfahrung, dass der Herr Jesus sie lieb hat. Die Teams der Müller-Stiftung haben eine geistliche Schau, diese Gute Nachricht weiterzugeben. Ein neu eingerichtetes Untergeschoss im Müller-Haus enthält ein Zentrum für Unterrichtsmittel für diese Arbeit und für die Jahres-Team-Mitarbeiter – Freiwillige, die ein Jahr ihres Lebens gegeben haben, um in dem Schulteam zu arbeiten. Eine weitere Ausweitung dieser Zentren ist das Jugendbus-Projekt in Bristol. Ein Doppeldeckerbus wurde gekauft, um tagsüber als mobiles Klassenzimmer zu dienen und als mobiles Einsatzzentrum für die Arbeit unter jungen Menschen, die in der Nacht die Straßen unsicher machen.

Die Georg-Müller-Stiftung hat eine Anzahl von angegliederten Diensten. Der erste davon ist das Krisenzentrum in der Paulstraße in Bristol. Dieses Zentrum hilft verzweifelten jungen Menschen und alleinerziehenden Eltern auf den Straßen des Gebietes, in dem Georg Müller seine Arbeit in Bristol begann. In der Teestube dieser Arbeit können junge Menschen, alleinerziehende Eltern und Familien eine Zufluchtstätte finden, wo sie Fürsorge, Unterstützung und Gottes Liebe finden, die sie so verzweifelt nötig haben. Während die Waisenarbeit durch sich verändernde soziale Bedingungen weniger geworden ist, kam auf die Stiftung eine nicht weniger aufregende Entwicklung zu. Sie musste für die Unterbringung traumatisch geschädigter junger Menschen tätig werden. Die Stiftung kaufte ein Gebäude, um sichere Unterkunft für bedürftige junge Menschen im Stadtzentrum zur Verfügung zu stellen (wie in Deutschland z.B. Häuser des Kinderschutzbundes).

Ein anderer angegliederter Dienst, der in einem der alten Müller-Heime untergebracht ist, ist ein christliches Seelsorgezentrum, das Familien und jungen Menschen in Not hilft. Der Dienst stellt auch Schulung und Hilfsmittel für Christen zur Verfügung, die ihre Fähigkeiten in der Seelsorge entwickeln wollen.

Die neueste Einrichtung der Stiftung ist das Müller-Heim für ältere Menschen. Viele Kinder, die in Ashley Down aufgewachsen sind und versorgt wurden, haben, wenn sie alt werden, keine Familie, die für sie sorgt. Andere Christen sehnen sich danach, eine christliche Umgebung zu haben, in der sie ihre letzten Lebensjahre verbringen können. Das Tilsey-Haus in Weston-super-Mare dient jetzt als ein Altenheim, das 50 älteren Bewohnern Unterkunft gibt, einschließlich einigen lang gedienten Missionaren aus Übersee. Die Fürsorge für ältere Menschen wurde auch in Weston begonnen und wird, so Gott will, in Bristol fortgesetzt werden.

Die »Anstalt zur Ausbreitung der Schriftkenntnis«, 1834 von Müller und Craik gegründet, unterstützt immer noch jeden Monat Missionare in Übersee und Heimatevangelisten. Das Bibel-Handelshaus, das Müller 1849 gründete, ist nach Größe und Vielfalt ausgeweitet worden. Jeder kennt die gut ausgestatteten und viel besuchten Buchläden der »Evangelical Christian Literature« in Bristol, Bath und Weston-super-Mare. Diese werden von der Stiftung geleitet, und die Gewinne gehen an Missionare in Übersee.

1987 wurde der übergeordnete Name der Arbeit geändert in »Die Georg-Müller-Stiftung«, was ihr Wesen heute besser beschreibt, obwohl die drei gemeinnützigen Werke weiter bei der Gemeinnützigkeits-Kommission registriert sind. Die gemeinnützigen Werke sind »Die Müller-Kinderheime«, »Die Müller-Altenheime« und die »Anstalt zur Ausbreitung der Schriftkenntnis«. Seit 1988 wird die Stiftung von Robert Scott-Cook geleitet. Die folgenden Auszüge aus seinem Tagebuch zeigen, wie der Herr mit ihm redete, und dass Gott heute immer noch treu ist, so wie Er es in den Tagen von Georg Müller war.

1. März 1988. Ich habe viel darüber gebetet, die Verantwortung als Amtierender Ehrenamtlicher Direktor der Georg-Müller-Stiftung zu übernehmen und habe auf den Herrn gesehen, um ein deutliches Zeichen der Bestätigung für diesen Schritt zu bekommen. Das könnte in dem beständigen klaren Zeichen von des Herrn Hand auf dem Werk in Seiner Fürsorge sein, wie Er es so viele Jahre als Antwort auf das Gebet von Gottes Kindern getan hat. Das Finanzjahr, das Ende Februar abgeschlossen wurde, zeigt, dass die Ausgaben für die Kinderarbeit höher waren als die Einnahmen. Wenn dieses Werk sich ausbreiten und entwickeln soll, muss der Herr dafür deutlich mehr Geld zur Verfügung stellen und so bestätigen, dass Seine Hand immer noch auf der Arbeit ruht. Der Herr ist in der Lage, das zu tun. Er ist Seinen Verheißungen gegenüber immer treu gewesen, aber dies ist eine Zeit der Entscheidung, das Werk steht an einem Kreuzweg. »Herr, bestätige Deine beständige Absicht für dieses Werk des Glaubens auf die Art, wie Du dafür sorgst, heute!«

3. März 1988. Wir trafen uns als Vorstand der Treuhänder und freuten uns, festzustellen, dass der Herr die größte Summe, die wir je in der Arbeit erhalten haben, durch eine Erbschaft zur Verfügung gestellt hat. Wie gut ist Gott, dies für uns zu tun zu solch einer Zeit wie dieser. Wir nehmen es als ein Zeichen Seines Segens und der Bestätigung Seiner zukünftigen Absichten für das Werk.

6. April 1988. Heute ist der Beginn meiner neuen Verantwortung als Amtierender Ehrenamtlicher Direktor der Stiftung. Ich kam früh an und konnte noch um das ganze Grundstück des Müller-Hauses herumwandern, um für das Haus und alle zukünftige Arbeit zu beten. Ich fühlte große Freiheit in meinem Geist zum Beten.

7. April 1988. Ich verbrachte die Nacht im Gebet im Müller-Haus. Es ist jetzt kurz nach zwei Uhr morgens. Es war schon gut, die Arbeit vor dem Herrn auszubreiten und zu hören, wofür das Herz des Herrn bei diesem Dienst schlägt. Der Herr hat durch die Schrift gesprochen. Ich habe gerade den Galaterbrief gelesen. Vers zehn von Kapitel zwei hat meine Aufmerksamkeit gefangen genommen: »Nur sollten wir der Armen gedenken, was zu tun ich mich auch befleißigt habe.« Von allen Bedingungen und Bitten, die Jakobus, Petrus und Johannes gemacht haben mögen, war dies ihre größte. Dann erinnert uns Kapitel sechs, Vers zehn daran: »Lasst uns also nun, wie wir Gelegenheit haben, allen gegenüber das Gute wirken, am meisten aber gegenüber den Hausgenossen des Glaubens.« Der Herr hat zu mir über eine engere Partnerschaft mit der örtlichen Gemeinde in diesem fürsorgenden Dienst geredet.

8. April 1988. Der Herr gab frische Kraft für heute, obwohl die ganze Nacht im Gebet verbracht wurde. Es war erstaunlich, wie schnell die Stunden vergangen sind. Die Stille des Alleinseins in dem Hauptzimmer des Müller-Hauses die ganze Nacht über hat mir ein wirkliches Gefühl für die Gegenwart Gottes gegeben. Ich machte einen frühen Morgenspaziergang um das Grundstück herum und fand Gelegenheit zu weiterem Gebet. Der Herr ist dabei, mich zu lehren, das Gebet als Schlüssel zu all Seinen Absichten zu sehen.

1. April 1989. Das Jahr endete mit demselben Gefühl von Gottes Treue, in der Er für die Entwicklung der Arbeit auf viele neue und aufregende Weisen gesorgt hat. Die Treuhänder luden mich ein, ab 1. April 1989 die ständige Verantwortung des Ehrenamtlichen Direktors zu übernehmen. Nach vielem Gebet fühlte ich, dass das die Führung des Herrn war, und mit der Vision und dem Dienst übereinstimmte, zu dem Gott mich in der Gemeinde-Evangelisation und -Fürsorge und in der Gemeindegründung gerufen hat. Es ist unsere Freude als Familie gewesen, vollzeitlich fast 20 Jahre lang in dem Dienst des Evangeliums zu stehen. Während der ganzen Zeit können wir Zeugnis geben von Gottes Treue. Er sorgte für alle unsere Bedürfnisse als Antwort auf unser Gebet.

Als Ehrenamtlicher Direktor möchte ich keinerlei persönliches Einkommen aus dem Werk beziehen, sondern ich rechne es als ein Vorrecht an, jetzt die Übung des Glaubens auf den erweiterten Dienst in der Stiftung auszudehnen. Menschen fragen oft, ob wir noch den Prinzipien folgen, die Georg Müller gesetzt hat, als er die Arbeit begann. Viele fragen, ob ein einfacher Glaube an Gott ausreicht, um für die Bedürfnisse der heutigen Gesellschaft zu sorgen. Ich möchte unser Vertrauen auf diese biblischen Prinzipien, die in Georg Müllers ursprünglichen Zielen ausgedrückt wurden, mit folgenden Worten bestätigen: »Das erste und wichtigste Objekt der Institution ist, dass Gott verherrlicht werden möge durch die Tatsache, dass die Kinder unter meiner Fürsorge mit allem versorgt werden, was sie brauchen, nur durch Gebet und Glauben, ohne dass irgendjemand von mir oder meinen Mitarbeitern um Gaben gebeten wird, wodurch erkannt werden mag, dass Gott immer noch treu ist und Gebete hört und beantwortet.«

Sie können weitere Informationen über die Georg-Müller-Stiftung bekommen von:

The Honorary Director
The George Müller Foundation
Müller House
7 Cotham Park
Bristol BS6 6DA
England

Zunächst mietete Georg Müller mehrere Häuser in der Wilson-Straße, um die wachsende Zahl von Waisen, die betreut werden sollten, aufzunehmen. Als sich die Arbeit ausweitete, erkannte er, dass diese Miethäuser aus mehreren Gründen alles andere als ideal waren. So beschwerten sich z.B. Anwohner über den Lärm, den die Kinder verusachten, während sie draußen spielten. Die Lösung hieß: Errichtung von Zweckbauten in Ashley Down!

Die Gebäude wurden aus grauem Pennant-Stein errichtet, der mit Sandstein verkleidet wurde. Obwohl sie für Außenstehende vielleicht einen etwas düsteren Eindruck erwecken, besteht eines ihrer Merkmale in den hohen Decken und in der Anzahl der Fenster – z.B. 300 in Haus Nr. 1.

Die »Kinderkrippe« im Waisenhaus Müllers, 1910

Waisenhaus Ashley Down, 1925

Weihnachtsfeier im Waisenhaus Ashley Down, 1930

Waisenhaus »Blue Maids Hooks Mills« in Ashley Down, Bristol (Jahreszahl unbekannt). Hier wurden die Mädchen zu Hauswirtschafterinnen ausgebildet.

Waisenhaus Ashley Down, 1935